Formación de las haciendas azucareras y orígenes del APRA

Peter
KLARÉN

Formación de las haciendas azucareras y orígenes del APRA

Tercera edición corregida

IEP
INSTITUTO DE
ESTUDIOS
PERUANOS

Serie: Perú Problema, 5
Colección Clásicos, 2

Horacio Urteaga 694, Lima 11
Telf.: (51-1) 332-6194
www.iep.org.pe

ISBN: 978-9972-51-576-7
ISSN: 0079-1075
Impreso en Perú

Primera edición: Lima, IEP, 1970
Segunda edición ampliada: Lima, IEP, 1976
Tercera edición corregida: julio de 2016
1000 ejemplares

Hecho el depósito legal
en la Biblioteca Nacional del Perú: 2016-08725

Registro del proyecto editorial
en la Biblioteca Nacional: 31501131600691

Corrección:	Rossanna Alva
Diagramación:	Carolina Carrillo
Carátula:	Gino Becerra
Apoyo editorial:	Yisleny López
Revisión de texto y cuidado de edición:	Odín del Pozo

Klarén, Peter
Formación de las haciendas azucareras y orígenes del APRA. 3.ª ed. Lima, IEP, 2016.
(Perú Problema, 5. Colección Clásicos, 2)

1. HISTORIA AGRARIA; 2. HISTORIA SOCIAL; 3. TENENCIA DE LA TIERRA; 4. PARTIDOS POLÍTICOS; 5. APRA; 6. HACIENDAS AZUCARERAS; 7. BURGUESÍA; 8. CHINOS; 9. HAYA DE LA TORRE, VÍCTOR RAÚL, 1895-1979; 10. HUELGAS; 11. INDUSTRIA AZUCARERA; 12. MANO DE OBRA; 13. PROLETARIADO RURAL; 14. TRABAJADORES RURALES; 15. PERÚ

W/02.04.01/P/5/2016

Contenido

Prefacio a la tercera edición

En 1965, hace más de cinco décadas, comencé mi trabajo de campo en el Perú para una tesis doctoral sobre el APRA. No tardé mucho en descubrir que había elegido un tema demasiado amplio y controversial. En los meses que siguieron, me las arreglé para limitar mi enfoque al examen de por qué el APRA surgió y echó raíces a lo largo de la costa norte, particularmente alrededor de Trujillo, en lo que más tarde se conoció como "el sólido norte aprista". Durante un viaje inicial a la región en busca de respuestas, descubrí un tesoro de documentos en la Cámara de Comercio, Agricultura e Industria del departamento de La Libertad, en Trujillo. Ello me permitió formular y documentar mi trabajo, *Formación de las haciendas azucareras y orígenes del APRA* (1970).

Mi tesis sostiene que el origen, expansión y consolidación del azúcar como monocultivo en la costa norte —por iniciativa del capital tanto peruano como extranjero— condujo a grandes dislocaciones sociales y económicas desde finales del siglo XIX hasta las primeras décadas del siglo XX. Entre otras cosas, los pequeños agricultores perdieron sus tierras que pasaron a manos de las plantaciones que se expandieron, y proletarizaron a los antiguos proprietarios convirtiéndolos en una nueva fuerza laboral dentro del capitalismo global. Por otro lado, los campesinos de las sierras altas fueron endeudados por contratistas ("enganchadores") para inducirlos a migrar hacia la costa y trabajar en los rápidamente industrializados complejos azucareros. Los cambios comerciales iniciados por las nuevas compañías azucareras trastornaron el sistema comercial local, empujando a pequeños y grandes comerciantes de clase media a una espiral de movimiento descendiente y descontento. Estos y otros conflictos fueron políticamente captados y articulados por el genio analítico de Víctor Raúl Haya de la Torre en sus textos y discursos iniciales que formaron luego el APRA. Junto con otros intelectuales provenientes de familias del mismo sector medio, Haya de la Torre formó parte del "Grupo Norte". Finalmente, Haya llevó estas experiencias y análisis a Lima y al exilio en el extranjero. En Europa, las fortaleció con nuevas ideas, que después consolidaron las propuestas de la incipiente Alianza Popular Revolucionaria Americana y su posterior libro *El antiimperialismo y el APRA* (1936). Allí avanza tesis importantes en contra del imperialismo yanqui y a favor de la nacionalización de la tierra y la industria, y la solidaridad de todas las personas y clases oprimidas en el mundo.

Desde la publicación de la primera edición de *Formación de las haciendas* en 1970 mucho ha ocurrido no solo en el Perú sino en el estudio de la historia, en general, y de la historia del APRA, en particular. Unas décadas tumultuosas vieron aparecer la reforma agraria de Juan Velasco Alvarado, que derrocó a la élite agrícola y transformó el sistema de tenencia de la tierra tanto de la costa como de la sierra en formas radicalmente nuevas. Velasco fue mucho más allá de lo que Haya hubiera esperado. El proyecto estatista de Velasco siguió su curso y luego con el tiempo sufrió una inversión con la reprivatización neoliberal del sistema agrícola impulsada durante la década de 1980, a la que siguió la reconcentración de la propiedad durante los pasados dos decenios. Este es un proceso que continúa desarrollándose hoy en lugares como los valles de Chicama y Santa Catalina en las afueras de Trujillo. En resumen, las haciendas de la costa que fueron nacionalizadas por Velasco han sido reconstituidas y han vuelto nuevamente a manos privadas.

La caña de azúcar, por supuesto, es todavía un cultivo viable, pues ahora se le dedica a la producción de etanol para gasolina de automóviles, tanto para el mercado interno como para el externo. Al mismo tiempo, algunas haciendas han pasado a la producción de cultivos no tradicionales como espárragos, arroz y diversos frutos (mangos y uvas). Los extrabajadores de las haciendas se han reubicado en las ciudades cercanas y viajan regularmente a laborar ya no a pie sino en bus; aunque siguen sin poseer la tierra, trabajan por mejores salarios. Sin embargo, la escasez de agua, como ocurría con la caña de azúcar, continúa restringiendo la producción y exportación de estos valiosos nuevos cultivos.

Entretejidos con estos sucesos, ocurrieron otros tales como la violenta erupción del conflicto armado interno y el declive económico de la "década pérdida" (1980-1990). La última se vio coronada por la tardía llegada al poder del APRA bajo el liderazgo de Alan García Pérez, quien logró la presidencia capturando momentáneamente el apoyo de los nuevos informales y los habitantes de las barriadas pobres de Lima, fenómeno documentado por José Matos Mar en su *Desborde popular y crisis del Estado* (1984). El gobierno de García se vio erosionado por una galopante hiperinflación y la caída del PBI, situación que abrió el camino al gobierno corrupto de Alberto Fujimori, un estilo político híbrido de autoritarismo con fachada democrática en la década de 1990.

La democratización retornó después del año 2000, pero el sistema de partidos, que había resurgido en un primer momento, se debilitó con el proceso de descentralización política. Momentáneamente el APRA revivió, como lo atestigua la reelección de Alan García en el 2006, aunque ganó mayormente al hacer caso omiso de su partido y al apelar a los votos de los no apristas. Hoy en día, el partido ya no es capaz de postular con fuerza propia a las elecciones nacionales. Se ha visto obligado a buscar coaliciones con otros movimientos y candidatos. No obstante, el viejo sueño de la descentralización política de las provincias de estar fuera de la dominación centralista de Lima, introducido en el año 2002, ha producido una plétora de nuevos movimientos regionales rivales, pobremente organizados y personalistas, con consecuencias futuras en gran medida impredecibles. Así pues, el trabajo histórico del APRA —la constitución de un partido político masivo de fuerza potente— ha cedido a una realidad de pluralidad política casi infinita.

Mientras que el APRA se ha desvanecido como partido nacional, la historia de su agencia política y social continúa siendo de gran interés. Los historiadores emprenden nuevas investigaciones sobre el partido a fin de comprender mejor esta importante pieza de la historia nacional y reconsiderar la continua intrusión de la economía global en la vida y la política en el Perú contemporáneo. Hasta el momento, el APRA ha sido analizado en sus dimensiones populista, intelectual, discursiva, mística y cuasi religiosa. A causa de la globalización, el partido está ahora siendo reexaminado por una nueva generación de estudiosos provenientes de las ciencias sociales en su hasta ahora ignorado contexto transnacional. Este se puede rastrear en las primeras peregrinaciones de Haya a México, Rusia, Berlín, Roma y Londres, donde creativamente, absorbió e integró varias inovadoras corrientes intelectuales al programa y plataforma de su incipiente movimiento.

Las conmociones mundiales actuales —productos del neoliberalismo y la globalización—, afectan de manera profunda al Perú, en formas que nos recuerdan las dislocaciones que se sufrieron en la costa norte durante los inicios del APRA. Tomemos hoy el caso de la gran minería. El impacto negativo de la minería sobre el medio ambiente, la destrucción ecológica y disrupcion social que ocasiona marca un paralelo muy justo con lo que pasó durante la emergencia del azúcar como monocultivo de exportación en Trujillo y Lambayeque a comienzos del siglo pasado. De hecho, el capital extranjero, las corporaciones multinacionales, producen riqueza y trabajo como también degradan y destruyen no solo la tierra de antaño sino los modos de producción de sociedades establecidas. Este capital internacional y las transformaciones que lo acompañan, se expande hoy mas rápidamente que nunca. Por lo tanto, las protestas populares, frecuentemente violentas, abundan. Nadie puede decir a dónde llevará esta tendencia, pero el ejemplo de *Formación de las haciendas azucareras y los orígenes del APRA* es instructivo para una nueva generación de peruanos en la medida en que ellos tratan de bregar con los desafíos de la política peruana, la concentración del poder y el futuro del país en la nueva época de globalización.

Finalmente, permítanme añadir una nota personal de sincero agradecimiento al Instituto de Estudios Peruanos por el honor de sacar a la luz esta tercera edición de *Formación de las haciendas* en su nueva Colección de Clásicos y a todos los compañeros del Instituto que lo hicieron posible.

Peter F. Klarén
Washington D. C., 2016

Presentación a la primera edición

El año de 1974 fue el cincuentenario de uno de los partidos que marcó el desarrollo político del Perú: el APRA. Gracias a los notables esfuerzos del historiador norteamericano Peter F. Klarén disponemos ahora de uno de los estudios que nos permite comprender las razones económicas y sociales de la emergencia del partido aprista. Su libro *Formación de las haciendas azucareras y orígenes del APRA* fue publicado por primera vez en 1970 por el Instituto de Estudios Peruanos y alcanzó una gran resonancia, pese a que las tesis principales del autor no motivaron ninguna discusión seria. Esta segunda edición, relativamente ampliada, ofrece una oportunidad para comentar las ideas centrales del libro y para sugerir algunas líneas complementarias para investigaciones futuras.

La tesis central de Peter F. Klarén es fácil de resumir. Parte de la constatación de que la militancia aprista se recluta fundamentalmente en los departamentos de La Libertad, Lambayeque y Cajamarca, es decir, lo que la literatura política ha denominado el "sólido norte". Por consiguiente, es dentro de esta área que deben buscarse aquellos cambios que se tradujeron políticamente en la aparición del APRA. Este es un enfoque totalmente distinto a aquellos que consideran el nacimiento del aprismo como una consecuencia de la depresión de 1929 o del efecto carismático de Víctor Raúl Haya de la Torre.

Hablar de cambios en el norte es, básicamente, hablar de los cambios que afectaron a su estructura agraria. En efecto, el colapso económico de la región producido durante la guerra con Chile (1879-1884) solo pudo superarse mediante la inyección de cuantiosos capitales foráneos, y la fusión de gran parte de las haciendas existentes. Este proceso de concentración fue particularmente intenso entre 1885 y 1890. Como resultado, las haciendas de propiedad de terratenientes nacionales fueron absorbidas dentro de las tres gigantes empresas agrícolas: Casa Grande, Roma y Cartavio. Los Gildemeister, Larco y Grace, sus propietarios respectivos, simbolizaban la total colonización de la agricultura costeña por el capital extranjero. La consolidación de estas haciendas, además, estuvo grandemente favorecida por una coyuntura exterior excepcionalmente propicia. Pero el término de la Primera Guerra Mundial detuvo momentáneamente esta expansión. Las ventas de azúcar, en 1920, llegaban a doce millones y medio de libras, pero el año siguiente alcanzaron apenas cuatro millones. Esta variación en la coyuntura produjo nuevos cambios en la estructura agraria de la región. El principal fue la virtual liquidación de los Larco, quienes se vieron obligados, en 1927, a transferir sus propiedades a Casa Grande a cambio de trece millones de soles. La desaparición de la hacienda Roma prácticamente completó la concentración de la tierra en el valle de Chicama. La estructura agraria que emerge después de este proceso estuvo bajo el control de Casa Grande, cuyas propiedades totalizaban cerca de 13.460 fanegadas. Chiclín, de los Larco, con 1.835 fanegadas, y Cartavio, con 2.206 fanegadas, fueron las únicas propiedades que escaparon al control de los Gildemeister.

La emergencia y consolidación de Casa Grande, sin embargo, no implicó solamente la desnacionalización y absorción de las haciendas existentes. Los pequeños propietarios rurales también fueron afectados por estos cambios. La violenta expansión del azúcar, en efecto, quebró el precario equilibrio entre aguas de regadío y extensión de tierras, provocando una aguda escasez de aguas para la irrigación de los campos azucareros. Los consejos de regantes, controlados ahora por las grandes plantaciones, corrigieron este problema despojando de los turnos de agua a que tenían derecho los pequeños cultivadores. Sin agua, las tierras del litoral carecen de valor. El resultado de este proceso fue el despojo de las tierras de cerca de cinco mil familias entre 1890 y 1930, y su absorción dentro de las grandes plantaciones azucareras.

Pero los cambios introducidos en la región costeña por la emergencia de estas plantaciones no solo afectaron, como se ha visto hasta ahora, a la estructura de la tenencia de la tierra, sino que también introdujeron modificaciones profundas en la estructura de la comercialización. El 21 de julio de 1915, el gobierno de Benavides otorgó a los Gildemeister el control del, hasta entonces abandonado, puerto de Malabrigo, en el valle de Chicama. En la práctica, esta entrega significaba liberar a Gildemeister de los pagos de los derechos de exportación e importación de insumos y de bienes introducidos por este puerto. Una autorización posterior para construir y operar un ferrocarril local entre Malabrigo y Casa Grande consolidaba esta situación. La consecuencia del control comercial, ejercido ahora por Gildemeister, fue el deterioro en la condición material de muchos de los comerciantes trujillanos, quienes se encontraban en clara desventaja frente a Casa Grande por tener que pagar elevadas tasas aduaneras en el puerto de Salaverry, así como altos costos de transporte al ferrocarril, controlado por la Peruvian Corporation.

En resumen, las transformaciones ocurridas en la estructura económica de los valles norteños, en las primeras décadas del presente siglo, fueron creando los mecanismos y las bases sociales para las movilizaciones lideradas por el APRA. Pero las tensiones de una estructura solo se expresan en los momentos de crisis. Si bien las huelgas y protestas de los trabajadores atravesaron permanentemente la historia de los valles del norte, es una coyuntura económica desfavorable la que otorga a estas manifestaciones toda su explosividad y dramatismo. El ejemplo típico es 1921, año en que estalla una serie de huelgas producidas tanto por el aumento del nivel de vida como por la depresión del comercio internacional del azúcar. Estas movilizaciones, a la vez que mostraron la combatividad de los trabajadores, comenzaron a atraer la atención de quienes buscaron traducir ideológica y políticamente el descontento de vastos sectores afectados por los cambios económicos.

Es, pues, este contexto el que explica el considerable impacto que tuvo el APRA en el norte del Perú. Impacto en el ámbito del reclutamiento y, en cierta manera, a escala del contenido del mensaje político. El APRA, en efecto, logró la movilización de gran parte de la clase media rural de comerciantes, artesanos y migrantes de las serranías, cuya situación económica y política fue profundamente alterada como consecuencia de la inserción de estos enclaves extranjeros en la agricultura norteña. Muchos de los líderes apristas vinieron justamente de estos sectores medios desplazados. En las elecciones de 1931, aproximadamente el 44% del total de los votos apristas correspondió a los cinco departamentos del norte. De este 44%, a su vez, los departamentos de La Libertad y Lambayeque, donde estuvo concentrada la industria azucarera, proporcionaron más de la mitad de la votación aprista.

Es esta peculiar base social la que explica también el contenido de la ideología aprista. Partido esencialmente de la clase media, el APRA buscó la movilización de los intereses afectados por la penetración del capital extranjero en la estructura económica del norte. Su prédica antiimperialista pudo encontrar oídos receptivos entre aquellos cuyos recursos productivos —tierras, pequeñas industrias y comercio— fueron absorbidos por las emergentes y gigantes plantaciones extranjeras. Su nacionalismo, al mismo tiempo que expresaba la reivindicación y articulaba la movilización de estos diferentes intereses lesionados, evitaba la formulación de una crítica y de una alternativa de clase. Por esto mismo, ni el antiimperialismo ni el nacionalismo del APRA fueron demasiado lejos. Para Haya de la Torre, después de todo, el imperialismo correspondía en nuestros países a la primera fase del capitalismo. Ya en 1931, Fred Morris Dearing, embajador de Estados Unidos en el Perú, debía corroborar la postura política de Haya de la Torre en una elocuente carta:

> El señor Haya de la Torre me impresionó inmediatamente por lo caluroso y simpático de su carácter y por su aparente sinceridad... Rechazó con desdén la idea de que era destructor o ultrarradical y pareció tener un sincero respeto por nuestro país, al que ha visitado en varias oportunidades... El señor Haya de la Torre indicó claramente que si su partido tuviera éxito, esperaba mucha comprensión y toda la ayuda posible de nuestro Gobierno y una real cooperación entre nuestros países; él únicamente desea que nuestro Gobierno sea moderado, considerado

> y justo... Por el momento, la situación en los campos mineros de la Northern Peru Mining and Smelting Company es activa, y el señor Haya de la Torre me dijo —algo que puede ser considerado como una evidencia de lo que siente por los intereses norteamericanos— que esta mañana había aconsejado a través de sus varias conexiones, a toda su gente en y alrededor del distrito de Trujillo contra cualquier tipo de violencia, haciendo uso de toda su influencia para conseguir un arreglo pacífico, aceptando con calma lo inevitable... Mientras me hablaba, Haya de la Torre me dio la impresión de estar calmado, y entonces tuve conciencia de la intensidad de sus propósitos, y la evidencia de los últimos meses demostraba que era un hombre hábil y que tenía el respeto y la adhesión de muchos de sus compatriotas. No estoy aún muy seguro si es un hombre predestinado o no. Por lo que sé de este asunto, sin embargo, pensaría que si llega a ser Presidente del Perú no tendríamos nada que temer; por el contrario, podríamos esperar una excelente y beneficiosa administración de fuertes tendencias liberales, en la que habría justicia, comenzando un período de confianza y bienestar.[1]

La correlación propuesta por Peter F. Klarén entre cambios y dislocaciones en la estructura económica de una región, producidos por los enclaves extranjeros y la emergencia del electorado aprista parece, pues, convincente. Liisa North, en su reciente tesis doctoral, *Origins and Development of the Peruvian Aprista Party*, encuentra una correlación similar en áreas como Cerro de Pasco, Ica y Áncash, donde, efectivamente, la aparición de otros enclaves produjo cambios de la misma naturaleza que en la costa norte. Sin embargo, como la autora lo reconoce, la emergencia del APRA no puede ser explicada solamente a través de la aplicación mecánica de un modelo bastante simple, pese al importante rol que juegan dentro de él los factores económicos y sociales. En Piura, por ejemplo, fue el Partido Socialista y no el APRA el que tradujo políticamente estas mutaciones, mientras que en Lima y Callao fueron populismos de diversos signos los que constituyeron la expresión de la movilización política de tales

---

1. Dearing, 7 de septiembre de 1931, al Secretario de Estado, D. S. 810.43 APRA/102. Citado por Davies 1971: 626-645.

intereses. Lo mismo puede decirse del área de Junín. El trabajo de Peter F. Klarén, en consecuencia, constituye el primer gran aporte para pensar históricamente el fenómeno aprista en un determinado nivel, pero se requiere todavía investigaciones más profundas para elaborar una adecuada síntesis.

Lo que no queda claro en el análisis de Klarén, en cambio, es el porqué de la militancia aprista de los trabajadores rurales. En el caso de la burguesía rural y de los sectores medios desplazados por el capital extranjero, es perfectamente comprensible su permeabilidad a la prédica nacionalista y antiimperialista desarrollada por el aprismo. Pero en el caso de los obreros del azúcar, ¿por qué el APRA y no el Partido Comunista? La nula influencia de este último, ¿fue debida a su creación muy reciente, a la debilidad de su organización, a su menosprecio por los trabajadores del campo y a su opción por la politización del proletariado minero? Pero, en este último caso —la politización del proletariado minero—, tampoco los comunistas alcanzaron, por lo menos en aquel momento, un éxito de largo alcance, todo lo cual plantea el problema de saber hasta qué punto el enrolamiento de los trabajadores en las filas del APRA, más allá de la eficacia de sus células locales en el reclutamiento, fue el resultado de la peculiar estructura y del nivel alcanzado por la conciencia de la clase trabajadora. En otras palabras, ¿cuál fue la exacta posición del APRA en la estructura, la conciencia y la ideología del proletariado rural y urbano del Perú? La respuesta a esta cuestión fundamental exige el reexamen entero de la historia del proletariado peruano, desde su formación hasta su configuración actual, pasando por el examen de sus combates exitosos y de sus derrotas pasajeras. De este modo, la reflexión comparada de las tesis políticas de Mariátegui y de Haya de la Torre ilumina con fuerza el problema planteado, al mismo tiempo que brinda una de las claves para comprender el proceso político del Perú actual. Pero, a pesar de estos vacíos, el libro de Klarén constituye un importante aporte al debate político contemporáneo, al mismo tiempo que un estímulo inteligente para futuras investigaciones.

Heraclio Bonilla

Introducción

En el corazón de la vieja Lima y a orillas del Rímac, se destaca el coso rosado de la Plaza de Acho, escenario colosal de pompa y dramatismo. A él solía acudir, en tiempos coloniales, junto con todo Lima, el virrey y su corte, con deslumbrante atavío, a presenciar las faenas de los mejores diestros de entonces. Sin embargo, una gris y nublada tarde de domingo del invierno de 1931,[1] Acho fue testigo de un espectáculo único y totalmente diferente. Ese día, ante una inmensa multitud de trabajadores y limeños de la clase media, no era un torero el que recibía la aclamación del gentío, sino un gallardo y joven político provinciano, de apenas 36 años, aspirante a la presidencia de la república. Su voz, ocasionalmente quebrada por la emoción, rasgaba la pesada garúa limeña con punzantes ataques al viejo orden y exhortaciones a que la muchedumbre se le uniera para forjar una nueva y revolucionaria sociedad peruana. Antes de concluir su discurso, hizo una breve pausa y entonces, para júbilo de la masa, exclamó "solo el aprismo podrá salvarnos".

En 1931, para miles de peruanos, esa frase, llena de emoción, tocó una cuerda vital. Desde entonces, gente de diversa condición, trastornada por el impacto de la depresión y conmovida por la retórica revolucionaria de Víctor Raúl Haya de la Torre, el carismático orador de esa tarde en Acho, se agrupó en guarismos cada vez mayores

1. 23 de agosto de 1931.

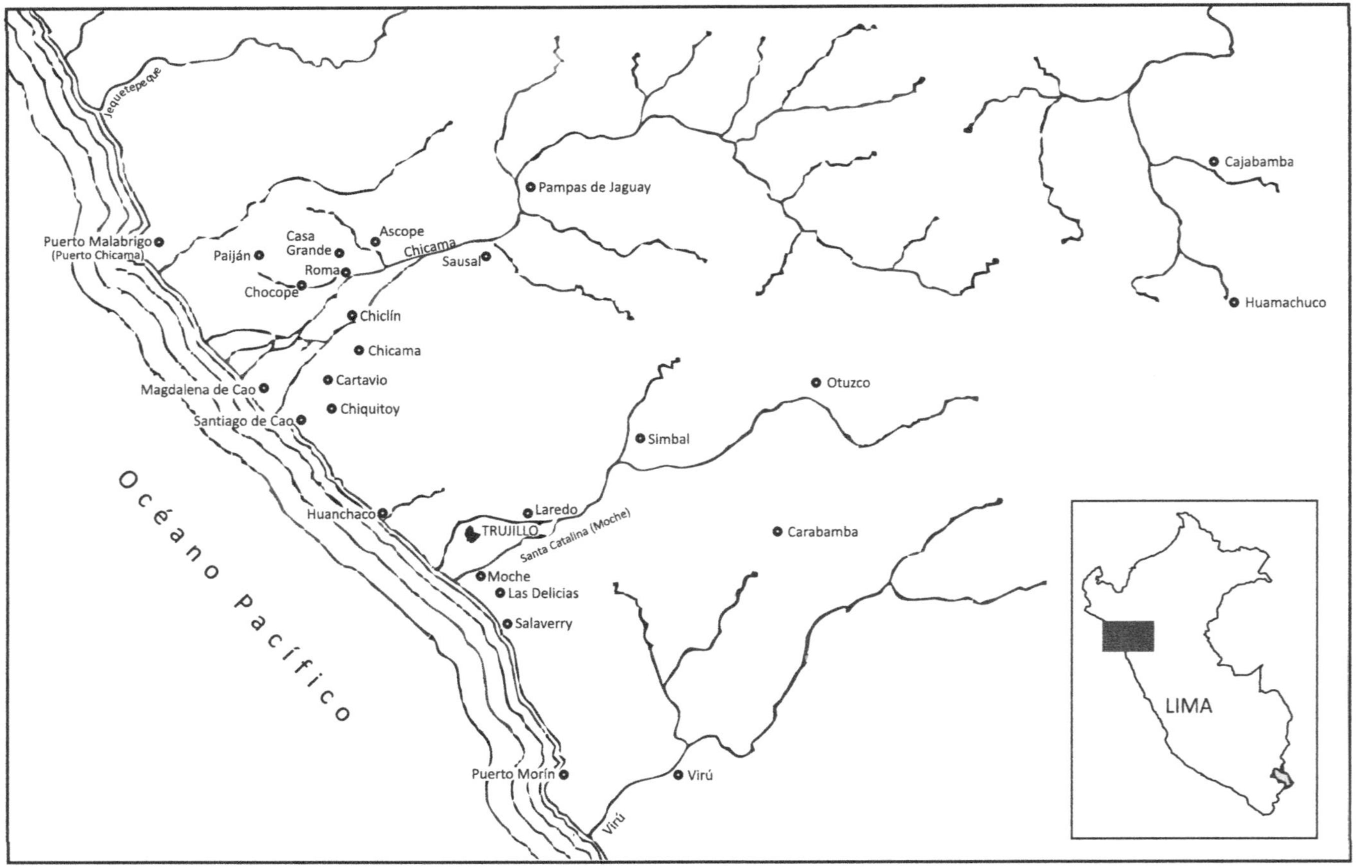

Valles de Chicama y Santa Catalina (Trujillo), en la costa norte peruana, zona del estudio.

alrededor de las banderas del naciente Partido Aprista Peruano (PAP). Meses después, el nuevo movimiento político, en encarnizada campaña electoral, casi logró éxito en las elecciones presidenciales. A partir de entonces, el APRA[2] y Haya de la Torre iniciaron una tempestuosa carrera que, a lo largo de 45 años, alcanzaría importante gravitación en el panorama político peruano.

En el transcurso de los años, los comentaristas políticos y estudiosos han lidiado con el intrincado problema de explicar, en la política peruana, el súbito surgimiento y perdurable poder del movimiento aprista. Muchos, quizás en la interpretación más comúnmente aceptada del APRA, están de acuerdo con afirmar que el partido constituyó simplemente una manifestación de la depresión mundial que impunemente derrocó a los gobiernos latinoamericanos y que desencadenó un periodo de trastornos sociales, tal vez no igualado en la historia moderna de América Latina, salvo el caso de la Revolución mexicana. Aunque es indudable que, a comienzos de la década de 1930, este factor favoreció considerablemente el reclutamiento partidario, no explica adecuadamente la longevidad de un partido en una nación donde, con monótona frecuencia, las agrupaciones partidarias han aparecido súbitamente para luego desvanecerse con la

---

2. Fundado en 1930 poco después de la caída del gobierno de Leguía, el Partido Aprista Peruano (PAP) fue concebido por Haya como la contraparte peruana a su Alianza Popular Revolucionaria Americana (APRA). Esta última había sido fundada en México por Haya, en 1924, como un amplio movimiento político de dimensión continental, cuyos objetivos podían ser resumidos en un programa máximo de cinco puntos:
   a. Acción contra el imperialismo yanqui.
   b. Unidad política de Latinoamérica.
   c. Nacionalización de la tierra y de la industria.
   d. Internacionalización del Canal de Panamá.
   e. Solidaridad con todos los pueblos y clases oprimidas del mundo.

   Inicialmente, Haya había concebido que el APRA serviría como catalizador para la formación en toda América Latina de varios partidos apristas que ayudarían al logro de estos objetivos. Al mismo tiempo, cada uno de estos partidos definiría un programa específico (programa mínimo) destinado a encarar los problemas y condiciones locales. Si bien en la década de 1920 hubo varios intentos de formar partidos apristas en varios países latinoamericanos, el que se organizó en el Perú en 1930 fue el primer esfuerzo que atrajo un número sustancial de seguidores.

misma rapidez. La verdad del asunto es que, en 1929, las cenizas de la debacle de Wall Street no fueron condición suficiente para el surgimiento de un partido político en ningún país de América Latina, y el Perú no fue una excepción. En el ambiente sociopolítico peruano las raíces del movimiento aprista son mucho más profundas, y están íntimamente relacionadas con el carácter decididamente regional que, desde 1931, ha sido el sello del partido.

Desde ese año, el partido aprista recluta su principal fuerza electoral en la parte norte del país e induce a los comentaristas políticos, cuando se refieren políticamente al área, a designarla como "el sólido norte aprista". Por ejemplo, en su primera elección, de 1931, el APRA recibió aproximadamente el 44% de su votación total de los seis departamentos norteños del país. Por otra parte, los 16 departamentos restantes, con exclusión de Lima (30%), significaron solo el 26% del total de votos que obtuvo. Esta regionalización del partido es aun más sorprendente en ciertos casos específicos. En la misma elección, el partido consiguió el sorprendente 74% del total de votos registrados en el departamento de La Libertad, y el 60% en el vecino Lambayeque, mientras que solo recibió el 21% en Arequipa y Cusco. En gran medida, este patrón regional del APRA persiste hasta el presente. En las elecciones de 1962 y 1963 exhibió fuerza electoral en el norte y gran debilidad en el sur.

Un cuidadoso examen de estos patrones de votación revela que esta regionalización del partido, que sigue un eje norte-sur, tiende a coincidir ampliamente con una división económica que es fundamental en el país. En forma muy general, el partido encuentra su fuerza electoral en el norte, económicamente más desarrollado y donde, desde comienzos de siglo, en forma continua se han modernizado la agricultura y minería destinadas a la exportación. Por eso, desde 1931, el APRA ha atraído gran número de adeptos provenientes del cinturón productor de azúcar de la costa norte y de los centros mineros de la sierra central y norte.

Por el contrario, la atracción del partido ha sido tradicionalmente menor en las zonas agrícolas central y sur, más atrasadas y tradicionales, en las que la economía no ha desarrollado lazos con los mercados extranjeros y donde la producción continúa orientada hacia el consumo local. Departamentos como Arequipa, Cusco, Ayacucho, Moquegua y Puno, para nombrar unas cuantas áreas, rara vez han contribuido con más del 20% del total de votos del partido. Una excepción importante a este patrón la constituye el departamento de Ica, que desde principios de siglo produce algodón para el mercado extranjero y donde el APRA produjo un impacto considerable.

En lugar de enfocar lo que llamaremos el patrón "geoeconómico" del APRA y su probable importancia, muchos de sus analistas, al señalar su regionalismo, han sostenido que el partido puede ser explicado en función del tradicional y particular personalismo hispanoperuano que desde siempre ha dominado la historia de esta república andina. Para ellos, la clave del APRA reside en la carismática figura de Haya, moderna personificación del caudillo, cuyo magnetismo personal bastó para forjar en el norte peruano un partido de masas. En una posición similar y reforzando esta vieja opinión, una interpretación más reciente sostiene que, políticamente, el electorado peruano no responde a ideologías y programas concretos sino, exclusivamente, a la mística y carisma del caudillo. Desde esta perspectiva, Haya resulta el factor central y dominante en el surgimiento del partido. En resumen, el APRA, en cierto modo semejante a una variación de la teoría de la historia del "gran hombre", es otro ejemplo de una larga tradición de movimientos políticos peruanos, cuyos partidarios han sido captados y reunidos, por así decirlo, gracias a la poderosa atracción personal de un hijo de la región.

Esta interpretación tiene, indudablemente, una cierta validez, si se tiene en cuenta la interacción histórica del personalismo y regionalismo en el terreno de la política peruana. Sin embargo, esta es una teoría demasiado fácil y simplista para explicar un movimiento político tan complejo. La dificultad principal reside en que ignora un axioma político fundamental: los líderes políticos no actúan en el vacío y, por lo tanto, su carisma no es definitorio. Para alcanzar el éxito, deben manejar ciertos elementos básicos que calen hondo, con los que puedan impactar a la masa. En mi opinión, Haya, hombre no solo de gran carisma sino de brillante intelecto y consumada destreza política, fue indiscutiblemente de capital importancia para el surgimiento del APRA, pero no su razón de ser. En el espectro total del APRA, su rol de jefe residió en su habilidad para identificar los problemas básicos que en las últimas décadas se habían agudizado en la costa norte y articular ciertas soluciones, problemas que giraban alrededor del desarrollo de una moderna estructura económica orientada hacia la exportación, dominada por una industria azucarera dinámica y de rápida expansión. Haya, junto con otros jóvenes norteños, se convirtió en el portavoz político de los varios segmentos de la población de esa región, dislocados y frustrados por la rápida desintegración de la sociedad tradicional. Estos cambios estructurales son los que, en esencia, dieron origen al movimiento aprista y los que explican el persistente fenómeno del "sólido norte". Desde que los españoles se asentaron por primera vez en Trujillo, a principios del siglo XVI, el cultivo de la caña de azúcar constituyó el soporte económico de la sociedad agraria de la costa norte. Con el correr de los siglos, este cultivo experimentó numerosos cambios y alteraciones que afectaron los campos circundantes. Mientras las innovaciones tecnológicas en los métodos de plantación avivaron la expansión y el cambio, otros factores como el impacto de las guerras independentistas y la abolición de la esclavitud por Ramón Castilla (1854) tuvieron igual importancia, aunque sus efectos sobre la industria azucarera no siempre fueron favorables. En tiempos más recientes, los trastornos ocasionados por la Guerra del Pacífico (1879-1883) dieron lugar a un periodo de cambios intensos y radicales en todo el complejo azucarero de la costa norte. En las siguientes décadas, a medida que la región luchaba por rehacerse de los estragos de la guerra, esta industria, estimulada por grandes aportes de capital extranjero, entró en un periodo de reorganización y modernización que, a escala mundial, la situó en el punto más alto. El sello de este proceso de modernización en la costa norte fue la gran concentración de tierras, en el que las modernas plantaciones empresariales, dotadas con grandes capitales, absorbieron gradualmente gran número de haciendas relativamente pequeñas, anticuadas y menos eficientes. Finalmente, este proceso daría origen a grandes empresas agroindustriales que alterarían radicalmente la estructura tradicional de esta región.

La primera fisura en la vieja estructura apareció en los hacendados de la clase alta, quienes hasta entonces habían dominado la vida social y política del área.

Incapaces de competir con sus rivales —los modernos empresarios—, los viejos hacendados desaparecieron gradualmente y sus antiguas propiedades fueron incorporadas a las nuevas plantaciones industriales. Posteriormente, siguió la misma suerte la hasta entonces próspera clase de pequeños agricultores, quienes, al igual que los anteriores, también se vieron privados de sus tierras por las empresas agroindustriales, cada vez más poderosas. Incluso, con esta nueva fuerza dinámica, la estructura comercial urbana de la región se vio afectada, ya que dichas empresas ampliaron la gama de sus actividades hasta abarcar el campo comercial y desalojar, finalmente, a la antigua clase de comerciantes. Al mismo tiempo que en la estructura social de la zona se producían estas fisuras, aparecía un nuevo proletariado rural, compuesto principalmente por campesinos de la sierra vecina. Así, hacia 1920, gran parte de la costa norte, de los alrededores de Trujillo y Chiclayo, recordaba muy remotamente su carácter de la época anterior a la Guerra del Pacífico.

Al principio, estos cambios afectaron a la población del área en lo que parecía ser una manera personal y única. Cada familia, dislocada en una forma u otra por estos cambios, tuvo que afrontar sola la necesidad urgente de buscar una nueva situación en un mundo que, súbitamente, se alteraba y se hacía impredecible. Como se trataba de conciliar las nuevas circunstancias con las antiguas tradiciones, creencias y, sobre todo, con las antiguas expectativas, solo encontraron una creciente frustración e inseguridad. Con el tiempo, estas dificultades tomaron forma de resentimientos de clase, articulados posteriormente por los miembros del entonces grupo de mayor capacidad política, encabezados por Haya, y que incluía a hombres tan hábiles como Antenor Orrego Espinoza, Carlos Manuel Cox y los hermanos Spelucín. En el norte, hacia los años veinte, comenzó a tomar forma un nuevo y singular movimiento político que alteraría radicalmente la casta tradicional que dirigía la política peruana. No obstante que la base popular y el liderazgo del movimiento aprista constituyeron una reacción a condiciones locales de la costa norte, el impacto del partido sobrepasó sus límites geográficos e históricos. En efecto, las dislocaciones sociales y económicas en el cinturón azucarero que en el norte impulsaron el encumbramiento del APRA se repitieron también en otras áreas del país donde, igualmente, la modernización económica estaba transformando y distorsionando el tradicional orden clasista de la sociedad. Estos cambios en la economía peruana eran parte, a su vez, de un proceso de transformación más amplio en el que las materias primas, fuente potencialmente lucrativa, penetraron en la estructura económica de las naciones industrializadas de Europa y Estados Unidos. En este contexto mayor, relacionado esencialmente con el resurgimiento de la vieja relación de la colonia con la metrópoli, el capital extranjero se convirtió, rápidamente, en la fuerza motriz que impulsó a la economía peruana hacia la exportación. Durante el periodo 1895-1930, el rápido aumento del fondo americano, junto con la inversión británica, fue realmente sorprendente.

En varias partes del país, la inyección de capital extranjero dio lugar a la progresiva creación de enclaves de modernización económica. A principios de siglo, además del cinturón azucarero del norte, se destacaban ya el distrito minero de la sierra central, el área petrolera de Piura, la costa algodonera de Ica y los sectores manufacturero y comercial de Lima, conformando así un diseño del tipo parche en el mapa económico del Perú. Hubo áreas aisladas de la sierra central donde la industria minera —en decadencia durante la mayor parte del siglo XIX— fue rápidamente revivida y reorganizada por la pujanza del capital norteamericano. Entre los centros mineros más importantes estuvo, sin lugar a dudas, el inmenso complejo cuprífero explotado, a partir de 1903, por la Cerro de Pasco Mining Corporation Company. En Piura e Ica, para hacer frente a la creciente demanda internacional, fue necesario modernizar la producción de petróleo y algodón, respectivamente. Gran imán de atracción a la inversión extranjera fue la misma ciudad de Lima. Hacia fines de siglo, la banca, los seguros, el procesamiento de alimentos y las manufacturas textiles comenzaban a destacar en el panorama económico de la ciudad. Simultáneamente se instalaron grandes compañías extranjeras, como la Grace y Gildemeister, que no solo significaron un poderoso estímulo a este cambio económico sino que también contribuyeron a la quiebra total de la estructura económica tradicional.

El desarrollo de estos enclaves de modernización, destinados a crear nuevas relaciones económicas y sociales y a romper viejos patrones de vida, sirvió, en cierto modo, para ampliar la atracción del APRA en el cinturón azucarero de la costa norte. Fueron muchos los que, agotados por los rápidos cambios económicos, en un esfuerzo por sobrevivir en lo que les parecía un mundo revuelto y trastornado, buscaron en el APRA un guía. Ciertamente, la retórica política y el programa aprista desarrollados en el norte les parecía tener sentido y aplicabilidad en el resto del país.

El movimiento extendió su radio político al dirigirse indirectamente a los sectores medios y bajos que abrigaban resentimientos contra el sistema existente. Al exigir la satisfacción específica a los reclamos del norte, el partido, en un sentido mucho más amplio, despertó el interés nacional al proclamar abiertamente que había llegado el momento de emprender reformas similares en toda la nación. Por ello, el APRA significó un nuevo eslabón en la larga y singular cadena de reformas que se remontan a Manuel González Prada, quien después de la Guerra del Pacífico se había sublevado violentamente contra las corrupciones e inadecuaciones del sistema. Sin embargo, a diferencia de los anteriores esfuerzos para reformar el Perú, hasta la formación del APRA, es decir hasta antes de 1931, ningún partido político organizado y de masas se había atrevido a desafiar la tradicional estructura del poder. Por eso, 1931 constituye un verdadero hito en la historia peruana. A partir de entonces, la posibilidad de volcar las insatisfacciones individuales o de grupo hacia los canales políticos ha formado, cada vez más, parte de la vida del país.

En los años veinte comenzó a tomar forma un nuevo y singular movimiento político que iba a revolucionar el tradicional juego de la política peruana.

A pesar de que, como reacción a las condiciones locales, la base popular, el liderazgo y el marco general de referencia del movimiento aprista enfocaba principalmente a la costa norte, el impacto del partido sobrepasó sus inmediatos confines geográficos e históricos.

El foco para probar la hipótesis geoeconómica de los orígenes del APRA es la región de Trujillo, que abarca como unidad económica a los valles de Chicama y Santa Catalina. Una cantidad de razones determinó su elección. El caso es que el amplio periodo en examen, desde poco antes de la Guerra del Pacífico hasta comienzos de los años treinta, hizo que fuera casi imposible incluir toda la costa norte, pues esto hubiera significado sacrificar los detalles que se consideran esenciales para que el estudio valga la pena. Además, la posibilidad de contar con fuentes materiales para estos dos valles es mayor que para sus similares de otras partes de la costa. Sin embargo, lo más importante es que la región de Chicama-Santa Catalina ha concentrado más del 60% de otras áreas de la costa productoras de azúcar.

Debemos dar una breve descripción de estos valles. El de Chicama, ubicado a varios kilómetros al norte de Trujillo, es el valle más rico de la costa norte, y tal vez de toda la costa peruana. Regado por el río Chicama, que se origina a unos 160 km al este, en los Andes, tiene aproximadamente 48 km en su mayor ancho y comprende aproximadamente 650 km cuadrados, un cuarto de los cuales están cultivados. Su importancia ecológica data de los tiempos precolombinos, cuando constituyó el centro principal de la cultura Chimú. El valle cuenta con varios pueblos: Ascope, Magdalena de Cao, Santiago de Cao, Chicama y Malabrigo, algunos de los cuales antes fueron comunidades de indígenas. Aunque anteriormente sus habitantes cultivaran una amplia variedad de productos alimenticios, en tiempos recientes la producción de caña de azúcar domina la economía del valle.

En comparación, el vecino valle de Santa Catalina es mucho más pequeño y agrícolamente menos importante. Situado a varios kilómetros al sur del valle de Chicama, comprende solo un cuarto del área de la región. Pero le añade importancia económica el hecho de que en él se encuentra la ciudad de Trujillo, capital del departamento de La Libertad. Al igual que todos los valles de la costa, el de Santa Catalina es dominado por el río del mismo nombre, que lo provee de agua de riego. Desde hace mucho tiempo, este valle ocupa el segundo lugar en la producción azucarera peruana.

Puesto que los valles de Chicama y Santa Catalina están tradicionalmente considerados entre las zonas agrícolas más ricas del país, las fuentes documentales para su estudio no son escasas. Así, la información sobre su desarrollo económico la encontramos en una diversidad de fuentes, en las que se incluyen narraciones de viajeros, revistas agrícolas, diarios locales, memorias y escritos de varios hacendados, a más de numerosos informes gubernamentales. Más aun, a medida que en la región se desarrollaba la industria azucarera y se convertía en la principal contribuyente de la economía de exportación, quienes estaban interesados en mejorar su capacidad productiva dirigían hacia ella mayor atención a través de artículos y monografías. Por consiguiente, tanto el gobierno como las compañías azucareras, cada cierto tiempo emprendían exhaustivos estudios tendientes a mejorar e incrementar la producción. Aunque muchos de estos estudios se centran primordialmente en aspectos tecnológicos del cultivo de la caña, en el proceso de describir la región ofrecen importantes datos sobre las condiciones socioeconómicas del área. Probablemente el Archivo de la Cámara de Comercio, Agricultura e Industria de La Libertad ha sido la fuente de mayor utilidad para el estudio de la cambiante situación económica de la zona. Ubicado en las oficinas de la Cámara de Comercio en Trujillo, este consistía en aproximadamente 17 volúmenes encuadernados que contenían correspondencia, minutas, informes y declaraciones de la política de la Cámara, desde 1904 hasta 1932.

En cuanto a los aspectos políticos del estudio, gran cantidad de material sobre el surgimiento del APRA se localizó tanto en Lima como en Trujillo. Como tradicionalmente el partido ha estado orientado hacia las masas, a lo largo de los años sus líderes se han cuidado de suministrarles metas y programas generales. Las imprentas apristas han producido siempre una gran variedad de literatura: diarios, libros, documentos y diversos materiales de índole electoral, en su mayoría preservados en la Biblioteca Nacional del Perú. En los casos en que faltó información específica, he recurrido a entrevistas personales con los líderes que se encontraban en actividad a comienzos del movimiento. Finalmente, me fue de valiosa ayuda y utilidad un examen de los *State Department Serial Files on Peru (1910-1937)*, que incluyen los despachos diplomáticos del embajador norteamericano y del personal de la embajada en Lima con relación a la elección de 1931.

No obstante, y pese a lo asequible de los materiales de estudio, la investigación tropezó con algunas dificultades. Primero, los peruanos, al menos desde la Independencia, por diversas razones han sido, en su generalidad, gente sin mentalidad histórica. Como resultado, en muchos casos han sido notoriamente descuidados en coleccionar, preservar y catalogar la evidencia documental de su historia. Algunas fuentes, particularmente las pertenecientes a reparticiones gubernamentales, que podrían haber sido útiles para este estudio, se han perdido o destruido, o en todo caso están tan mal conservadas que su uso es imposible. Esta desafortunada situación se ha visto complicada por el hecho de que los archivos provinciales, cuando existen, se encuentran por lo general en peor estado de deterioro que los de la capital.

Una segunda dificultad fue la inaccesibilidad a los archivos de las principales haciendas azucareras. Esta situación se debió, en gran medida, al temor de los administradores de las compañías, en su mayoría extranjeros, a que la publicación de información histórica sobre las mismas pudiera provocar reacciones políticas en el país que hicieran peligrar sus operaciones futuras. Habida cuenta de la actitud hostil en el Perú contra los intereses foráneos, latente en grandes segmentos de la población, esta renuencia a permitir a los investigadores el acceso a los archivos de las empresas, al menos con anterioridad al gobierno de Velasco, es parcialmente comprensible. Ahora que estas empresas han sido nacionalizadas se ha hecho un esfuerzo por poner sus archivos al alcance de los investigadores. Por cierto, muchos de estos documentos han sido transportados a Lima y depositados en el recientemente creado Centro de Documentación Agraria. Pese a algunos serios contratiempos de organización y catalogación, son muchos los investigadores que están trabajando estos materiales, lo que con el tiempo permitirá ampliar y profundizar considerablemente nuestro conocimiento de la historia agraria del país.

Por último, en un esfuerzo por ampliar nuestra visión sobre algunos de los procesos sociales del cinturón azucarero tratados en este trabajo, buscamos algunas obras de ficción. Originalmente, pudimos localizar solamente una, constituida por una serie de cuentos de un oscuro escritor trujillano. Sin embargo, recientemente ha aparecido *Lázaro,* novela inconclusa del fallecido escritor Ciro Alegría. La acción de la novela se centra en Trujillo y sus alrededores a comienzos de la década de 1930, expresando magníficamente los conflictos laborales que por entonces asolaban las haciendas azucareras de la costa norte.

Quisiera agradecer a numerosos peruanos y norteamericanos sin cuya generosa ayuda este libro no se hubiera escrito. En primer lugar, mi especial agradecimiento a Félix Denegri Luna, quien no solamente me permitió el uso de su formidable biblioteca particular sino que me brindó su amistad, aliento y consejo profesional. Mi deuda con él es grande. Debo, igualmente, agradecer al ingeniero Carlos Moreyra Paz Soldán, de Lima; a don Carlos Orbegoso Barúa, de la Sociedad Nacional Agraria; a los ingenieros Raúl Montesinos, del Instituto de Planificación, y Miguel Ángel Castro, de la FAO. A Graciela Sánchez Cerro, de la Biblioteca Nacional; a los doctores Vicente Eduardo Rosell de Cárdenas y Víctor Cuadro Parodi, de la Cámara de Comercio de La Libertad; al doctor Julio Gutiérrez Solari y a don Jaime de Orbegoso, de Trujillo; a Leopoldo Pita V., de la Confederación de Trabajadores del Perú; al exsenador Carlos Manuel Cox, al exdiputado Luis Cáceres Aguilar, a doña Carmela Spelucín de Orrego y al doctor Jorge Basadre. Mi especial agradecimiento a Víctor Raúl Haya de la Torre, quien, aunque ocasionalmente estuvo en desacuerdo con mis interpretaciones, soportó paciente y gentilmente varias horas de interrogatorio.

Gracias también a Julio Cotler, Aníbal Sánchez Reulet, Edward González, James Lockhart, Carl T. Glauert, Carl Solberg, Shane Hunt, Marysa Navarro y Liisa North, quienes leyeron y criticaron partes del manuscrito. Es innecesario añadir que cualquier juicio o error de información es de mi exclusiva responsabilidad. Además, deseo expresar mi reconocimiento al *Foreign Fellowship Program* por la ayuda financiera recibida en la Universidad de California, Los Angeles, y en el Perú, así como también a la *Washington State University* por su ayuda económica durante el periodo de verano. Pero, sobre todo, debo inmensa gratitud a Robert N. Burr, cuyo consejo y constante aliento agradeceré siempre.

P. F. K.

CAPÍTULO 1

Modernización de la industria azucarera y concentración de la tierra en el valle de Chicama

Los comienzos de la década de 1870 fueron excepcionalmente prósperos para los 25 azucareros del rico y fértil valle de Chicama. La mano de obra era barata, el crédito abundante, el precio del azúcar en el mercado mundial era alto y el país, gracias a Ramón Castilla, había dejado de sufrir la endémica refriega interna y la guerra civil que habían importunado el desarrollo económico y político de la nación desde la Independencia. Entonces, tal vez más que nunca, desde la desaparición del periodo colonial, la aristocracia agrícola del valle —los Iturregui, los Bracamonte, los Puente y los Orbegoso— pudo disfrutar de la vida señorial tal como desde antiguo constituía el ideal de la sociedad hispano-peruana. Al igual que los terratenientes de otras regiones del país, parte del año, los azucareros vivían en sus elegantes casas de Trujillo, enviaban a sus hijos a educarse a Lima o a Europa y ellos mismos, a veces, viajaban al extranjero.

Sin embargo, 40 años más tarde, casi todas esas familias habían desaparecido del valle. Ya no existían las espléndidas casas hacienda ni las adornadas capillas que durante tantos años tipificaron el valle. Tampoco quedaban los ondulados pastos y los multicolores campos de algodón y arroz que antes se entreveraban con sembríos de altos y verdes tallos de la caña de azúcar. Desde las faldas de los Andes, todo lo que el visitante podía divisar era un mar inmenso, ininterrumpido, de caña y dos chimeneas negro azabache que humeaban en el cielo azul. Eran dos las gigantescas plantaciones industriales de azúcar las que entonces dominaban la vida económica y social del valle. Esta virtual revolución de la estructura agraria de la zona, que vio concentrar la tierra en muy pocas manos, comenzó a manifestarse a fines de la década de 1870, cuando una serie de desastres internos y externos sacudieron a los hacendados de la caña de la costa norte.

Desde mediados de 1850 hasta esa infortunada década, la agricultura costeña había experimentado un notable resurgimiento luego de la caótica y depresiva época que siguió a la Independencia.[1] Durante estas dos décadas, como resultado de la política agraria de Ramón Castilla y el impacto del *boom* del guano de la década de 1840, la prosperidad agrícola había alcanzado notable desarrollo. En 1854, Castilla asumió el poder y procedió a imponer paz y orden en el campo, condición que los estadistas criollos de la nueva nación habían eludido desde el inicio de la República. Más aún, Castilla decidió liberar al campesinado costeño, elemento clave para el renacimiento de la prosperidad agraria, del legado colonial del tributo que, pese a esfuerzos anteriores, había continuado gravando duramente a los sectores indio y mestizo.

Sin embargo, durante este periodo, el aspecto más importante en el resurgimiento de la agricultura de la costa fue el *boom* del guano en las décadas de 1840 y 1850, que produjo capitales en cantidad suficiente como para ser reinvertidos en el sector agrario.[2] Las ganancias provenientes de esta "nueva industria" se incrementaron rápidamente, enriqueciendo en el proceso a las antiguas familias criollas y a los nuevos terratenientes republicanos, muchos de los cuales estaban empeñados en reorganizar y revitalizar la agricultura costeña. Como resultado de estos dos desarrollos, en las viejas haciendas del litoral,

1. Para los principales lineamientos del desarrollo agrario peruano desde el advenimiento de la República, véase el muy sugerente artículo de Piel (1970: 108-133).

2. Sobre las contribuciones de capital de la industria del guano a la industria azucarera, véase también Levin 1960: 120-121. La prosperidad de la industria azucarera durante este periodo la tratan Moreno 1900: 4-5, Garland 1905: 51-53 y "El azúcar peruana" 1950.

el algodón y la caña de azúcar experimentaron un notable resurgimiento en las décadas de 1850 y 1860, tanto por la fuerte demanda extranjera causada por la Guerra de Secesión norteamericana como por la gran producción de materia prima. Sin embargo, al iniciarse la década de 1870, este ciclo de expansión agraria se cortó súbitamente, dando paso a un periodo de rápida contracción.

En 1875, al producirse el colapso del guano, se asestó un primer golpe a la reciente prosperidad costeña. La revitalizada industria del azúcar, así como otras áreas de la economía, sufrieron un serio revés. Fuertemente endeudados con los bancos de Lima y otras instituciones financieras, los hacendados de la costa norte rápidamente vieron cómo se evaporaban sus recientes ganancias bajo el impacto de la inmediata anulación de los préstamos más importantes.

La crisis económica se agudizó porque los sucesos exteriores vinieron a añadir complicaciones a los aprietos de los hacendados nacionales. Después de casi una década de alzas históricas, de repente, el precio del azúcar se vino abajo en el mercado de Liverpool. Como esto ocurrió cerca de la época de la anulación de los préstamos, la caída del precio del azúcar sumió a la industria en las angustias de la depresión. Cuando a este contratiempo le siguió una gran escasez de mano de obra, ocasionada por el cierre del puerto portugués oriental de Macao, fuente principal de la mano de obra china, muchos plantadores se preguntaron si las cosas podrían todavía empeorar.[3]

El estallido de la Guerra del Pacífico, en 1879, dio pronta respuesta a esta cuestión. Al igual que otras áreas de la economía peruana, la guerra, prácticamente, paralizó la industria. Durante sus últimas etapas, los ejércitos chilenos invasores arrasaron sistemáticamente las grandes áreas productoras de azúcar de la costa norte. Las haciendas del valle de Chicama se salvaron de la antorcha gracias a los hercúleos esfuerzos financieros de unos cuantos ricos hacendados que pagaron en efectivo un gran cupo al general chileno Lynch.[4]

---

3. Garland 1895: 12-13.

4. Una buena exposición de la marcha de Lynch en el norte se encuentra en Basadre 1964: 2475-2476. Véase también Romero 1949: 411-12 y Camino Calderón 1941: 148-54.

Cuando, finalmente, se reinstauró la paz, en 1883, la agricultura del valle, así como la de toda la costa, en gran parte estaba reducida al nivel de subsistencia.[5]

La recuperación fue dolorosamente lenta en los años que siguieron inmediatamente a la guerra. La falta de facilidades de crédito, una gran escasez de braceros y la necesidad de reconstruir y reemplazar la valiosa maquinaria a veces plantearon dificultades y problemas insolubles a los hacendados del valle.

En esas circunstancias, los antes orgullosos y prósperos hacendados pugnaron vanamente por la reconstrucción. En casi todos los casos, el resultado final fue la bancarrota y el juicio hipotecario. Un observador pudo, posteriormente, escribir lo que sigue:

> Muy contados fueron los que salvaron del naufragio y que pudieron conservar sus propiedades... Las improvisadas fortunas desaparecieron con la misma facilidad con que habían sido adquiridas. El ruido ensordecedor de los numerosos ingenios comenzó a decrecer; las quiebras se sucedieron unas a otras y las casas y bancos habilitadores tomaron posesión de haciendas y fábricas, ya en completa decadencia.[6]

Como ocurre, a veces, en tiempos de adversidad económica, unos cuantos hacendados, todos relativamente recientes en el valle, pudieron beneficiarse de condiciones tan difíciles. Tal fue el caso de los inmigrantes hermanos Larco y de un rico financista de Lima llamado Juan Gildemeister, quienes, inmediatamente después de la guerra, comenzaron a comprar las propiedades de los hacendados en bancarrota. A fines de la década de 1880, en el valle se hizo visible una marcada tendencia a la concentración de la tierra.

---

5. Las exportaciones de azúcar cayeron verticalmente desde un pico de 80.000 toneladas en 1879 hasta un piso de 34.478 en 1884 (Moreno 1900: 144 y Garland 1905: 51-53).

6. Haya 1929. Para mayor ilustración véase también De la Torre, Gustavo, "Relación por el Sub-prefecto de Trujillo", *Colección de manuscritos de la Sala de Investigaciones de la Biblioteca Nacional del Perú,* Lima, 23 de mayo de 1888, p. 5; y *Memoria del prefecto del departamento de La Libertad,* Trujillo, 1898, pp. 13-14.

Los hermanos Larco, Andrés y Rafael, habían llegado de Italia alrededor de 1850. Después de una aparente prosperidad en actividades comerciales desarrolladas en Lima, se mudaron a Trujillo a fines de la década de 1860, con el propósito de comprar tierras en el vecino valle de Virú a fin de cultivar algodón. Con esa intención compraron la hacienda San Ildefonso, pero rápidamente se dieron cuenta de que el negocio del algodón no ofrecía las mismas oportunidades económicas que entonces proporcionaba la creciente industria azucarera. Así, en 1872, los dos hermanos alquilaron la extensa hacienda Chiquitoy de 1.250 fanegadas, ubicada en el valle de Chicama. Al expandir considerablemente las 200 fanegadas que el anterior locatario de la hacienda dedicaba a la caña de azúcar, los Larco rápidamente cosecharon grandes dividendos, que en 1878 emplearon en la compra de las haciendas Tulape y Cepeda y en el arrendamiento del fundo Mocollope, todos en el valle de Chicama.[7]

Al igual que otros hacendados del valle, los Larco fueron económicamente sacudidos por la guerra y la subsecuente caída del precio mundial del azúcar en los años posteriores. Afortunadamente para ella, la familia había desarrollado fuertes lazos financieros con la firma inglesa comercial y bancaria Graham, Rowe and Company, que le proporcionó los fondos necesarios para salvar la crisis.[8] Es evidente que no pasó mucho tiempo antes que la empresa Larco, económicamente respaldada por Graham, Rowe and Co., convirtiera la crisis en ventaja propia. Arguyendo que la única forma de superar la baja de los precios era expandir la producción tanto como fuera

---

7. Valdizán 1934: 16-22. Rafael tomó a su cargo la administración de Chiquitoy mientras que Andrés se ocupó de Tulape y Cepeda, a la que rebautizó como Roma, en recuerdo de su ciudad natal. (Vallejo 1952: 173).

8. Del rol que la Graham, Rowe and Company desempeñó en la fortuna de los Larco, dice Rafael Larco Herrera, hijo de Rafael, hermano de Andrés: "Durante más de cincuenta años, la respetable firma comercial Graham, Rowe and Co. en Lima, ha mantenido estrechas y cordiales relaciones con los miembros de la familia Larco; contribuyendo poderosamente a sostener la industria azucarera de este Valle, con capitales aportados en los momentos de crisis, con la colocación de los productos en las mejores condiciones por conducto de sus casas establecidas en Liverpool, Valparaíso y New York..." (Rafael Larco 1923: 171).

posible,[9] Andrés comenzó a comprar las haciendas vecinas. En la década siguiente, los hermanos Larco adquirieron o alquilaron ocho haciendas grandes que incorporaron a la llamada Roma. Las nuevas tierras duplicaron la expansión de esta (antes conocida como Tulape y Cepeda) de 2.000 a 4.000 fanegadas.[10]

Aunque el plan de Andrés Larco para superar la crisis de comienzos de la década de 1880 dio buen resultado para quienes, como él, tuvieron la suerte de contar con grandes reservas de crédito, y de ese modo ampliar sus operaciones, simplemente no fue factible para la mayoría de los demás hacendados del área. Durante el *boom* del azúcar anterior a la guerra (1861-1875) pudieron conseguir con relativa facilidad grandes préstamos de las ricas casas banqueras del guano.[11] Sin embargo, el fin del *boom* del guano y la guerra agotaron casi completamente todas las fuentes de crédito nacional. Las únicas fuentes de capital a las que podían acudir los plantadores eran las firmas bancarias extranjeras. Pero, en general, estas estaban dispuestas a prestarle solo a quienes, como los Larco, podían exhibir la suficiente capacidad empresarial y técnica para tener éxito en una industria que cada vez se complicaba más.[12] En el valle de Chicama, esta dificultad para la obtención de créditos que hubieran permitido al hacendado promedio soportar la crisis inmediata a la guerra, jugó un papel importante en la modificación de la estructura de la tenencia de la tierra, cuya concentración comienza en la zona a fines de la década de 1880.[13]

Mientras los Larco rápidamente adquirían un creciente predominio en el valle, el recién llegado Juan Gildemeister comenzó,

---

9. *Boletín de la Sociedad Nacional de Agricultura*, Lima, abril, 1900, pp. 369-373.
10. Valdizán 1934: 23-24. Véase también Rafael Larco 1947: 12.
11. Garland estima que, en 1875, el total de la deuda contraída por la industria azucarera peruana ascendió aproximadamente a treinta millones de soles (cinco millones de libras esterlinas), que considera muy elevada (Garland 1895: 12).
12. Ibíd., p. 13.
13. Un valioso vistazo del estado de la industria azucarera del valle de Chicama después de la guerra, así como de las dificultades para la obtención de créditos puede tenerse en *Exposición... de El Cañal* (Espejo Asturriaga 1893: 5-6).

también, a hacer sentir su presencia. Nacido en Bremen, Alemania, en el año 1823, Gildemeister, en su adolescencia emigró al Brasil como marino mercante. En Río, trabajó en un establecimiento comercial y allí logró acumular el dinero suficiente para comprar una pequeña goleta de 180 toneladas, que cargó con madera destinada al mercado chileno. Al llegar a Valparaíso, después de lo que debió ser un azaroso viaje alrededor del cabo de Hornos, el emprendedor alemán vendió su cargamento y nave y se dirigió al Perú. Después de un improductivo viaje a California durante la fiebre del oro, estableció en Lima un negocio de importaciones que prosperó rápidamente. Al correr de los años, con las ganancias acumuladas, Gildemeister empezó a invertir en el sur, en el por entonces floreciente negocio del nitrato.[14]

Arruinado temporalmente por la desastrosa marea que en 1868 destruyó muchas de sus propiedades en Iquique, el intrépido Gildemeister hizo que la calamidad se tornara en éxito por el subsiguiente acaparamiento que hizo del mercado del nitrato mediante una notable maniobra financiera.[15] Aprovechando que no existía cable entre la costa pacífica y Nueva York, apresuradamente despachó a Hamburgo a uno de sus empleados a fin de comprar una gran cantidad de nitrato al precio de crédito normal. Como llegó a Europa antes que la noticia del desastre, pudo adquirir una enorme cantidad antes que su precio se fuera hasta las nubes, e hizo así una fortuna al revenderlo en los días siguientes. De este modo, Gildemeister, rápidamente se recuperó de sus pérdidas y se hizo más rico que nunca. En todo caso, en 1889, previendo malos tiempos para la industria, traspasó todas sus propiedades a una firma inglesa por 1,2 millones de libras esterlinas. Un año antes había comenzado a comprar haciendas en el valle de Chicama.

En el transcurso de la década siguiente, la firma Gildemeister y Co., también conocida como Sociedad Agrícola Casa Grande Ltda., compró varias haciendas en el valle, incluyendo Casa Grande, que se convirtió en el centro de sus operaciones azucareras. Cuando murió,

14. Bermúdez 1963: 266-268.

15. Basadre 1964: VII, 3202-3203. Véase también Basadre 1964: VIII, 3915-3916.

10 años después, en 1898, Gildemeister ya había comprado ocho grandes haciendas azucareras y era el segundo gran terrateniente del valle, después de la familia Larco. Un año después, el capital de la compañía se avaluaba en, aproximadamente, 270.000 libras esterlinas.[16]

Además de los Larco y los Gildemeister, en la década de 1890 aparece en el valle un tercer terrateniente importante, la Cartavio Sugar Company. La base de esta compañía fue la hacienda Cartavio, de 910 fanegadas, que una poderosa firma comercial de Lima, la W. R. Grace and Company, adquirió en 1882 como cancelación de una gran deuda del propietario de Cartavio, Guillermo Alzamora.[17] Aparentemente, Grace, cuyos principales intereses entonces radicaban en el comercio, no decidió sino nueve años después, en 1891, qué hacer con la nueva propiedad, cuando con un capital de 200.000 libras esterlinas formó la Cartavio Sugar Company para explotarla como una subsidiaria de Grace.[18]

Durante este periodo, la intromisión de capital extranjero en el valle de Chicama no fue un fenómeno aislado en el Perú. Por el contrario, fue el inicio de lo que en las primeras décadas del siglo XX vendría a ser verdaderamente una inundación de inversiones en extensas áreas del país.[19] Mientras que los extranjeros, particularmente los ingleses, desde tiempo atrás habían encontrado en el Perú campo fértil para la inversión de capital,[20] la reciente destrucción de

16. Sociedad Agrícola Casa Grande Ltda., *Estatutos,* p. 3. La lista de las haciendas compradas se encuentra en Álvarez Beltrán 1949: 25-38. Este es un reconocimiento histórico, útil aunque incompleto, de los patrones de tenencia de la tierra en el valle de Chicama, reunidos a partir del Registro de Propiedad Inmueble de Trujillo.

17. Centurión 1939: 410.

18. Moreno 1900: 137-138.

19. Infortunadamente, no existen estadísticas precisas sobre la inversión extranjera en el Perú a finales del siglo XIX. Sin embargo, varias fuentes, que tratan un periodo posterior, indican que por esa fecha se iniciaba una sustancial actividad de inversión. Véase Carey 1964: 21-22. También Halsey 1918: 322, Winkler 1929: 148 y Dunn 1926: 82.

20. Véase Winkler 1929: 146.

la economía peruana motivada por la Guerra del Pacífico abría las puertas hacia una rápida modernización económica, así como a una embestida general del imperialismo económico europeo, que a fines del siglo XIX aumentó sustancialmente su interés por invertir en el Perú. Alentada por los líderes políticos peruanos, esta inyección de capital foráneo sirvió, primordialmente, para la reconstrucción y modernización del sector exportación, que hacia fines de siglo se conectaba rápidamente con el sistema capitalista europeo. Incluso los inversionistas americanos, que en comparación a los británicos aparecían relativamente como recién llegados, empezaron a visualizar el potencial futuro de la economía peruana de exportación. En 1897, el capital norteamericano invertido en el Perú no sobrepasaba la suma de seis millones de dólares, cifra que en las tres décadas[21] siguientes aumentaría más de treinta veces. De esta manera, desde fines de la década de 1880 en adelante, los fondos extranjeros gravitaron alrededor de áreas relacionadas con la exportación, tales como la construcción de caminos y vías férreas y la modernización de puertos, así como sobre la minería y la producción de azúcar y algodón.

Un hito importante en este proceso de inversión fue el Contrato Grace, decidido en 1889 entre el gobierno peruano y sus principales acreedores británicos. Según este, la deuda externa del Perú sería totalmente refinanciada a cambio de que el grupo británico asumiera el control directo y la operación del sistema ferroviario estatal. Un año después se estableció la Peruvian Corporation Ltd., compañía encargada de operar los ferrocarriles del país. En efecto, el Contrato Grace sentó en el Perú las bases para la expansión en gran escala de las inversiones extranjeras a lo largo de las cuatro décadas siguientes, al mismo tiempo que ligaba la economía del país a Gran Bretaña.[22]

Aunque reflejo de la actividad foránea en el Perú durante este tiempo, el surgimiento de estos tres productores extranjeros de azúcar —los Larco, los Gildemeister y la Cartavio Sugar Company— planteó difíciles problemas de competencia a los pocos propietarios que aún quedaban en el valle y que habían intentado sobrevivir a la

21. United States Congress, Senate Committee on Foreign Relations 1960: 296.
22. Chavarría 1972: 131-132.

crisis de posguerra. Los nuevos empresarios azucareros empezaron a aplicar modernas técnicas capitalistas en una industria que hasta entonces había operado tradicionalmente, y, desde 1890, comenzaron a reorganizar y modernizar todo el proceso de la producción. Introdujeron nuevas técnicas de cultivo, importaron la maquinaria más moderna de Europa y Estados Unidos, y arreglaron —mediante contactos mundiales— métodos eficientes y directos para la distribución y venta del producto. Naturalmente, todo esto fue posible por las enormes reservas de capital extranjero a disposición de los nuevos propietarios.[23] El resultado final fue el desarrollo de una lucha económica definitivamente desigual entre los hacendados sobrevivientes y los recién llegados, orientados modernamente.

En esta lucha por la supervivencia, los antiguos hacendados se vieron severamente trabados por dos factores: la falta de créditos fácilmente obtenibles y una mentalidad formada tradicionalmente que escapaba de las modernas técnicas capitalistas. Como resultado, siguieron usando su vieja maquinaria y sistemas de producción anticuados, que evidenciaron no encajar con los de sus modernos competidores. Alejandro Garland, al reconocer la actitud retrógrada de la mayoría de estos hacendados, relata las reacciones de un visitante de la costa norte peruana en 1894:

> Hace pocos meses, un corresponsal de 'Times' que por encargo especial de los directores de ese periódico recorrió la costa del Perú, no ha podido menos que revelar en una de sus correspondencias, la sorpresa que le causó ver el estado de atraso en que se encontraban nuestros ingenios de azúcar. Efectivamente, estos se hallan, salvo una que otra modificación, en el mismo estado en que se encontraban hace 25 años. Los adelantos realizados en el último cuarto de siglo, puede decirse, que no han tenido aplicación en el Perú, y no han contribuido por consiguiente [al] enriquecimiento de nuestros hacendados, como ha sucedido en otras partes.[24]

---

23. Garland 1905: 51-53. Véase también Haya 1921.
24. Garland 1895: 36.

Otro observador coincide con esta afirmación, añadiendo que en las numerosas haciendas pequeñas de la costa norte los procedimientos administrativos y de producción eran aterradoramente ineficientes e inadecuados.[25]

Aunque tal torpeza contribuyó poderosamente a la consiguiente desaparición de los viejos hacendados del valle, la prosperidad de la década de 1890 retardó momentáneamente la tendencia hacia la consolidación. La primera gran ola de concentración había ocurrido entre 1885 y 1890, etapa en que la industria aun luchaba por volver a alcanzar su prosperidad de antes de la guerra, y en la que muchos propietarios no pudieron seguir adelante.[26] Cuando la industria entró, finalmente, en un periodo de crecimiento de mercado y de prosperidad, alrededor de 1892, el proceso de consolidación aminoró sustancialmente, pues en el valle no ocurrió ninguna transferencia de propiedad entre 1895 y 1900.[27]

Sin embargo, fiel a su carácter oscilante, la industria nuevamente se sumió en un curso depresivo a principios de siglo a causa de una superproducción mundial, que precipitó la baja del precio del azúcar. En 1902, los precios del mercado de Liverpool cayeron de doce a seis chelines las cien libras[28] (véase gráfico 1). El resultado fue

---

25. Rosenfeld 1926: 11-12. En lo relativo a la inhabilidad de los antiguos hacendados para adaptarse a los nuevos métodos, véase Mariátegui 1965: 27.

26. Álvarez 1949: 25-38.

27. Aunque los exportadores azucareros no alcanzaron los niveles de preguerra hasta 1896, estos subieron en forma continuada desde 1892, alcanzando el pico de la posguerra en 1898 (Moreno 1900: 144). Véanse también los cuadros de exportación del Ministerio de Hacienda 1941: 308-309.

28. Einsenstadt 1950: 14. La crisis de 1900 fue originada por los siguientes factores: "La competencia del azúcar de remolacha, estimulada en el siglo XIX por la política nacionalista de muchos países europeos, se sintió profundamente (en el Perú) ya que afectó el precio del azúcar de caña. El progreso técnico y la legislación proteccionista obligó a una mayor producción con poca interrupción hasta que, al finalizar el siglo, dos tercios del azúcar mundialmente consumido era de remolacha y sólo un tercio era de caña. El precio del azúcar sufrió una caída de 50% en 1902 con relación al de 1900, aunque se incrementó poco después de la Conferencia Internacional de Bruselas, en 1902, que en cierta forma estableció un *modus vivendi* entre los productores de caña y de remolacha" (Unión Panamericana 1950: 68).

Gráfico 1
Valor anual y tonelaje de las exportaciones de azúcar peruana

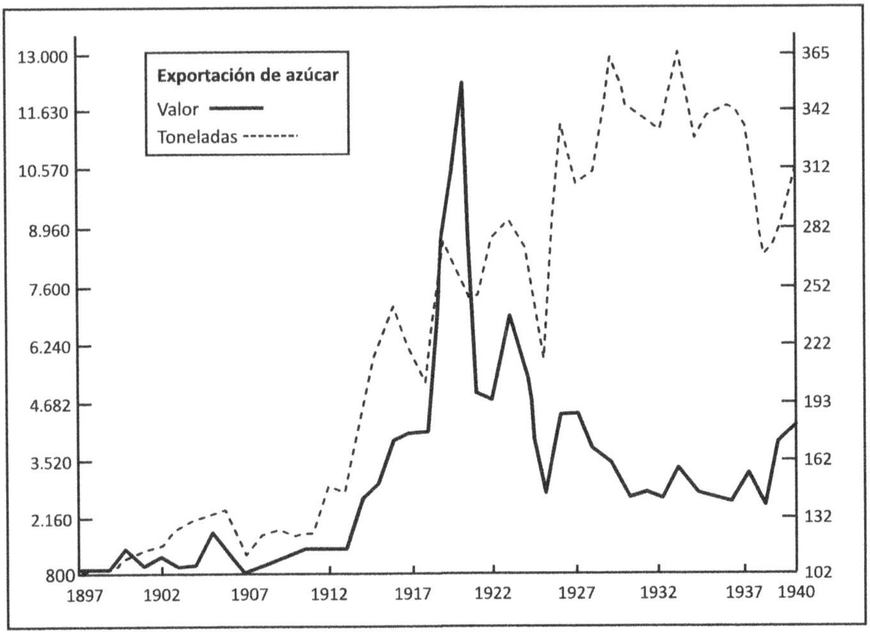

Fuente: Extracto Estadístico, pp. 308-309.

un segundo ciclo, y más pronunciado, de bancarrotas y la iniciación de la consolidación de la tierra a todo lo largo de la costa azucarera. Los ineficientes hacendados tradicionales, incapaces de obtener algún provecho, se vieron crecientemente forzados a vender a los nuevos capitalistas, quienes, deseosos de acelerar la producción a fin de neutralizar esta caída, rápidamente compraron todas las haciendas azucareras disponibles.[29] En el valle de Chicama, entre los años 1900 y 1910, no menos de catorce grandes haciendas fueron adquiridas por los dos gigantes emergentes de la industria: los hermanos Larco y los Gildemeister.[30]

29. Rosenfeld 1926. Véase también Haya 1921.

30. Álvarez 1949 25-38, véase también el Apéndice I. Esta cifra no incluye la expansión de la Cartavio Sugar Company, de la que se carece de datos. Sin embargo, una fuente dice que, alrededor de 1898, Cartavio comenzó a comprar haciendas

Durante la próspera década de 1890 continuaron expandiéndose los intereses azucareros de la familia Larco, aunque el negocio familiar se había dividido en dos ramas en 1888. Esta división ocurrió tras la muerte de Rafael, en 1882. La liquidación final de su legado entregó la hacienda Roma a su hermano Andrés, mientras que el resto —los derechos a la renta de la hacienda Chiquitoy— fueron para la viuda de Rafael y sus seis hijos, que formaron la firma Viuda de Larco e Hijos. Víctor, el hijo mayor de Rafael, asumió la administración de esta nueva firma.[31]

El año 1901 significó una crisis en el desarrollo de las familias terratenientes. La firma Viuda de Larco e Hijos se liquidó ese año a causa de las disputas que sobre la administración del negocio se habían ido encendiendo durante varios años entre Víctor, el administrador de la firma, y Rafael, un hermano menor a quien se le había confiado la administración de la hacienda Chiclín.[32] El convenio resultante dio los derechos de la renta de Chiquitoy a Víctor, mientras que las haciendas Chiclín y Molino de Bracamonte se destinaron a la viuda y los restantes cinco hijos, siendo Rafael quien asumió la dirección de la nueva firma.[33]

Posteriormente, ese mismo año, el ambicioso Víctor Larco compró la hacienda Roma a Andrés Larco, quien decidió retirarse. Con la adquisición de Roma, que en tierras totalizaba un área de más de 4000 fanegadas, Víctor Larco, en forma incuestionable, se convirtió en el mayor y, por el momento, más poderoso de los terratenientes

en el valle (Rebaza: 1899: 6-7). Debe también señalarse, además de la crisis de 1900, la severa sequía de 1906-1907, que probablemente también contribuyó al proceso de concentración de la tierra. Rafael Larco Herrera afirmó que durante la crisis perdió 38.000 libras esterlinas y que estuvo al borde de la bancarrota. Otros hacendados con menos reservas económicas que los Larco probablemente no pudieron sobrevivir y tuvieron que vender (Rafael Larco 1947: 37).

31. Rafael Larco 1947: 12 y Valdizán 1934: 21-23.

32. Carlos Larco 1927: 9. Este folleto legal ofrece valiosos datos sobre el surgimiento y desarrollo de las tenencias de la familia Larco a partir de 1888. La disputa entre los dos hermanos, que creció con los años, se debió principalmente a diferencias de personalidad. Víctor era áspero, impetuoso, arbitrario y agresivo, mientras que Rafael era más refinado, amable y de buenas maneras, aunque un tanto excéntrico, al igual que su hermano. Entrevista con Ronald M. J. Gordon, por largo tiempo funcionario de la British Sugar Estates del Perú, quien conoció a los Larco (San Isidro, Lima, 14 de abril de 1967).

33. Valdizán 1934: 23-24.

del valle de Chicama. Durante los cinco años siguientes, ayudado por la depresión de la industria azucarera, que duró hasta 1903, incrementó el volumen de sus dominios mediante la compra de nueve haciendas más de hacendados en bancarrota.[34]

Mientras Víctor Larco se encontraba muy atareado construyendo un virtual imperio del azúcar en el valle, los Gildemeister comenzaron a encontrar ciertas dificultades momentáneas. Juan Gildemeister, el fundador de la fortuna, fallecido en 1898, dejó a sus hijos el negocio familiar. Incapaces de dominar la crisis económica de comienzos de siglo, los herederos Gildemeister apelaron a un primo lejano, Enrique Gildemeister, para que tomara a su cargo la administración de Casa Grande. Enrique, hombre de consumada habilidad en los negocios, corrigió los males financieros que causaban trastornos a Casa Grande[35] y en 1903 comenzó a expandir las operaciones de la plantación, comprando cuatro grandes haciendas en el valle en un lapso de siete años.[36] En ese periodo, Casa Grande consolidó su posición como la segunda gran hacienda del valle.

Mientras tanto, la primera década del siglo XX fue testigo de un esfuerzo concertado de los restantes hacendados azucareros para modernizar sus operaciones. Obligados a competir con una industria exterior que en forma rápida se hacía cada vez más eficiente y moderna tecnológicamente, los hacendados, ansiosamente, trataron de encontrar los medios para mejorar sus técnicas agrícolas. En esta dirección dieron un paso gigante en 1901 al convencer al gobierno de la necesidad de establecer una escuela nacional de agricultura. El año siguiente, al producirse en Lima la fundación de la escuela, a lo largo de la costa se marcó el comienzo de una nueva era de innovación tecnológica en el complejo de exportación agraria de la nación.[37]

---

34. Véase Vallejo 1952: 182. Véase también Álvarez 1949: 25-38.

35. Enrique Gildemeister nació en Iquique, donde su padre, el hermano de Juan Gildemeister, había continuado en el negocio del nitrato. Entrevista con Carlos Moreyra Paz Soldán, exvicepresidente en el gobierno de Prado y antiguo administrador de la hacienda azucarera Santa Bárbara. San Isidro, Lima, 2 de abril de 1967.

36. Moreno 1900: 137-138 y Álvarez 1949: 25-38.

37. Rosenfeld 1926: 11, Garland 1905: 52-53 y H. C. Prinsen 1912: 271.

En ninguna parte, esta corriente modernizadora fue tan evidente como en el valle de Chicama. Los hermanos Larco, que tradicionalmente se encontraban entre los hacendados más progresistas de la zona, sin pérdida de tiempo iniciaron una serie de cambios destinados a mejorar todas las operaciones. Rafael, por ejemplo, en 1907, instaló en Chiclín un sistema ferroviario, de modo que la caña pudiera ser transportada más eficientemente del campo al trapiche, y de allí al puerto para su exportación. Tres años después contrataba con dedicación exclusiva a varios agrónomos, a fin de introducir en Chiclín las más modernas técnicas de producción.[38]

Del mismo modo actuaron los Gildemeister durante ese periodo. Con el objeto de modernizar sus actividades, en 1910, la familia logró un significativo avance en esa dirección al unirse a un gran consorcio alemán. La compañía alemana ofrecía los fondos necesarios para la expansión y modernización, al mismo tiempo que enviaba a un grupo de técnicos alemanes, de Bremen, para aumentar la eficiencia de Casa Grande. Entre otras cosas, con ellos trajeron un enorme y moderno ingenio que cuando estuvo totalmente instalado trabajaba diariamente 3000 toneladas de azúcar. El capital adicional que aportó la firma alemana le permitió a Casa Grande adquirir más tierras en el valle.[39]

Desde el punto de vista tecnológico, la industria en el valle, así como a lo largo de toda la costa, estaba en excelente posición para satisfacer las nuevas demandas de azúcar creadas por el estallido de la Primera Guerra Mundial. Al igual que otras materias primas peruanas y latinoamericanas, la industria azucarera experimentó un nuevo *boom* en los años de la guerra. Aunque entre 1914 y 1919 las exportaciones solo se elevaron en un modesto tonelaje (de 176.670 a 272.099), en su valor lo hicieron espectacularmente (2,6 a 8,3 millones de libras esterlinas), ya que la escasez ocasionada por la guerra determinó que los precios saltaran de 10 a 13 chelines en 1913, hasta el alza astronómica de 65 en 1920.[40]

38. Rafael Larco 1947: 43-47.

39. El ingenio de azúcar era tan grande que duró cuatro años su instalación. "La gran industria azucarera del Perú", *La Industria,* Trujillo, 7 de agosto de 1915.

40. Ministerio de Hacienda y Comercio 1941: 308-309. Las naciones europeas, en 1912, cubrieron 8,3 millones de los 9 millones de toneladas de azúcar producidas

Durante los años de la guerra se aceleró el proceso de modernización. Al disponer de más dinero para la reinversión en planta y en equipo, el proceso de integración vertical, que ya había empezado, casi se completó. En 1915, Casa Grande compró, incluso del gobierno, los derechos a perpetuidad del puerto de Malabrigo y procedió a construir los servicios necesarios para acelerar la exportación de su azúcar. Un observador comenta:

> Las haciendas son unidades completas, es decir, producen su propia caña, la muelen en su fábrica y la mayor parte de ellas la transportan con sus propios elementos de embarque. Controlan así la producción desde el sembrío hasta la venta.[41]

Los años de la guerra vieron también la final desaparición de los pequeños hacendados del valle. Hacia 1918, Casa Grande había absorbido alrededor de 25 haciendas y fundos, totalizando 7.216 fanegadas, que hicieron de esta plantación alemana la más grande del Perú. Roma, de propiedad de Víctor Larco, comprendía alrededor de 24 unidades, totalizando 6.244 fanegadas (véase cuadro 1). Quedaba por consumarse una consolidación final y esta vez estaba entre dos gigantes: Roma y Casa Grande.

Poco después de finalizada la Primera Guerra Mundial, Víctor Larco comenzó a sufrir dificultades económicas. Presionado por el creciente desasosiego de la mano de obra que recientemente había culminado en varias huelgas en el valle, Larco decretó un aumento general de salarios de aproximadamente el 33%.[42] Un año después viajó a Europa para adquirir nuevo equipo para su ingenio y para su gastado material rodante.[43] Tal como los acontecimientos lo probaron después, Larco escogió el peor momento para dar ese paso,

---

en el mundo. Durante la guerra, esta producción cayó a 2,5 millones de toneladas, produciendo un tremendo vacío que otros productores mundiales, como el Perú, trataron de llenar ("El azúcar peruana" 1950: 14).

41. Klinge 1924: 16; véase también Basadre 1964: VII, 3470.

42. Salomón 1920: 63.

43. Para financiar estas compras, Larco contrató una serie de préstamos, entre ellos uno por la fantástica suma de 2,5 millones de soles con el Banco del Perú y Londres (CIDA 1966: 20-21).

que gravó enormemente sus recursos económicos en el momento en que los precios del azúcar comenzaban a caer.

Con el fin de la guerra y la gradual recuperación de los combatientes europeos, la producción mundial de azúcar aumentó agudamente. Los productores peruanos, al igual que los de todas partes, juzgaron necesario reajustar sus programas de fabricación para que coincidieran con su participación reducida en el mercado mundial. La exportación total cayó vertiginosamente desde un histórico pico de 12,5 millones de libras, alcanzado en 1920, a un nivel más modesto de cuatro millones el año siguiente.[44] Aunque esta última cifra fue todavía la tercera de las más grandes en la historia peruana, la cuota de Larco no fue suficiente para compensar sus recientes gastos.

Al darse cuenta de que se había extralimitado, Larco intentó remediar la situación rescindiendo su anterior compromiso de elevación de salarios. Tomó esta medida cuando, en el valle, los obreros azucareros, al sentir el apuro de la inflación de la posguerra, comenzaban a organizarse en sindicatos. La noticia de la reducción de salarios cayó como una bomba sobre la descontenta masa de trabajadores de Roma, y actuó como un catalizador para el nuevo sindicato. Mientras Larco regresaba de Europa, en 1921, trayendo su recién comprado equipo, Roma era sacudida por una masiva huelga que echó a perder completamente la capacidad de producción de la hacienda.

Larco, hombre obstinado y caprichoso[45], quien, al igual que otros hacendados del valle, equiparaba el naciente movimiento obrero con el socialismo y con el fantasma de la revolución rusa,[46] reaccionó contra la huelga acudiendo, en primera instancia, al uso de la fuerza. Cuando le falló esta táctica, el propietario de Roma, antes que negociar con los huelguistas, decidió cerrar permanentemente el ingenio de la hacienda, contratar con los Gildemeister el procesamiento de la

---

44. Ministerio de Hacienda y Comercio 1941: 308-309.

45. En una ocasión, Larco, en el colmo de la furia porque sus mecánicos no fueron capaces de manejar adecuadamente unos tractores nuevos que había comprado a precio elevado, ordenó que los llevaran al muelle de Huanchaco y que los arrojaran al mar. Conversaciones con Carlos Orbegoso Barúa, Carlos Moreyra Paz Soldán y Ronald M. J. Gordon. Los tres me hicieron el mismo relato.

46. Curletti 1921: 16.

Cuadro 1
Concentración de la propiedad rural en el valle de Chicama

Fundo	Fanegadas ca. 1850	1918	1927
Sausal	582		
Gasñape	597		
Chicamita	380		
Cañal	140		
Pampas	194		
Santa Rosa	300		
Santa Clara	390		
Mocán	1.200		
Facalá	750		
Potrero	100		
Aljovín	50		
Casa Grande	250		
Lache	200	Casa Grande	
La Viña	150	(7.216)	
Licapa	300		
Churín y Estancia	130		
Vizcaíno	160		
Mayal, Bazarrate y Terraplán	80		
Chacarilla	8		Casa
Cereaga	80		Grande
Veracruz	80		
La Pampa	140		
Lucas Gonzales	40		
Ingenio Lazo	79		
Comunidad (Tierra de)	890		
		I. Solís	
Garrapón	80		
Pampas de Ventura	100		
Tesoro	300		
Troche	100		
San José Bajo (I)	300		
Cepeda	120	Roma	
La Constancia	300	(6.244)	
El Porvenir	100		
Las Gavidias	160		
San José Alto	400		
La Libertad	90		
San José Bajo (II)	300		

Fundo	Fanegadas ca. 1850	1918	1927
La Victoria	11		
Roma (Tulape)	500		
Bazán	360		
Montejo	150		
La Vinita	150		
La Comunidad (Ascope)	110		
Las Viudas	120		
Palmillo	180		Casa
La Virgen	56		Grande
Farías	100		
Tutumal	100		
Mocollope	1.510		
Molino Galindo	215		
Molino Larco	212		
Cajenleque	2		
La Fortuna	500		
Sintuco	300		
Cartavio	360		
Hacienda Arriba	116		
Sonolipe	400		Cartavio
Cartavio Viejo, Yacutinamo y Nepen	670		(2.206)
Comunidad (Tierras de)	90		
Chiclín	670		
Molino Bracamonte	120		Chiclín
Salamanca	1.000		(1.350)
Toquen	45		
Chiquitoy	1.250		

Fuente: CIDA 1966: 21.
(La columna correspondiente al año 1927 ha sido añadida por el autor).

caña de Roma en el ingenio de Casa Grande y despedir a gran número de obreros. Sin embargo, incluso este paso fracasó al no poner fin a la huelga, y solo consiguió reforzar la resolución de los huelguistas.[47]

La huelga de Roma, finalmente, se quebró en 1922 con la participación de la tropa, pero el daño económico que le causó a Larco fue considerable. Este, así debilitado, no fue capaz de resistir una serie de contratiempos que recayeron sobre toda la industria azucarera en la década de 1920. El más perjudicial fue la recuperación de la industria azucarera europea, que alrededor de 1925 se aproximaba a su rendimiento de antes de la guerra. Además, por primera vez, el gobierno británico comenzó a subsidiar la creación de una industria doméstica de azúcar de remolacha. En pocos años, Gran Bretaña, anteriormente el primer mercado extranjero de azúcar peruano, producía alrededor de 500.000 toneladas anuales de azúcar de remolacha, al mismo tiempo que señalaba una elevada tarifa aduanera para proteger su naciente industria. Por último, como si todo esto no fuera suficiente, casi toda la cosecha de caña de La Libertad y Lambayeque fue destruida por unas muy raras lluvias torrenciales que cayeron sobre la costa norte peruana en el verano de 1925.[48] Larco, cuya posición financiera se había ido debilitando con cada uno de estos sucesivos contratiempos, finalmente quebró, y en 1927 se vio obligado a vender sus propiedades a Casa Grande en aproximadamente 13 millones de soles peruanos.[49]

---

47. Toda la huelga se trata en el capítulo 3.

48. Einsenstadt 1950: 15. Véase también Zegarra 1926: 29-34.

49. CIDA 1966: 20-21. Según el historiador peruano Félix Denegri Luna, Larco se hallaba por entonces tan endeudado, no solo con Graham Rowe sino también con el poderoso Banco del Perú y Londres, que el presidente Augusto B. Leguía intervino personalmente en favor de Larco. Era evidente que a Leguía le interesaba evitar la bancarrota de Larco pues esto habría dañado seriamente el crédito del gobierno en el extranjero, factor clave en su esquema de desarrollo del Perú en la década de 1920. Añádase a esto que la precaria posición financiera de Larco amenazaba los tambaleantes fundamentos de la industria más importante del país. En consecuencia, Leguía, aparentemente, ejerció presión sobre Augusto Gildemeister para que aceptase la oferta de Larco y comprara Roma en una suma sin duda considerablemente más alta de la que Gildemeister hubiera deseado pagar. Presumiblemente, a los nuevos dueños de Roma les hubiera gustado esperar que

La desaparición de Roma completó virtualmente la concentración de las principales haciendas del valle de Chicama. De los aproximadamente 22 ingenios azucareros que habían existido antes de la Guerra del Pacífico solo operaban dos. Si tenemos en cuenta que cada uno de estos ingenios era abastecido no solo con su propia caña sino también con la de numerosos productores vecinos, la concentración de tierras representada por su desaparición es mayor de lo que este número (22) indicaría. Casa Grande, que después de la compra de Roma poseía alrededor de 13.460 fanegadas, desde entonces dominó la estructura de la tenencia de la tierra del valle. Solo quedaron independientes de la firma alemana Rafael Larco, en Chiclín (1.835 fanegadas), y los intereses de Grace, en Cartavio (2.206 fanegadas) —véase cuadro 1.

Este proceso de consolidación estuvo bastante vinculado con acontecimientos nacionales e internacionales que alteraron radicalmente la relación tradicional hombre-tierra de la costa norte peruana. Comenzó alrededor de 1870 con el colapso del *boom* del guano, que en los diez años anteriores había proporcionado cuantiosos créditos para el desarrollo de la industria azucarera de dicha zona. Mientras los hacendados luchaban con la aguda restricción de créditos que esto produjo, estalló el conflicto con Chile. El ejército invasor, al igual que en la devastadora marcha de Sherman en el sur americano durante la Guerra de Secesión, le prendió fuego a las numerosas haciendas, ocasionando la completa destrucción de la industria hacia 1882. El posterior proceso de reconstrucción, para muchos hacendados resultó una tarea hercúlea. El crédito era imposible de obtener, el precio mundial del azúcar bajó, el trabajo era escaso cuando no inexistente y, por último, lo más importante fue que el carácter de la producción comenzó a cambiar. La mecanización del exterior junto con la introducción de nuevos métodos y tecnología comenzaban a mostrar los signos de la revolución que en breve alteraría la faz de la industria.

Todos estos factores tendieron a producir una especie de proceso darwiniano, de la supervivencia de los más aptos entre los bloqueados hacendados norteños. Solo pudieron superar la crisis quienes

---

las desventuras financieras de Larco se deteriorasen aun más, y ser ellos quienes dictaran los términos de cualquier compra (carta de Denegri, 9 de junio de 1969).

dispusieron de más recursos y los de mirada avizora, como los inmigrantes Larco, y en su caso significó hipotecar completamente sus propiedades a los bancos extranjeros. En más de una ocasión se oyó a Víctor Larco maldecir al banco británico Graham, Rowe and Company por seguirle exigiendo su "libra de carne" mucho después de pasada la guerra. Así, a diferencia de los otros hacendados más ligados a la tradición, los Larco exhibieron las cualidades de agresividad y flexibilidad empresariales acordes con los cambios que la industria experimentaba en el exterior. Las instituciones de crédito extranjeras estuvieron dispuestas a apoyar a tales hombres durante las crisis, tanto en los años de posguerra como en los años malos en que la industria sufrió las oscilaciones cíclicas y endémicas del mercado mundial.

Sin embargo, los Larco no fueron los únicos en luchar con los aristócratas hacendados tradicionales. También se instalaron en la región otros ricos recién llegados, a la sombra de los Gildemeister y de los intereses de Grace, que se daban cuenta de la debilidad empresarial de los viejos hacendados y de las posibilidades de rehacer la industria dentro de los cánones modernos.

Con mucho capital y conocimientos tecnológicos, finalmente, hicieron evidente la ruina de los Pinillos, Iturreguis, Bracamontes y otros miembros de la vieja clase de hacendados que no supieron adaptarse a un mundo rápidamente cambiante. Con su desaparición, la estructura social que había dominado desde antiguo el valle de Chicama, y que era característica de gran parte de la costa norte, se convirtió en un capítulo cerrado de la historia peruana.[50]

---

50. Aunque con diversos grados de intensidad y ritmo, este mismo patrón general de modernización y consolidación ocurrió en otros valles principales de la costa norte, de Lima a Chiclayo. (Véase la lista de estas haciendas y su localización en el cuadro 2.) Por ejemplo, en el pequeño y adyacente valle de Santa Catalina, José Ignacio Chopitea, que en la década de 1880 empezara con la hacienda Laredo, de 200 fanegadas, hacia 1921 había logrado dominar todas las haciendas de dicho valle, aumentando su propiedad a 1.300 fanegadas (véase Vanderghem, et ál. 1902: 92 y *El Perú centenario* 1922: 99-100). De modo semejante, en Lambayeque, las familias Dall'Orso y de la Piedra expandieron y modernizaron sus haciendas Tumán (3.733 ha en 1920) y Pomalca (800 fanegadas, en 1920); los Aspíllaga Anderson, Cayaltí (3.750 ha en 1920). Véase Backmann (1921: 140-209), quien suministra información muy valiosa sobre la estructura agraria en general y, particularmente, sobre la industria azucarera de Lambayeque hacia 1920.

Cuadro 2
Los ingenios azucareros más importantes del Perú, ca. 1925

Ingenios	Ubicación	Propietarios
Tumán, Pucalá	Chiclayo	Negociación Tumán (Hnos. Pardo)
Pátapo	Chiclayo	Sociedad Agrícola Pucalá Ltda.
Pomalca	Chiclayo	Compañía de Azúcar de Chiclayo
Almendral	Chiclayo	Sociedad Agrícola Pomalca Ltda.
Cayaltí	Chiclayo Chiclayo	Alejandro Galioso Negociación Agrícola Cayaltí y Palto
Cavour	Chiclayo	(Aspíllaga Hermanos)
Buenos Aires	Pacasmayo	Luis Biffi
Casa Grande	Pacasmayo	Juan V. Larrañaga
Cartavio	Trujillo Trujillo	Empresa Agrícola Chicama Ltda. Cartavio Sugar Co. Ltda. (W. R. Grace & Co.)
Roma		Negociación Roma (Larco Herrera Hnos.)
Laredo	Trujillo	Negociación Laredo (J. Ignacio Chopitea)
Tambo Real	Trujillo	Sociedad Agrícola Tambo Real Ltda. (Thorne & Cía.)
San Jacinto	Chimbote	British Sugar Co. Ltda. (W. & J. Lockett)
Paramonga	Salamanco	Sociedad Agrícola Paramonga Ltda.
Huaito	Supe	Canevaro & Cía.
San Nicolás	Supe	Sociedad Agrícola San Nicolás
El Ingenio	Supe	Santiago Fumagalli e Hijos
El Ingenio Central de Huaura	Huacho	Ingenio Central Azucarero de Huaura
Andahuasi	Huacho	Andahuasi Estate C. (Fraser Luckie & Co.)
Infantes	Huacho	Sociedad Agrícola Infantas Caudivilla
Chacra Cerro	Lima	Ernesto y Oscar Devéscovi
Puente Piedra	Lima	Sociedad Agrícola Puente Piedra
Pro	Lima	Eulogio E. Fernandini
La Estrella	Lima	Pow Luna & Co. (Sociedad Industrial)
Buen Pastor	Lima	Sociedad Agrícola San Agustín (Prado y Ugarteche)
Naranjal	Lima	Sociedad Agrícola Naranjal
Carapongo	Lima	Sociedad Agrícola Carapongo Ltda.
		Compañía Monte Rico Grande
Monte Rico	Lima	(Cesar Soto & Cía)
Chuquitana	Lima	García & Hermanos
Santa Bárbara, Cañete	Lima	Sociedad Agrícola Santa Bárbara
Pampa Blanca	Mollendo	Víctor F. Lira
Chucarapi	Mollendo	Carlos L. de Romaña

Fuente: Dunn 1925: 107.

CAPÍTULO 2

Surgimiento del proletariado rural

Mientras que entre los años 1870 y 1930 la industria azucarera forjaba profundos cambios en la estructura de la tenencia de la tierra en los valles de Chicama y Santa Catalina, producía también alteraciones de largo alcance en la trama de la sociedad de esa región. Como solución a la crítica escasez de operarios requeridos para alimentar la emergente industria azucarera, poco después de la Guerra del Pacífico, los hacendados acudieron a la reserva de mano de obra indígena de la sierra norte, hasta entonces no considerada. A fines de la década de 1890 comenzó a fluir una corriente cada vez mayor de indígenas hacia los valles azucareros de la zona. Hasta después de la Primera Guerra Mundial este flujo migratorio, que periódicamente aumentaba hasta semejar una inundación, o decrecía hasta casi extinguirse, según lo que acontecía en la industria, proporcionó las bases para el surgimiento de un nuevo proletariado rural en el norte.

El adecuado abastecimiento de la mano de obra siempre había sido un problema importante para los hacendados azucareros de la región. Antes habían dependido casi completamente de los esclavos negros, después tuvieron que aceptar la importación de los culíes chinos, en especial luego del decreto de manumisión de Castilla en 1854.[1] Entre los años 1850 y 1874 llegaron al Perú 82.247 chinos,

1. La mayoría de los chinos fueron a trabajar en las haciendas de azúcar o algodón y el resto fue utilizado en la industria del guano o en la construcción de las vías férreas (Basadre 1964: V, 2074-2075).

de los que un gran porcentaje se destinó a trabajar en los campos de caña de los departamentos de Lima y La Libertad. Aunque esta solución al problema de la escasez crónica de obreros dentro de la industria tuvo un éxito moderado, una serie de problemas como el originado por el trato a los culíes en ruta hacia el Perú no fue un incidente internacional menor, pues truncó la utilización de esta fuente de braceros, en especial después de 1872.[2]

Después de la Guerra del Pacífico, con la recuperación y subsecuente expansión de la industria azucarera, este problema se tornó cada vez más crítico. Gerardo Klinge, importante hacendado azucarero de las primeras décadas del siglo XX, dice lo siguiente:

> La mano de obra fue, como hemos dicho en un tiempo (después de la Guerra del Pacífico), el gran problema de la agricultura. Cuando el que escribe era niño, tuvo ocasión siempre de oír discutir este problema en la cátedra, en el parlamento, en la prensa y donde quiera que se reunían dos agricultores o personas interesadas en el movimiento económico nacional.[3]

Al no tener acceso a sus tradicionales fuentes extranjeras de mano de obra, muchos hacendados dirigieron su mirada hacia los indios de la sierra, con la esperanza de satisfacer allí sus crecientes necesidades de personal.

En ambos valles (Chicama y Santa Catalina) siempre había trabajado un pequeño número de indios y de cholos como braceros en las haciendas de caña. Sin embargo, su número fue muy reducido hasta finales de la década de 1890; eran una pequeña minoría en comparación con el gran número de chinos que años atrás habían sido llevados a trabajar en esos campos. Rafael Larco Herrera escribe que cuando, en 1889, fue por primera vez a trabajar a la hacienda Chiquitoy "hacían las faenas agrícolas pocos braceros indios y algunos centenares de chinos".[4] Otro liberteño del periodo afirma que

---

2. Stewart 1951: 48-53.
3. Garland 1895: 14.
4. Rafael Larco 1930: 6.

en época tan tardía como 1894, "los peones indígenas traídos en su mayor parte de Sihuas, de Cabana, de Chota[5] y de otras secciones breñosas andaban aún en escaso número".[6] Es evidente que después de 1895 creció abruptamente el número de trabajadores indígenas migrantes hacia la costa, porque el agrónomo holandés George Vanderghem, que viajó a lo largo de la costa norte a comienzos de siglo, pudo observar que gran parte de la mano de obra de la industria azucarera estaba compuesta por indios de la sierra.[7]

Para poder servirse de esta gran fuente de braceros indígenas, los hacendados de La Libertad, al igual que los de toda la costa, adoptaron, en la década de 1890, el sistema de enganche, manera de contratar la mano de obra indígena que primero se desarrolló en las regiones mineras del Perú. En términos generales, este sistema funcionó de manera cruel pero eficiente.[8] Periódicamente, el hacendado se acercaba al enganchador o contratista, especie de agente cuyo trabajo consistía en

5. Pueblos de la sierra de la región.

6. Vallejo 1952: 117.

7. Vanderghem y otros: 61. Sin embargo, la aparición de numerosos tratados que exigían una mayor utilización del bracero de la sierra durante la primera década del siglo XX indica que la aceptación por los hacendados de esta nueva fuente de mano de obra no fue tan rápida como se hubiera podido esperar. Sus autores, a la vez que recalcaban reiteradamente la crítica escasez de braceros durante este periodo, a menudo solicitaron la acción del gobierno para aliviar la crisis (véase Sociedad Nacional Agraria 1902, Puga 1903, Rodríguez 1907 y Atoche 1909). Además, muchos plantadores, ya en el siglo XX, continuaron importando braceros extranjeros, principalmente japoneses. Por ejemplo, Augusto B. Leguía, que en una ocasión fue administrador de una gran hacienda azucarera del norte, importó 790 braceros japoneses en 1898. Otras importaciones de japoneses se produjeron en 1900, 1903, 1906 y 1907. Un buen estudio de la inmigración japonesa en el Perú se encuentra en el artículo de Toraje Irie titulado "History of Japanese Migration to Peru" (1951). La poca aceptación de los indios serranos como fuente de mano de obra barata se puede explicar, en parte, por el hecho de que muy a menudo eran abatidos por enfermedades poco después de su llegada a la costa y, también porque, generalmente, querían regresar a sus tierras de la sierra después de 60 o 90 días de trabajo en los campos de caña.

8. El autor ha usado las siguientes fuentes para explicar el sistema de enganche: Osma 1912: 6-8 y Ulloa 1916: 91-93. Ambas tratan específicamente del enganche, y de los trabajos del enganche en el valle de Chicama. Otras referencias más generales se tomaron de Mostajo 1913: 45-50, Troncoso 1938: 80-90 y Castro 1924: 117-24.

proveer al hacendado de una adecuada cantidad de trabajadores. Al informarle del número exacto de trabajadores que iba a necesitar para la próxima temporada, le entregaba una importante suma, generalmente en oro, destinada a pagar adelantos a los futuros braceros.

A continuación, el mismo enganchador o su agente, el subenganchador, emprendía el arduo viaje a la sierra, visitando pueblos provincianos como Huamachuco, Santiago de Chuco, Chota y aun Cajabamba, ubicado en la sierra sur de Cajamarca. En cada área recorría, sistemáticamente, las comunidades indígenas locales, donde vivían y trabajaban los futuros braceros.[9] El enganchador, usualmente, se preocupaba de llegar ya sea inmediatamente antes o poco después de la cosecha local, cuando el indio probablemente estaba libre para emigrar a trabajar a la costa.[10] Usando el oro como cebo, el enganchador le ofrecía trabajo, pintándole sus beneficios en la forma más atractiva. El indio, ilusionado por la perspectiva inmediata de recibir una importante suma en oro,[11] ordinariamente aceptaba la oferta y firmaba un contrato que en la mayoría de los casos no podía

---

9. No era raro que las autoridades locales ayudaran al enganchador a reconocer los futuros braceros, servicio por el que naturalmente eran bien retribuidas. En algunos casos, las mismas autoridades actuaban como enganchadores, entregando a los hacendados indios de su jurisdicción para cubrir sus necesidades de braceros. Ulloa Sotomayor informa: "No hace muchos años que el subprefecto de Luya, tuvo que libertar a un jornalero que llevaban amarrado a Bagua Chica, por haberlo comprado en doscientos soles. No es extraño tampoco el caso de que las autoridades, bajo la influencia o el soborno de los gamonales, conduzcan personalmente o hagan conducir docenas o centenares de indígenas a los fundos, para ser allí obligados a trabajar, haciendo muchas veces que abandonen sus tierras sobre las cuales siempre hay manos avarientas dispuestas a caer" (1916: 93). Más información sobre este aspecto del enganche puede verse en Samanamud 1912: 62.

10. "Los meses de octubre a noviembre en el norte, agosto en el centro y noviembre en el sur son meses de liquidación y enganche. Como en ellos comienzan las primeras garúas y termina la limpia de los granos, la población masculina va quedando desocupada y se alista para engancharse e ir á [a] concluir de pagar el adelanto recibido en el trabajo de las minas u otros centros industriales de la costa. La emigración se efectúa casi en masa; comunidades íntegras se alistan y marchan hacia estos grandes centros de trabajo, quedándose tan sólo los viejos y unos pocos muchachos para 'preparar' los terrenos de siembra" (Castro 1924: 100-102).

11. Según Vanderghem (1902: 58), la suma generalmente variaba entre 30 y 100 soles.

leer. Por lo general, este contrato comprometía al indígena a trabajar por un número determinado de meses, comúnmente dos o tres, y específicamente señalaba sus obligaciones en dicho periodo.[12] Después, de acuerdo con el contrato, el bracero podía dejar la hacienda, siempre y cuando hubiera cancelado las deudas contraídas. Esta última disposición muy a menudo resultó ser perjudicial para los intereses del indígena, porque después de aceptar la suma en oro que le entregaba el enganchador quedaba legalmente endeudado, con pocas perspectivas, como veremos, de poder cancelar su deuda original.

Varios factores explican la buena voluntad del indígena para aceptar lo que probó ser un escandaloso contrato leonino. Francisco Mostajo, que en 1913 escribió su tesis doctoral sobre el sistema de enganche, es quien mejor resume estos factores:

> [...] generalmente el indio se engancha por recibir el adelanto para satisfacer sus necesidades del momento, sin preocuparse de lo que venga. Esas necesidades son o las fiestas religiosas, que para él significan alcoholismo, o los litigios interminables que para él significan miseria, o las deudas infladas provenientes de éstos o de aquéllos. Otras veces se engancha para burlar la conscripción, otra plaga para él... Rara vez se engancha con el laudable objeto de habilitarse para sus faenas agrícolas, caso en que siempre resulta endrogado como nuestros míseros labradores.[13]

---

12. La siguiente es copia de un contrato de enganche, de Jauja, 1910, e indica el alcance de las obligaciones a que se comprometían los campesinos analfabetos: "Conste por el presente que yo ... vecino del pueblo de ... y hábil para celebrar toda clase de contrato, recibo a mi entera satisfacción la suma de ... soles tantos ... de los Señores B. y A. Salazar por vía de anticipo que será cancelado con mi trabajo en la hacienda de ... del valle de Chanchamayo, comprometiéndome a trabajar tantas tareas.
Me presentaré al presente contrato y me obligo a devolver el adelanto que recibo, abonar la comisión de enganche que pagan en dicha hacienda, más los gastos y perjuicios que pudiese ocasionar, para lo que pongo como fiador y directo responsable a ... tal persona ... vecino del pueblo ... de ... obligándonos ... a ... responder mancomunadamente con todos nuestros bienes habidos y por haber, renunciando el fuero de nuestro domicilio y cualquier ley que pudiera favorecernos en juicio o fuera de él. Para el efecto y para que conste firmamos de mancomún e in solidum ante testigos ... Firmas de enganchador, subenganchador, enganchado, fiador y los testigos..." (en Mayer de Zulen 1914: 6).

13. Mostajo 1913: 48-49.

Ayudado por la eficiencia del sistema de enganche, el hacendado azucarero costeño recurrió cada vez más al uso de braceros indígenas para resolver su problema de mano de obra. A comienzos de siglo, la corriente migratoria de indígenas de la sierra a la costa había crecido tanto que *La Industria,* el periódico más importante de Trujillo, urgía a las autoridades a aumentar el número de policías rurales a fin de asegurar el orden y el mantenimiento de la ley en ese nuevo segmento de la población. *La Industria* informó, además, que la población permanente de braceros de las cinco haciendas más importantes del valle de Chicama había alcanzado la cifra de 1000, que en los siguientes diez años aumentó con ritmo creciente.[14]

Para el recién llegado, como puede suponerse, vivir y trabajar en la hacienda resultaba duro y opresivo. Primero, el sistema de enganche lo constreñía en su trama. Desde que el indígena llegaba a la plantación se daba cuenta de que era exclusivamente responsable ante el enganchador y que prácticamente no tenía tratos con el hacendado. En esencia, el enganchador actuaba como parte independiente del sistema. El bracero recibía su paga de manos del enganchador, que le cobraba del 20% al 30% sobre cada salario, al mismo tiempo que le controlaba la ración diaria, ya que el hacendado se la entregaba para su distribución. Generalmente, el enganchador también obtenía del hacendado la autorización de establecer en la hacienda un almacén o tambo para venderle al bracero toda clase de mercaderías, casi siempre a precios inflados. En el tambo, el enganchador enredaba al bracero en un sistema de endeudamiento. El enganchador le pagaba al bracero con vales que solo tenían valor en su tienda.[15] En las primeras semanas de trabajo del bracero, el enganchador, de buena gana, le vendía mercadería a crédito. Una vez que el bracero recibía en vales su primera paga, se daba cuenta de que en el tambo del enganchador, donde predominaban los precios inflados, apenas si

14. *La Industria*, 3 de abril de 1900.

15. A menudo, parte del salario se pagaba en coca y alcohol (Poblete 1938: 84-85). También era común el pago parcial en ron en varias haciendas azucareras costeñas, ya que el enganchador recibía del hacendado grandes cantidades de melaza que convertía en bebida (Marie 1905: 282-283).

podía comprar provisiones para las siguientes semanas. Como ya tenía gastado el adelanto que originalmente había recibido en la sierra al firmar el contrato, el bracero descubría, entonces, que al finalizar la semana no le quedaba nada para amortizar su deuda inicial. Además el enganchador, como es fácil imaginar, cobraba un alto interés tanto por la deuda original en oro como por el crédito que concedía en su tienda, de modo que, con el correr del tiempo, el bracero cada vez se hundía más con su deuda. Como su contrato especificaba que no podía abandonar el trabajo sino después de terminar el periodo convenido y siempre que hubiera cancelado sus deudas, frecuentemente el bracero se veía obligado a continuar en la hacienda en forma indefinida o por lo menos hasta lograr saldarlas.

Por otra parte, a fin de tener al bracero completamente cogido, le estaba prohibido salir de la hacienda para proveerse en las tiendas de los pueblos vecinos. De este modo se veía forzado a comprarle exclusivamente al enganchador, quien, así, podía perpetrar toda clase de prácticas dolosas sobre su cautiva clientela. Por ejemplo, el enganchador solo vendía productos de baja calidad, casi siempre los que rechazaban las tiendas minoristas de los pueblos cercanos. Otra práctica común era que el enganchador limitara el tiempo de validez de los vales. Así, el bracero muchas veces se veía obligado a comprar productos que le eran innecesarios para no perder una porción de su salario por la expiración del vale.

Las condiciones generales en las que trabajaba el bracero, al igual que el sistema de enganche, eran también opresivas. En 1902, Vanderghem, después de su extenso recorrido por el valle de Chicama, relató como sigue las realidades de la plantación para el bracero recién llegado:

> Trabajan a veces de 6 horas a. m. a 6 horas p. m. con intervalo de descanso a las 11 horas a. m.; pero más comúnmente se les da un trabajo fijo o "tarea" a ejecutar en el día. En general se observa que en las haciendas se emplean tanto en el campo como en las oficinas, 1 ½ hombres por fanegada de caña, aunque ciertas empresas se alejan un poco de este término medio. Los peones se pagan aproximadamente 50 centavos por día o por tarea; se les da a más el alojamiento y la

ración; la que se compone de media libra de carne, una libra y media de arroz, una onza de sal. El provecho del contratista consiste en una comisión que varía de 15-20% del conjunto de las tareas valorizadas a 50 centavos.[16]

Además de las largas horas de trabajo, de los bajos salarios y de los abusos del enganchador, la suerte del bracero se veía agravada por su propensión a contraer la malaria y otras serias enfermedades "costeñas". Habiendo vivido siempre en el clima seco y saludable de la sierra, a la orilla del mar era fácil víctima de la malaria, mal entonces común en los húmedos y calurosos valles de la costa. Probablemente, la primera epidemia importante de malaria que afectó en gran número a los serranos recién emigrados ocurrió en 1897. El estallido se detectó primero en la provincia de Zaña, departamento de Lambayeque, en la que se encuentra la gran hacienda Cayaltí. De allí se extendió hacia el sur, llegando hasta el valle de Chicama, porque los braceros, al tratar desesperadamente de escapar de la terrible enfermedad llevaron el germen a las áreas vecinas. Como a fines de siglo la mayoría de las haciendas no contaban con servicios médicos, la enfermedad diezmó las filas de los trabajadores azucareros de esa región.[17]

Si bien el inmigrante serrano halló el nuevo ambiente de la costa cargado de peligros y dificultades desconocidas, en la sierra, su estilo tradicional de vida también empezó a experimentar cambios. En la costa, expuesto a una atmósfera radicalmente diferente sufrió, muy pronto, el proceso de aculturación a la sociedad criolla, en diferentes y variados grados. Algunas veces las manifestaciones externas de estos cambios fueron sorprendentes. Palabras y frases castellanas recogidas de los capataces o del bodeguero local empezaron a introducirse gradualmente en su léxico, hasta aproximarse a un estilo de

16. Ministerio de Hacienda y Comercio 1900-1925: 58-59.

17. Las anteriores epidemias de malaria, tales como las de 1888-1889, diezmaron a los braceros chinos, entonces más numerosos (Sociedad Nacional Agraria 1902: 50). La misma Sociedad criticó las condiciones de vida y de trabajo que sus propios miembros, los hacendados azucareros, imponían a los trabajadores.

bilingüismo. En su dieta, el arroz reemplazó prontamente al maíz tradicional. El cañazo, ni desconocido ni extraño, se volvió gradualmente placentero hasta rivalizar con la chicha como bebida alcohólica. A medida que esto se dinamizaba se pudieron notar diferencias en la vestimenta, dando paso los tradicionales pantalones de tipo español del siglo XVII a los modernos, de corte occidental, usados comúnmente en la costa.

Entre quienes durante periodos más largos permanecieron en la hacienda, incapaces o renuentes a volver a la sierra, las manifestaciones externas de aculturación estuvieron acompañadas de sutiles cambios en las actitudes y, en general, en su visión del mundo. Las dominicales visitas al "maravilloso" mercado de Trujillo, acompañado usualmente por otro trabajador ya experimentado en tales asuntos, le abrían al recién llegado un mundo y un orden social totalmente nuevos. Un mundo en el que la gente vivía e interactuaba según patrones y costumbres diferentes. Seguramente, no pasó mucho tiempo antes que se le hiciera comprensible una entidad mayor, el Perú, con su capital Lima. Una miríada de nuevas formas de comportamiento y pensamiento bombardeaban el subconsciente del inmigrante serrano. A medida que gradualmente las absorbía, "cholificaba" su estilo de vida.

No fue que el indio aceptara la nueva cultura sin titubeos y cierta renuencia. La naturaleza conservadora de los campesinos y, en general, su notable resistencia al cambio son hechos bien conocidos. La idea original del serrano fue emigrar temporalmente a la costa, donde el trabajo en la hacienda le daría la oportunidad de levantar su magra fortuna, u obtener el dinero necesario para recuperar su tierra de las garras de inescrupulosos usurpadores. En estas circunstancias, no tenía verdaderamente urgencia de adaptarse y conformarse a los nuevos ambientes, pese a que, con seguridad, ocurriría un cierto tipo de cambio. Sin embargo, a medida que bajo la dura realidad del sistema de enganche se desvanecía su sueño de retorno inmediato a la sierra, se hizo más fuerte la necesidad de pertenecer y adaptarse a la nueva cultura. La tradicional sospecha del campesino serrano y su resistencia a lo nuevo dio lugar, ahora, a una abierta aceptación a adoptar los patrones locales de vida, guiado, frecuentemente, por el estricto deseo de sobrevivir.

Si bien no todos los inmigrantes serranos, y probablemente solo una proporción relativamente pequeña de ellos, experimentaron una total aculturación, con el correr del tiempo, en las haciendas de la región creció constantemente su número, particularmente cuando surgió una fuerza de trabajo permanente. El elemento aculturado de fuerza laboral, más abierto a las corrientes de cambio que flotaban en el mundo externo de la hacienda, empezó a responder al llamado de unos pocos para cambiar el opresivo régimen de trabajo, así como las condiciones generales de vida. Con el tiempo, este nuevo desarrollo condujo a la formación de sindicatos, que posteriormente sirvieron de vehículo principal para alcanzar un sistema de trabajo más equitativo. No obstante, pese a que el carácter de la fuerza laboral permaneció, al menos por el momento, culturalmente indígena, las respuestas de los braceros a las condiciones de explotación bajo las cuales estaban forzados a vivir y trabajar alternaron grandes periodos de pasividad interrumpidos por estallidos espontáneos de violencia y derramamientos de sangre.

Al acercarse el fin de la primera década del siglo XX, la creciente concentración de braceros azucareros y las circunstancias opresivas a que estaban sujetos comenzaron a crear óptimas condiciones para dar paso al desasosiego de estos y al estallido de la violencia en la zona. A pesar de que los esporádicos conflictos laborales formaban parte tradicional de la vida del valle, los primeros grandes disturbios de este siglo ocurrieron en 1910 y se multiplicaron con frecuencia cada vez mayor en los años que siguieron.

Ninguno de estos primeros conflictos llegó a constituir una huelga en el sentido moderno. Como en el valle aún se desconocían los sindicatos e incluso las sociedades mutuales, los paros, generalmente, constituían brotes espontáneos de violencia, carentes de todo plan u organización importante. Casi siempre eran muy breves y "se apagaban solos". Joaquín Díaz Ahumada, uno de los primeros que en el valle organizó a los obreros y que de muchacho fue testigo de muchas de estas primeras explosiones de violencia, las describe del siguiente modo:

> Casos hubo, por ejemplo, que al producirse un paro parcial, por recargo de tareas o abuso del mayordomo, la gente botaba el trabajo (a veces golpeaba rudamente al mayordomo) y se regresaba a sus casas consiguiendo con esto solamente el rechazo del patrón que los trataba como malos elementos y los castigaba con prisión o expulsión de la hacienda. Pero, en el caso de un paro masivo, las cosas eran distintas porque los peones abandonaban sus labores en el campo, se juntaban todos y regresaban a la hacienda, reunidos en masa dando vivas a la "huelga". Estando ya dentro de la población recorrían las calles con sus machetes y lampas levantadas en alto, lanzando gritos amenazadores contra el hacendado y sus empleados que cometían abusos contra ellos. Dueños de la situación por el momento y con los ánimos exaltados, pregonando los maltratos que sufrían, se iban contra los almaceneros o bazares de la hacienda y al grito de "huelga", "huelga", "viva la huelga" atacaban y saqueaban esas tiendas, dejándolas vacías; después les prendían fuego. Consumados estos actos denigrantes para la clase trabajadora, toda la gente se entregaba a la ociosidad y la borrachera, sin intentar hacer reclamaciones de ninguna clase.[18]

Es interesante notar que, invariablemente, el tambo del enganchador, como signo inmediato de la explotación, era el que primero sufría la ira del bracero y no la casa hacienda.

Un ejemplo de este primer tipo de disturbio laboral en el valle de Chicama[19] y probablemente el paro más serio y violento en la historia del país ocurrió en 1912.[20] En la mañana del 8 de abril, los disturbios empezaron furiosamente en Casa Grande, que daba empleo a casi cinco mil obreros y que se había convertido en uno de los mayores centros industriales del Perú. Furiosos contra una orden de

18. Díaz 1962: p. 17.

19. Los problemas laborales del valle de Chicama invariablemente se extendían al vecino valle de Santa Catalina, abarcando usualmente a la hacienda Laredo.

20. El siguiente relato de la huelga ha sido tomado de *La Industria* del 9 al 26 de abril de 1912. El diario adoptó editorialmente una posición moderada con respecto a la huelga, apoyando las demandas de los huelguistas y criticando las condiciones de trabajo en las haciendas del valle, pero condenando, al mismo tiempo, la violencia a que recurrían los trabajadores.

la compañía que les aumentaba la tarea,[21] y solicitando un aumento de cincuenta a sesenta centavos en el jornal, los trabajadores totalmente desorganizados recurrieron a una orgía de violencia. Mientras algunos braceros prendían fuego a los campos de caña, otros dirigían su ira contra el odiado enganchador, saqueando primero e incendiando después las principales bodegas de la hacienda. Tuvieron especial cuidado en destruir los libros de cuentas del enganchador, que, efectivamente, encadenaban a los braceros al sistema de peonaje. Al finalizar el primer día de amotinamiento, varias personas habían muerto y había sido ahuyentada la policía rural, llamada para restaurar el orden.

En los días subsiguientes, la violencia se extendió a las haciendas vecinas y finalmente todo el valle de Chicama estuvo en llamas. El 11 de abril, aproximadamente, sesenta hombres de tropa del cuartel n.º 7 de la región, fuertemente armados, se enfrentaron a varios cientos de braceros provistos de machetes, pertenecientes a la hacienda Sausal, un anexo de Casa Grande. Al abrir fuego a una distancia de 50 m sobre la masa de braceros que se aproximaba, la tropa dio muerte a quince de ellos, pero no logró contener el ataque y se vio obligada a abandonar la hacienda, dejándola completamente a merced de los amotinados. Como resultado, la casa hacienda fue saqueada y quemada.

Escenas similares se repitieron en otras grandes haciendas del valle tales como Chiquitoy, Cartavio y Laredo, donde obligaron a la evacuación de técnicos y propietarios. A los siete días de desórdenes, una gran preocupación comenzó a manifestarse entre los funcionarios y comerciantes de la ciudad de Trujillo, ante el temor de que los amotinados marcharan sobre la ciudad, prácticamente indefensa. En la mañana del 14 de abril, las autoridades se reunieron en la Prefectura para discutir la formación de una guardia urbana, destinada a proteger la ciudad de una posible invasión de braceros. Finalmente, se decidió que tal fuerza no era ya necesaria, en vista del gran destacamento de tropa que desde Lima estaba en viaje hacia Trujillo,

21. Cantidad predeterminada de tierra que debía trabajar el bracero.

pero buena parte de los comerciantes suspendieron sus actividades comerciales y trancaron sus puertas.

Al día siguiente llegó al puerto de Salaverry una nave de guerra con alrededor de 300 soldados y piezas de artillería destinadas al valle. Mientras tanto, en Trujillo se efectuaron varios arrestos por "incitar a los braceros" al desorden, entre ellos el del respetado Benjamín Pérez Treviño, editor del diario liberal *La Razón,* a quien se le acusó de contribuir a los disturbios al publicar "declaraciones incendiarias" respecto de la huelga. En realidad, a Pérez Treviño se le arrestó por condenar abiertamente las duras tácticas de las autoridades de la ciudad y de los hacendados, a quienes acusaba de haberse equivocado desde el principio en el enfrentamiento de los acontecimientos.

Una vez que la gran cantidad de tropa llegó a los centros más agitados del valle y que se establecieron tácticas represivas, los disturbios se suprimieron rápidamente. En forma gradual se restauró el orden y una calma relativa volvió al valle. La estimación final de los daños y perjuicios que causó la violencia fue muy elevada. Aunque el informe del gobierno, publicado posteriormente, en forma notoria no los mencionó, un informe privado preparado por la Sociedad Pro Indígena afirmó que por lo menos 150 huelguistas habían sido muertos y muchos más heridos.[22]

En el mejor informe de la huelga se opinó que los bajos salarios, los abusos del sistema de enganche, las miserables condiciones de vida y el prolongado horario de trabajo eran las causas principales del estallido de la violencia. Evidentemente, según el relato del autor, la persistencia de esas condiciones determinó que fuera inevitable una revuelta en gran escala.[23]

---

22. Véase el informe del Gobierno en Osma 1912 y Cúneo 1912. También apareció en *La Prensa,* Lima 10 de octubre de 1912.

23. Ibíd. Osma, en su informe oficial, estima que la culpa de la huelga de Chicama recae casi completamente sobre el enganchador y virtualmente absuelve a los hacendados de toda responsabilidad. Llegó hasta querer demostrar que los braceros recibían salarios adecuados y que vivían en condiciones razonables, hechos que tanto *La Industria* como el informe de Cúneo Vidal negaron. Sin embargo, *La Industria* resalta en forma considerable, como causa de la huelga, los abusos del sistema de enganche.

Otra causa fundamental para los disturbios se podría encontrar en la creciente fricción entre los empleados peruanos y alemanes de Casa Grande, meses antes de la fatal huelga. Al comenzar el año, había llegado a la hacienda un nuevo administrador alemán junto con varios técnicos, también germanos. Parece que el flamante directivo comenzó inmediatamente a establecer reformas en la administración, que no fueron bien recibidas por algunos de los empleados peruanos de la compañía. Las tensiones se intensificaron cuando se despidió a los peruanos descontentos, reemplazándolos con algunos de los alemanes recién llegados. Muy pronto se informó de varios incidentes entre los empleados peruanos y sus superiores europeos. Por entonces, se decidió también introducir ciertas "economías", las que incluían un aumento en el volumen de la tarea, medida que despedía a gran número de los cortadores de caña empleados por la hacienda. Así, cuando se produjo un nuevo incidente entre un peruano y un alemán, la calenturienta atmósfera que reinaba en Casa Grande explotó en una violenta ola de amotinamiento.[24]

Estas causas inmediatas de fricción probablemente se vieron exacerbadas por ciertas tensiones subyacentes, características en las plantaciones. Eric Wolf y Sidney Mintz, quienes han estudiado ampliamente la dinámica social en las plantaciones de los trópicos, sugieren que, en las compañías, el conflicto es muy común entre el cuerpo técnico y administrativo, extranjero y dominante, y la mano de obra nativa. Generalmente, los primeros consideran los problemas locales desde el punto de vista de los intereses foráneos antes que a partir del contexto del medio local y vigilan lo que ellos llaman la cohesión íntima (*in-group*). Los técnicos extranjeros, según dichos autores, se identifican fuertemente con su madre patria y a menudo se consideran intelectual y racialmente superiores respecto a los naturales. Este elemento, generalmente, conduce a una polarización entre los dos grupos, uno de extranjeros y otro de nacionales, en el que se concentran sentimientos nacionalistas o raciales.[25] Es indudable que estos factores desempeñaron un papel decisivo en la violenta huelga

24. Véase Rafael Larco 1947: 59-60, Cúneo 1912 y *La Industria*, del 8 de abril de 1912.

25. Wolf 1957: 406.

de Casa Grande y posteriormente en las otras haciendas de propiedad extranjera de la región.

Después de que en el valle se restableció la calma, los hacendados hicieron algunos intentos para corregir las condiciones que habían causado la huelga. Algunos de ellos, convencidos de que los abusos del enganchador habían tenido un papel fundamental en la precipitación de los disturbios, procedieron a considerar el informe del gobierno que solicitaba su eliminación y a establecer el trato directo entre el bracero y el hacendado. Además, los propietarios de Casa Grande comenzaron a madurar la idea de importar directamente sus propias mercaderías y de establecer tiendas de la compañía que las vendieran a los braceros a precios más económicos.

Sin embargo, a pesar de estas aparentes mejoras, las condiciones generales de las haciendas en gran parte siguieron en el mismo estado que antes de la huelga. Sin embargo, en algunos aspectos fue visible un endurecimiento en las actitudes de los hacendados respecto de los braceros. Por ejemplo, en la prensa local aparecieron artículos que reclamaban una mayor dotación en la tropa rural acantonada en Chocope y en todo el valle, a fin de "prevenir" la repetición de los disturbios. Además, *La Industria,* diario hasta entonces moderado, que tradicionalmente había tendido a reflejar la opinión de los hacendados, se hizo cada vez más conservador en las cuestiones relativas a los problemas laborales.[26]

A partir de 1912, mientras las actitudes de los hacendados tendían a "endurecerse" en casi todo lo relativo a los problemas laborales, los años siguientes vieron intentos de organización de parte de los trabajadores de las haciendas. Superando el rechazo de los antiguos trabajadores que se oponían a tales esfuerzos porque, principalmente, "alteraban el orden tradicional", algunos de los trabajadores más jóvenes, en especial los ubicados en los talleres y fábricas de las haciendas, comenzaron a organizar pequeños gremios y a declarar paros limitados en apoyo de sus demandas. Aunque estos esfuerzos, generalmente aislados y carentes de una extensa adhesión, rara vez

26. Díaz 1962: 21.

tuvieron éxito, representan los comienzos, embrionarios, de la organización sindical en la región.[27]

Sin embargo, no fue sino cuando en el valle se experimentaron los efectos de la Primera Guerra Mundial que tales embriones se desarrollaron en sindicatos modernos. Al igual que en toda América Latina, el estallido de la guerra europea significó en el Perú el comienzo de un *boom* para su economía de exportación. Entre los principales beneficiarios nacionales de esta bonanza estuvo la industria azucarera que, en los años siguientes, expandió su producción y aumentó sus beneficios de manera sorprendente.[28] En respuesta a condiciones tan favorecedoras, los terratenientes de toda la región destinaron las extensiones hasta entonces dedicadas a la producción de bienes de consumo a cultivos de enorme valor económico, tales como azúcar y algodón. El resultado de esta tendencia fue la subsiguiente escasez de productos de panllevar, y el excesivo encarecimiento de los productos alimenticios en todo el país. Durante el periodo de 1913 a 1920, sus precios se elevaron en más del doble, afectando en forma particularmente dura el costo de vida de las clases trabajadoras peruanas que, durante ese periodo, no recibieron en sus salarios un incremento compensador.[29] Tales condiciones encendieron, finalmente, el descontento no solo de las emergentes clases trabajadoras urbanas,[30] sino también de los trabajadores azucareros de la costa norte.

Aunque durante los años de la guerra, en las principales haciendas del valle los salarios se incrementaron en un 40%, tal alza fue insuficiente para compensar el ascenso vertiginoso del costo de vida.[31]

---

27. En años posteriores, la violencia laboral en el valle recibió atención mínima y fue parcialmente enfocada por el periódico. Los editoriales, invariablemente, apoyaban la posición de los hacendados.

28. Véase el capítulo anterior que trata del surgimiento de la industria azucarera. Para los efectos generales de la guerra en la economía peruana, véase Lavalle 1919.

29. Poblete 1938: 114.

30. Véase Basadre 1964: VIII, 3904-3908.

31. Véase el capítulo siguiente que trata de los efectos de la concentración de la tierra sobre las estructuras de los pequeños propietarios del valle de Chicama y cómo afectó la producción de productos de panllevar en la región.

En 1917 comenzó a extenderse una marea creciente de descontento entre los trabajadores azucareros del valle. Los intentos para manejar esta situación, entonces, encontraron más acogida, mediante una organización más amplia de los trabajadores de las haciendas. Los obreros más calificados de los talleres y almacenes nuevamente concentraron sus esfuerzos en la organización de los gremios y promovieron una serie de paros en las grandes haciendas del valle. Sin embargo, la mayoría de estos gremios, al igual que sus predecesores, tendían a desorganizarse y desaparecer después de terminada la huelga y logrado un arreglo. Aparentemente, solo sobrevivió una organización, que se convirtió en el primer tipo permanente de organización laboral de la región. Su fundador fue un mecánico llamado Eduardo Chávez Terrazas, un orgulloso y fogoso joven radical que hacía poco había comenzado a trabajar en los almacenes de la hacienda Cartavio. Chávez, quien evidentemente había adquirido cierto conocimiento de organización laboral mientras trabajaba en Trujillo, pronto estableció en Cartavio una Sociedad de Auxilios Mutuos y una Caja de Ahorros, y dirigió un paro laboral que tuvo éxito al obtener la jornada de ocho horas para los trabajadores del taller y de la fábrica, la primera de tales conquistas en el valle.[32]

Sin embargo, no fue sino dos años después, al volver a estallar la agitación, que la organización laboral hizo nuevos progresos en el valle. La reanudación de los disturbios se debió a dos causas fundamentales: primero, al comenzar la recuperación de los combatientes europeos de los efectos de la guerra que, entre otras cosas, significó el aumento gradual de su producción de azúcar, el precio cayó abruptamente en el mercado mundial, obligando a los hacendados a reajustar sus programas de producción y a reducir los costos. En un intento de cumplir con este último propósito, muchos hacendados rebajaron o "congelaron" los salarios, medida que —aparejada al constante aumento del costo de vida— hizo insostenible la situación de los trabajadores azucareros. Segundo, el Perú comenzaba a recibir

---

32. Díaz 1962: 24-27. También una entrevista con Leopoldo Pita Verdi, uno de los primeros organizadores laborales en el valle de Chicama y ahora funcionario de la Confederación de Trabajadores del Perú (CTP) en Lima, 21 de marzo de 1967.

ciertas corrientes ideológicas que habían inundado Europa al finalizar la guerra. Estas ideas, que primero llegaron a Lima, rápidamente se filtraron a las provincias, donde su impacto, al igual que en la capital, fue considerable entre los elementos de las descontentas clases medias y bajas.

En 1921, el valle de Chicama había llegado a ser un verdadero foco de descontento. Las huelgas periódicas y la violencia habían sido constantes desde que finalizó la guerra,[33] y los intentos de organización habían ganado terreno en forma creciente. Sin embargo, hasta 1921, las actividades organizadoras generalmente estuvieron confinadas a los obreros de tipo calificado o semicalificado, que trabajaban en los talleres y fábricas de la hacienda. A comienzos de 1921, al decidir que el tiempo estaba ya maduro para organizar en un solo sindicato a los trabajadores azucareros de las tres clasificaciones —empleados, trabajadores de planta y braceros— dos mecánicos jóvenes de la hacienda Roma, Joaquín Díaz Ahumada y Artemio Zavala, principiaron a planear la creación de un sindicato general.[34]

Díaz y Zavala se habían conocido cuando trabajaban en los talleres de Roma. Díaz ofrece el siguiente relato del creciente sentimiento de conciencia social y de adhesión al movimiento laboral:

> Tenía yo, entonces, mi residencia en la calle Lima (en Roma); allí vivía junto con un compañero de trabajo. Era Artemio Zavala, muchacho de la misma edad que yo —23 años— natural de Santiago de Chuco... Por razones de trabajar en el mismo oficio, llegamos a tener amistad, ser buenos amigos y compañeros de ideales... En nuestro afán de conocer más llegamos a comprar libros de autores revolucionarios socialistas: las obras de Lenin, Trotski, Malatesta, Kropotkine, Gorki, Marx, Vasconcelos, Palacios, etc. Leíamos con avidez, despertando

33. Además de las huelgas periódicas hubo dos importantes en el valle, una en 1917 y la otra en 1919. Un breve relato de la de 1917 se encuentra en Maclean y Estenós 1959: 145. Según este autor, los huelguistas obtuvieron un aumento de salario y ciertas concesiones de mejores condiciones de vida. El autor no pudo localizar un relato satisfactorio de la huelga de 1919, aunque algunos aspectos fueron informados en *La Industria*.

34. Díaz 1962: 33-34

nuestra inquietud por los nuevos ideales, por la gran revolución social que conmovía a todos los trabajadores del mundo después de la Guerra Mundial.[35]

Como Díaz y Zavala apenas conocían los aspectos prácticos de la organización de un sindicato decidieron establecer contacto con Eduardo Chávez quien, como se recordará, en 1917 había organizado con todo éxito la sociedad mutual de Cartavio. Trabajando junto con Chávez, hicieron planes no solo para organizar la hacienda Roma, sino también otras haciendas importantes del valle. Se buscó otros líderes y, tranquilamente, se inició una campaña de reclutamiento dentro de la masa de trabajadores azucareros. Según Díaz, el segmento más difícil de convencer para que integrara el sindicato fue el de los empleados, que se mostraban renuentes a colaborar con los braceros por considerarlos inferiores. Sin embargo, la mayoría, finalmente, se convenció de que solo mediante la acción unida podrían obtener concesiones del propietario.[36]

Por otra parte, es explicable que los braceros indígenas respondieran más fácilmente a la nueva asociación "sindicato". Apartados de sus familiares y parientes que quedaban en la sierra, probablemente consideraban al gremio como un sustituto conveniente a los más tradicionales lazos de parentesco que habían dejado atrás. Además, para el bracero indígena que tradicionalmente ocupaba la casta inferior en la estructura social de la costa, el sindicato era la primera estructura comunal a la que tenía acceso, y hasta una cierta participación limitada, aunque fuera sobre bases un tanto desiguales. Es

35. Ibíd., pp. 32-33.

36. En lo relativo a las reuniones clandestinas con Chávez, Díaz dice lo siguiente: "Varias veces tuvimos que viajar, haciéndolo en caballos sin apero que nos proporcionaba, secretamente, el guardián de ganado de la hacienda; viajábamos de noche, hablábamos con Chávez y al día siguiente estábamos presentes en nuestro trabajo. De nuestras entrevistas con Chávez conseguimos que él nos instruyese en la teoría y la táctica de la lucha sindical, y de cómo debíamos actuar en la práctica" (Díaz 1962: 33-34).

indudable que este hecho aumentó el atractivo del sindicato en este grupo de la hacienda, numéricamente importante.[37]

Una vez que se concluyó la fase del reclutamiento y que el plan estuvo bastante completo, se convocó a un mitin general en la noche del 17 de marzo a fin de elegir a los delegados y formular una serie de quejas y demandas que debían presentar a los Larco. En dicha reunión, los trabajadores presentes aprobaron los estatutos del nuevo sindicato, que habían sido preparados por Díaz y Zavala con la colaboración de Chávez, y que se parecían mucho al modelo de Cartavio. A continuación se decidió usar el nombre de Sociedad Obrera de Auxilios Mutuos y Caja de Ahorros en vez de la palabra sindicato, porque el primero había sido generalmente aceptado por los hacendados como "inofensivo" (Díaz describe estas sociedades como extremadamente conservadoras, y con fines limitados solo a curar a los enfermos y a enterrar a los difuntos), mientras que el último era considerado de carácter "revolucionario" y, por consiguiente, completamente inaceptable. De ese modo, según Díaz, los dirigentes del nuevo sindicato esperaban provocar, por lo menos en principio, tan poca resistencia de parte de los hacendados como fuera posible. Las elecciones tuvieron lugar y Zavala fue elegido presidente del nuevo sindicato. Luego se preparó y aprobó una lista de demandas.[38]

La noticia de la formación de una nueva organización laboral en la hacienda Roma fue acogida con gran entusiasmo por los grupos laborales de Trujillo, así como por los elementos de la clase media, cada vez más descontenta. Por ejemplo, el diario *La Libertad,* publicado por un grupo de intelectuales de orientación reformista pertenecientes a la "Bohemia de Trujillo",[39] declaró su apoyo total al nuevo sindicato. Editado por el respetado Antenor Orrego, *La Libertad* desde su fundación, pocos años antes, se había dirigido a los elementos descontentos de la clase media de Trujillo, incluyendo a los trabajadores calificados, grupos de comerciantes y estudiantes. Aunque de orientación muy favorable a los problemas laborales, no se le consideraba como órgano del

37. Miller 1967.

38. Díaz 1962: 34-35.

39. En capítulos posteriores hablaremos más extensamente de la "Bohemia".

movimiento laboral organizado del departamento. Del mismo modo, los gremios locales que, durante largo tiempo ignoraron los aprietos de los braceros y que habían mostrado poco interés en los intentos para organizar a la masa de trabajadores azucareros del valle, entonces le ofrecieron un apoyo muy caluroso al nuevo sindicato.[40] Este apoyo urbano al novel movimiento sindical del valle, en gran parte se debió a que la crisis económica de posguerra agravada, como se mostrará después, por diversos factores locales, empeoró considerablemente las condiciones de las clases medias de Trujillo y sus alrededores, determinando así su mayor radicalización política.

Poco después del anuncio de la formación del sindicato de la hacienda Roma,[41] la administración de la hacienda anunció la intención de eliminar el aumento del 33% que Larco había concedido en 1917. Esta noticia, según Díaz, cayó mal a los trabajadores de Roma y ayudó mucho en el reclutamiento de nuevos miembros para el sindicato. La opinión en Roma se galvanizó en una oposición contra la administración de la hacienda; los dirigentes de la organización decidieron presentar su lista de reclamaciones a la administración y decretar una huelga si a las 48 horas sus demandas no eran aceptadas. Además de la supresión de la recientemente decretada reducción de salarios, la lista de demandas incluía el establecimiento de la jornada de ocho horas, la abolición del sistema de enganche, la eliminación del castigo corporal, el control del sindicato en el acto de pesar la caña, indemnización en caso de accidente o enfermedad, la ampliación de los servicios médicos, la supresión de la policía privada de la hacienda y, finalmente, el reconocimiento total del nuevo sindicato. Como era de suponerse, las demandas fueron rechazadas categóricamente, y en una mañana de abril, a las 8 a. m., toda la masa de trabajadores abandonó el trabajo.

---

40. Díaz 1962: 34-35. Durante la huelga de 1921, los trabajadores del muelle de Salaverry, del ferrocarril de Trujillo y la Sociedad Unión de Empleados de Trujillo pararon también en apoyo de los trabajadores azucareros (Díaz 1962: 56-59).

41. El siguiente relato de la huelga de 1921 se toma principalmente de las páginas de Díaz Ahumada. Sin embargo, el autor también ha consultado *La Industria* y Curletti 1921. También hay una breve mención a la huelga en Maclean y Estenós 1959: 145-150.

En contraste con las huelgas desorganizadas y caóticas de los años anteriores, la huelga de 1921, en general, estuvo muy bien dirigida por el nuevo sindicato de Roma. Se habían hecho amplios preparativos teniendo en cuenta el rechazo inicial que se esperaba de la administración. Antes de comenzar el paro se había establecido un fondo de huelga, e inmediatamente se hicieron gestiones para solicitar mayor ayuda de los gremios importantes de Trujillo, las que tuvieron éxito. También se emplearon tácticas muy bien concebidas a fin de evadir los métodos que tradicionalmente habían empleado los hacendados para romper las huelgas, y para acentuar la presión sobre la administración a fin de que accediera a las demandas de los huelguistas. Por ejemplo, en parte como respuesta al cierre de los servicios comerciales de la hacienda,[42] y también para dramatizar sus demandas, los líderes organizaron una marcha de protesta hacia el cercano pueblo de Ascope. Como las autoridades municipales, que supuestamente eran pagadas por los Larco, les negaron el permiso para entrar a Ascope, los manifestantes, que se sumaban por miles, se dirigieron a Chicama, donde al terminar el día obtuvieron finalmente permiso para acampar en las afueras del pueblo. En los siguientes treinta días, varios miles de huelguistas y sus familiares permanecieron en el improvisado campamento ubicado a la salida de Chicama, tiempo que duraron las negociaciones entre la administración, los funcionarios del gobierno y los huelguistas.

Poco después de la marcha sobre Chicama, las autoridades locales, azuzadas por el gobierno de Leguía, comenzaron a ensayar métodos más pacíficos y conciliatorios para resolver la huelga. Estas nuevas tácticas eran, en parte, resultado del fracaso de los métodos represivos empleados para quebrarla. Sin embargo, en forma más

42. Díaz escribe: "[...] se clausuraron todos los grifos surtidores de agua potable, y las acequias de desagüe, se clausuraron el mercado de abastos, la panadería, la lechería; se prohibió la entrada de estos artículos que venían de fuera, el uso de la olla común que proporcionaba alimentación diaria a todos los huelguistas. Por otra parte, los soldados entraban a la casa de los peones con el objeto de obligarlos a salir de trabajo, lo cual ocasionaba violentos choques entre ambos bandos sin que nadie llegase a ceder ni obedecer a la fuerza..." (Díaz 1962: 39-40).

importante, se debieron a las exigencias momentáneas que enfrentaba el presidente.

En 1919, Leguía había llegado al poder mediante un golpe militar, después de una enconada elección en la que él pretendía haber vencido al candidato gobiernista Ramón Aspíllaga, candidato del Partido Civil. Temiendo que las elecciones pudieran ser anuladas por el Congreso, controlado por los civilistas, Leguía acudió al tradicional golpe militar para asegurarse el ascenso a la presidencia. Sin embargo, hasta ese momento, el éxito de su carrera política había sido un tanto desigual.

Negociante de la clase media de Lambayeque, Leguía ascendió rápidamente en las filas del aristocrático partido civilista, que había gobernado el Perú continuamente, salvo una breve interrupción, de 1895 a 1919.[43] Fue un hábil ministro de Hacienda en el régimen de Manuel Candamo (1903-1904) y premier en el de José Pardo (1904-1907). Designado como candidato presidencial, fue fácilmente elegido presidente en 1908.

Sin embargo, como presidente exhibió un grado tan marcado de personalismo y arbitrariedad que terminó embrollándose en una áspera disputa tanto con el Congreso como con su propio partido. La lucha que siguió lo dividió tan severamente que puso fin a sus ambiciones reeleccionistas, y en 1912 facilitó el camino a un candidato de mentalidad reformista y antiguo alcalde de Lima, D. Guillermo Billinghurst. Obligado a exiliarse, Leguía se retiró ostensiblemente de la política y pasó los siguientes años dedicado a los negocios, entre Nueva York y Londres.

Sin embargo, su fortuna política nuevamente resurgió hacia fines de la Primera Guerra Mundial, cuando el Partido Civil, que había recuperado el poder en 1915, comenzó a mostrar signos de desmoronamiento frente a las nacientes presiones urbanas de una clase media y obrera, emergente y cada vez más impaciente. Al darse cuenta, en 1918, de que eran favorables las condiciones para su exitoso retorno a la política, Leguía se embarcó para el Perú a fin de luchar activamente

---

43. Basadre denomina este periodo de gobierno civilista, virtualmente ininterrumpido, la República Aristocrática.

por la presidencia. Pronto, el antiguo presidente comenzó una inteligente campaña con un llamamiento a las emergentes clases populares de Lima, cuya formación había recibido un fuerte empuje con el progreso económico ocasionado por la Primera Guerra Mundial.

Esta nueva agrupación socio-política, cuyo liderazgo y mayor representación se perfilaba claramente en 1918, estaba compuesta por elementos de una nueva burguesía, de orígenes más modestos que los de la aristocracia civilista. Incluía, además, un número cada vez mayor de maestros y empleados públicos cuyos puestos habían surgido de un presupuesto nacional rápidamente creciente, que había aumentado cinco veces, de 14,2 millones de soles en 1900 a 70 millones en 1920, y que durante el "oncenio"[44] se doblaría nuevamente. Unidos a este lineamiento político que muy pronto se cohesionaría en respaldo a la candidatura de Leguía, se encontraban los miembros de un creciente sector laboral urbano, que desde comienzos de la guerra había estado probando su fuerza política en un aturdido número de paros laborales y huelgas contra el antiguo régimen. Finalmente, el movimiento incluía a un gran número de desilusionados estudiantes de la clase media, que poblaban las más antiguas universidades del país en número cada vez mayor, y un pequeño pero bullanguero grupo de intelectuales, cuyas opiniones, reformistas y a menudo socialistas, se expresaban en el periódico limeño *Germinal.* Para todos estos elementos, que de un modo u otro buscaban cambiar el orden existente, Leguía se convirtió rápidamente en el hombre del momento.

Presentándose como un reformador interesado en el bienestar de los estudiantes, comerciantes y trabajadores, y atacando oblicuamente la política de bancarrota de la gobernante oligarquía civilista, Leguía fácilmente venció a su deslucido oponente.[45]

---

44. Véase Romero 1949: 442.

45. Basadre afirma que "desde un punto de vista social, el leguiísmo fue impulsado por las clases medias, fenómeno análogo a la subida al poder de Alessandri e Yrigoyen, en Chile y Argentina, respectivamente" (1964: IX, 4218). Véase también Basadre 1931: 173-174. El hecho de que la campaña electoral de Leguía en gran parte estuviera orientada hacia la captura del voto de la clase media de Lima lo ilustran las siguientes notas que él dirigió a la Federación de Estudiantes del Perú (FEP) a comienzos de 1919: "Es necesario salvar la desesperada situación de la

Una vez que tuvo asegurado el palacio presidencial, Leguía, que bautizó a su nuevo régimen con el nombre de lam "Patria Nueva", llevó a cabo medidas que le permitieron obtener un mayor apoyo de las clases populares. Bajo su dirección, una Asamblea Constituyente procedió a esbozar una nueva Constitución que, por lo menos, aparentemente, prometía al Perú una nueva era política. La Constitución de 1920 no solo defendía cuidadosamente los derechos individuales, sino que también incluía una gran cantidad de reformas que, entre otras, comprometían al Estado a novedades tales como el control de precios, el impuesto progresivo, la protección de los derechos y del bienestar del trabajo organizado, a amplios programas en el campo de la educación pública y en la protección de los derechos de los indígenas, incluyendo la inviolabilidad de las comunidades de indígenas de la nación.[46]

A esta última previsión siguieron varios actos legislativos, incluyendo la creación, en 1921, de la Dirección de Asuntos Indígenas en el Ministerio de Fomento y Obras Públicas, destinada a proteger las comunidades indígenas que desde fines de siglo se veían amenazadas por el avance de la agricultura comercial. Si bien, en última instancia, estos esfuerzos de Leguía en favor de las comunidades indígenas fueron un fracaso, por un tiempo captaron el apoyo de un pequeño pero influyente grupo de intelectuales, encabezados por Hildebrando Castro Pozo, conductor del movimiento indigenista en el país.[47]

El deseo de Leguía de conservar el apoyo de la clase media fue evidente; además, poco después de su elección negoció una diferencia habida entre los empleados de comercio y los empleadores locales.

---

clase media… que al igual que el proletariado ha sido injustamente olvidada y se ha visto negados los beneficios de un plan de seguridad social que se proponga su cuidado en caso de accidente, enfermedad o cesantía" (Basadre 1964: IX, 4178).

46. Basadre 1964: VIII, 3947-3950. Sobre la política proteccionista de Leguía contra las amenazas externas a las comunidades indígenas que significó un marcado cambio de la actitud respecto a gobiernos anteriores, véase el excelente artículo de Chevalier (1970). En este artículo, Chevalier presenta también un buen informe del movimiento indigenista, que en este periodo obtuvo considerable apoyo de los círculos de la clase media (véanse, particularmente, las pp. 187-189).

47. Basadre 1964: IX, 4179-4180.

Los intermediarios del gobierno obtuvieron un sustancial aumento de sueldos para los empleados, así como una serie de concesiones adicionales, tales como mayor tiempo para el almuerzo y otras medidas similares.

Otros visibles actos favorables para las clases populares fueron implementados por Leguía a comienzos de su régimen. Un decreto promulgado en marzo de 1920 creó en el Ministerio de Fomento una nueva Sección del Trabajo, que pudo ser considerada como la base de un futuro ministerio independiente. El Congreso aprobó, ese mismo año, varias medidas relativas al control de la renta.[48]

La actitud reformista de Leguía persistió durante los dos primeros años de su régimen. Enfrentando a una fuerte oposición de elementos del depuesto Partido Civil, algunos de los cuales conspiraban abiertamente para derrocarlo, Leguía encontró allí pie para proseguir su política inicial de catalizar a las clases media y trabajadora. Esto explica, en gran parte, sus medidas más bien liberales para solucionar los disturbios laborales que entonces paralizaban el valle de Chicama. A pesar de la gran oposición de los hacendados liberteños, que se inclinaban por una "línea dura" hacia los huelguistas de Roma,[49] Leguía intentó apoyar la posición de los huelguistas, por lo menos durante las primeras etapas de la huelga. Con este propósito envió a Trujillo a Agustín Haya de la Torre, joven de gran popularidad en Trujillo y hermano del posterior fundador del aprismo, con órdenes de conseguir una solución justa y pacífica de la huelga.

Según Díaz, en las dos misiones conciliatorias que Agustín cumplió en Trujillo como representante del gobierno, consiguió dar una impresión muy favorable a los huelguistas. Inmediatamente después de su llegada ordenó la liberación de los líderes sindicales, apresados por las autoridades locales, visitó el campamento de los huelguistas, a los que prometió una solución justa y estableció un tribunal de arbitraje, compuesto por representantes de los trabajadores, del gobierno

48. Ibíd., p. 4182.

49. Rafael Larco Herrera, hermano del propietario de Roma, se puso furioso por la posición que Leguía adoptó a comienzos de la huelga en favor de los huelguistas (Rafael Larco 1947: 63-66).

y de la hacienda Roma. Después de varias reuniones, se logró en forma ostensible un acuerdo para poner fin al paro, con la reacia aceptación de los funcionarios de Roma a la mayoría de las demandas de los trabajadores. Sin embargo, poco después del regreso de Agustín a Lima nuevamente se produjeron disturbios en el valle.

Estos disturbios se debieron a dos razones. La primera fue que durante los treinta días que los trabajadores estuvieron acampando en las afueras de Chicama se hicieron grandes esfuerzos para organizar sindicatos en las otras plantaciones del valle. Según Díaz, "brigadas de agitación y propaganda" salían cada noche del campamento de Chicama y muy pronto surgieron nuevas "sociedades" en Chiclín, Sausal y Casa Grande. Una vez que la huelga pareció definitivamente arreglada en beneficio de los trabajadores de Roma, los nuevos sindicatos comenzaron a presentar demandas similares en las restantes haciendas del valle, dando lugar a una nueva serie de paros en toda la región.

La segunda: poco después de que estallaron las nuevas huelgas, la administración de la hacienda Roma anunció la clausura definitiva del ingenio y la firma de un contrato con los propietarios de Casa Grande para procesar en el ingenio de esta última el azúcar de Roma. Como la clausura del ingenio de Roma significaba el despido inmediato de gran número de los anteriores huelguistas, el sindicato inmediatamente interpretó este hecho como un abuso de confianza de parte de las autoridades de la hacienda y decidió un nuevo paro.[50] En esta ocasión, la huelga no se limitó a Roma y rápidamente se hicieron esfuerzos para unificar el movimiento en todo el valle, pues los ansiosos líderes sindicales querían forjar un frente unido a fin de reforzar su posición. El resultado fue que en Trujillo se fundó el Sindicato Regional de Trabajo, compuesto por los gremios establecidos en las principales haciendas del valle, que fue la primera organización sindical agrícola regional del Perú.

---

50. La decisión de Larco parecía calculada para quebrar el nuevo sindicato, aunque puede también alegarse que fue motivada por el precario estado financiero por el que entonces atravesaba Roma. Véase el capítulo 2.

La reanudación de los disturbios inició en el valle una ola de violencia más grave. En el curso de los siguientes meses, hubo nuevos intentos para conciliar las disputas, los que fueron realizados por Agustín Haya y el entonces ministro de Fomento, Lauro Curletti, pero después de breves periodos de paz ambas misiones fracasaron por la reiniciación de la violencia. Leguía, que actuó siguiendo las recomendaciones de Curletti, en diciembre decretó el fin de la huelga con medidas que, no obstante ser favorables para los huelguistas en ciertos aspectos, de ningún modo satisfacían sus demandas más urgentes.[51] Por ejemplo, el decreto no mencionaba la necesidad del pago de los aumentos y solo daba un reconocimiento parcial a los nuevos sindicatos. Insatisfechos por el decreto de diciembre, los nuevos gremios continuaron promoviendo más paros, que asolaron el valle hasta 1922.

Los nuevos disturbios coincidieron con un endurecimiento de la anterior actitud liberal de Leguía hacia las clases obreras urbanas. En realidad, este distanciamiento de la clase obrera era más aparente que real, porque la mayor parte del anterior apoyo de Leguía tuvo un carácter más bien retórico. En el campo de la ayuda tangible fue poco lo que realmente se cumplió en los primeros años del régimen. Sin embargo, después de 1921, fue cada vez más evidente que el interés anteriormente demostrado por Leguía ante las demandas de los trabajadores iba disminuyendo como base política de su régimen.

Aunque todavía continuó sirviendo a su clientela de la clase media, Leguía comenzó a favorecer en forma creciente los intereses de una clase de empresarios, nueva y rica, surgida en los años provechosos de la guerra. Estos, así como los elementos de la clase media y los exportadores costeños se beneficiaron enormemente con la política de Leguía de atraer al Perú grandes capitales y préstamos extranjeros.[52] Tal inyección de capital, en la que Leguía vio el medio

---

51. Leguía, en el decreto, declaró que el enganche era ilegal y que debía ser eliminado del valle en los próximos nueve meses; dispuso la jornada de ocho horas, con ciertas excepciones, y decretó una mejora general en los servicios de vivienda y de salud. Véase en Curletti (1921: 31-33) la copia del decreto de diciembre.

52. Hacia 1925, las inversiones de los Estados Unidos en el Perú habían alcanzado un récord de 100 millones de dólares, solo superado por Gran Bretaña, con 125 millones (Dunn 1926: 82). Para un mejor conocimiento de las inversiones

para modernizar y expandir la incipiente estructura capitalista de la costa peruana, proporcionó la base para un aceleramiento general del ritmo de las actividades económicas del país. Como las crecientes demandas y la agresividad de la clase trabajadora amenazaban su visión del desarrollo de la nación, Leguía se propuso quebrar este sector, política que se reflejó en el manejo de los continuos disturbios en la región del valle de Chicama.

A comienzos de 1922, desembarcó un gran destacamento de tropa procedente de Lima. Muy pronto, los líderes sindicales fueron rodeados y encarcelados, mientras que por la fuerza se disolvía el Sindicato Regional del Trabajo. Una vez que se eliminó a los dirigentes, el movimiento rápidamente degeneró en aislados incidentes de violencia que incluyeron la quema de caña y otros actos de vandalismo. Finalmente, el orden quedó restaurado y la vida del valle recuperó su cauce normal.

Durante el resto del régimen de Leguía, el movimiento laboral quedó casi agónico en el valle. De vez en cuando estallaban pequeños disturbios que rápidamente eran reprimidos por la tropa recientemente acantonada en los pueblos vecinos, como resultado de una de las provisiones del Decreto de Leguía del mes de diciembre. De los líderes sindicales de los comienzos quedaron pocos, porque fueron puestos en las listas negras de trabajo de las haciendas. Leopoldo Pita, por ejemplo, el organizador de Chiclín durante la huelga, encontró trabajo en Lima y posteriormente participó en manifestaciones antileguiístas en 1923.[53] Artemio Zavala, el anterior dirigente del sindicato de Roma, volvió a la sierra poco después del fin de la huelga de 1922 y meses más tarde murió de tuberculosis.

La severidad de la huelga de 1921 reflejó claramente los profundos cambios experimentados por la masa laboral de la región desde la década de 1890, en que comenzó a gotear la mano de obra indígena procedente de la sierra de La Libertad. Como reacción al nacimiento

---

estadounidenses en el Perú durante el "oncenio", véanse Carey (1964) y Pike (1964: 228-229), quienes afirman que la deuda externa del Perú, entre 1918 y 1929, se elevó de 10 a casi 100 millones de dólares.

53. Entrevista a Leopoldo Pita Verdi (Lima, 21 de mayo de 1967).

e industrialización de la producción azucarera del valle, ocurrida a comienzos de siglo, comenzó a emerger un proletariado rural en las principales haciendas de la región. Sujeta a opresivas condiciones de vida y de trabajo, y apoyada por su creciente número, esta masa, antes dormida, empezaba a dar señales de una actividad incesante. Al finalizar la primera década, las violentas huelgas "espontáneas" eran corrientes en todo el valle. Sin embargo, no fue sino a fines de la Primera Guerra Mundial que aparecieron elementos de organización en las filas de los trabajadores azucareros de la zona.

El fin de la guerra marcó en el Perú la difusión de nuevas ideas revolucionarias, así como el agudo decaimiento de la economía del país, de orientación exportadora. En las clases populares produjo un descontento adicional entre los trabajadores azucareros del valle, a la vez que la nueva ideología señalaba ejemplos prácticos destinados a romper las cadenas de la opresión. Así, entre 1917 y 1921, en todo el valle de Chicama se organizó el movimiento sindical, y frente a la intransigencia de los hacendados la violencia sangrienta estuvo a la orden del día.

Aunque los hacendados, con la ayuda del gobierno nacional, finalmente triunfaron en 1921 al frustrar la más larga y violenta de las huelgas, tal solución, a la larga, solo fue temporal. En la década de 1920, el valle se convirtió en uno de los centros industriales más importantes del país, con una mano de obra de más de 20.000 personas.[54] La huelga de 1921 demostró que tal fuerza, al ser organizada, podría tal vez echar abajo el sistema político y social de la región, hecho que fue tenido en cuenta por un grupo de jóvenes liberteños de mentalidad reformista.

---

54. Dunn 1925: 442.

CAPÍTULO 3

Hacienda vs. pequeño agricultor

Antes de la Guerra del Pacífico, el valle de Chicama estaba salpicado de pequeños pueblos florecientes.[1] Antiguas sedes de grandes comunidades de indígenas, en el periodo colonial, vieron seriamente

1. Con el advenimiento de la Independencia, Simón Bolívar abolió la comunidad de indígenas como sistema, con el propósito de lograr la recuperación económica del campo. En su lugar, el Libertador decretó que todas las tierras comunales fueran redistribuidas sobre la base de la propiedad privada a quienes las hubieran trabajado anteriormente. Tal como Jean Piel señalara en un artículo, esta nueva política de tierras fue algo así como un desastre desde el punto de vista de la población indígena. "Al plantearse el asunto de la distribución de la tierra, los campesinos de las comunidades, en su credulidad, pasividad e ignorancia, se hallaban en una débil posición defensiva. Los encargados de la operación, agrimensores, abogados, caciques, notables del pueblo, mestizos y recaudadores de impuestos, se aseguraron los mejores lotes y de la noche a la mañana se convirtieron en propietarios de miles de hectáreas a expensas de las tierras de la comunidad" (Piel 1970: 118). Como resultado de este proceso de cambio, en las décadas siguientes, el patrón de tenencia de la tierra de las comunidades empezó gradualmente a semejarse al de la sociedad en general. Hacia 1850, las viejas comunidades se habían convertido en algo semejante a un microcosmos de la región que las rodeaba y contenían, dentro de sus antiguos límites, un agregado de propiedades privadas, grandes y pequeñas. Una idea de la estructura general de este sistema de tenencia en las colectividades costeras, de la segunda mitad del siglo XIX, se obtiene del excelente estudio de Gillin (1945: 8-12). Moche, comunidad que Gillin estudió en la década de 1940, es una de las pocas comunidades indígenas de la costa que sobrevivió al surgimiento de las modernas haciendas comerciales y en gran parte mantuvo su tradicional estructura hasta bien entrado el siglo XX.

mermada sus poblaciones, y solo alrededor de 1850 recuperaron parte de su anterior prosperidad. Contaban con una población estable aunque reducida, que oscilaba entre varios cientos y pocos miles de habitantes que trabajaban las tierras circundantes y tendían a una pequeña aunque creciente vida comercial. En esos pueblos, la tenencia de la tierra comunal bajo la dominación española, hacia mediados de siglo, casi en su totalidad se compartió entre los agricultores, quienes quedaron en posesión de lotes que fluctuaban desde muy pocas hectáreas hasta algunos cientos. Conforme avanzaron los años, estos pueblos dispersos continuaron su crecimiento y prosperidad, aumentando lentamente tanto en población como en riqueza. Sin embargo, a principios de este siglo estaban empeñados en una carrera antagónica con las haciendas azucareras de la región, que en forma creciente comenzaron a estrangular la vida urbana, agrícola y comercial del valle.

Según Antonio Raimondi, el conocido viajero italiano que recorrió extensamente todo el Perú entre 1850 y 1860, los dos pueblos más prósperos del valle eran entonces Santiago de Cao y Ascope. Raimondi señala que Santiago era "un pueblo bastante grande", de cuya prosperidad testimonian las "sólidas casas de adobe revestidas de cal" que se erguían en agudo contraste con las comunes estructuras de totora y barro presentes a lo largo de toda la costa. Los habitantes de Santiago, según el viajero italiano, eran prósperos agricultores independientes que cultivaban maíz, trigo, arroz y otros productos alimenticios.[2] Raimondi apunta que Ascope disfrutaba de una prosperidad aun mayor:

> Ascope ha engrandecido y continúa su aumento de población; notándose por todas partes cimientos de nuevas construcciones. El pueblo cuenta en el día con más de 3000 habitantes y es de esperarse que dentro de poco tiempo será uno de los más grandes del Perú. Tiene buenas casas y una Plaza grande con un portal... Entre las principales familias que se cuentan en Ascope están las de Flores, Vargas y Guerra. No falta una pequeña sociedad en donde pasar un rato de holgura; hasta

---

2. Raimondi 1942-1944: I, 189.

hay dos pianos en el pueblo. Los principales habitantes del pueblo son hacendados, poseyendo algunos terrenos, tanto en las cercanías de Ascope como en la Sierra. Los demás tienen sus pequeñas chacras de maíz y arroz.[3]

Thomas Hutchinson, viajero del siglo XIX, al visitar la región en 1872 hizo observaciones similares sobre la vida agraria de los alrededores de Trujillo. Refiriéndose a los agricultores de Moche escribió: "[...] ellos son los horticultores de Trujillo, ya que es de sus pequeñas huertas que el pueblo se provee de maíz, melones, alfalfa, papas y verduras".[4]

Siguiendo la ruta de Raimondi en el valle de Chicama, George Vanderghem, especialista agrícola holandés contratado por el gobierno peruano, lo visitó en 1900 en una gira de inspección de la costa norte. Después de mencionar la prosperidad de sus pueblos, Vanderghem comentó el bienestar de los agricultores de Ascope, Santiago y Paiján, quienes cultivaban las ricas y extensas tierras que los rodeaban. Observó, además, que esas tierras ofrecían una amplia variedad de productos, que abarcaba desde los cultivos tradicionales como maíz y trigo, hasta una gran diversidad de frutas y verduras.[5]

Sin embargo, veinte años después, este cuadro feliz había desaparecido completamente. Aquellos florecientes pueblos como Santiago y Ascope estaban vacíos y estériles, su vida comercial muerta y sus tierras, antes tan compartidas, invadidas por un mar de caña de azúcar. Al referirse al decaído estado de Ascope y Santiago, así como al de Chocope, Paiján, Magdalena y otros, un periódico laboral de Trujillo comentaba en 1917:

> [...] cuantos visiten esos lugares recogerán la más triste impresion; casas de las cuales quedan solamente paredes, otras amenazando de-

3. Ibíd., pp. 194-195. Otro contemporáneo de Raimondi escribe: "Ascope fue [hace] treinta años un simple fundo rústico, hoy es un pueblo de gran importancia, y está llamado a acrecentar su prosperidad considerablemente por los ricos elementos que encierra" (Mariano Paz Soldán 1877: 78).
4. Hutchinson 1873: II, 145.
5. Vanderghem 1902: 63.

rrumbe, rastros de lo que fue, la tristeza, el silencio. Y por los contornos, a pocos pasos de distancia, como una invasión, avanzando la caña triunfante.[6]

La causa de esta precipitada decadencia se encuentra en el impacto social y económico que produjo en el valle la expansión de la industria azucarera en las primeras décadas del siglo XX.

Tal como se ha señalado, el surgimiento de la industria azucarera ocasionó una enorme concentración en la tenencia de la tierra, ya que las haciendas medianas fueron absorbidas por los nacientes imperios de los Larco y Gildemeister y por los intereses de Grace (Cartavio). Así como los hacendados tradicionales se vieron adversamente afectados por este proceso, igual ocurrió con los pequeños agricultores independientes, propietarios de lotes en los alrededores de los principales pueblos del área. A comienzos de siglo, estalló un violento conflicto entre los hacendados y los agricultores independientes, conflicto que se fue acalorando en el curso de los siguientes años y que, finalmente, ocasionó la desaparición de los pequeños agricultores, al estar envenenados por la cuestión vital de los derechos de agua.[7]

A causa de los factores climáticos y geográficos, el agua siempre ha sido un problema para los habitantes de los valles de la costa norte. Debido a la influencia de la corriente de Humboldt, rara vez llueve en ellos, hecho que obliga a los agricultores de la región a contar, básicamente, con el agua del subsuelo o de los ríos para el riego de sus cultivos. Además, el agua de río, que es la más abundante de las dos, resulta insuficiente para satisfacer las necesidades agrarias del territorio. Esto se debe al hecho de que los ríos de la costa son alimentados por las lluvias de la sierra, que solo caen durante una estación (aproximadamente de noviembre a abril) y, por consiguiente,

---

6. "Memorial que en defensa de las clases trabajadoras presentarán al Parlamento Nacional las Sociedades Obreras de Trujillo", *El Derecho Obrero,* Trujillo, 23 de septiembre de 1917.

7. Este conflicto no se limitó al valle de Chicama, sino que fue un extenso fenómeno que ocurrió a lo largo de toda la costa norte durante la segunda mitad del siglo diecinueve (Mesones 1929: 749-750).

en tiempo seco su volumen se reduce considerablemente.[8] Además, la zona costera se ve periódicamente afectada por sequías cada vez que en la sierra fallan las lluvias anuales, bajando el caudal de los ríos en la época que son más necesarios. A causa de estos peculiares factores regionales, desde antiguo ha sido indispensable un sistema de riego que limite la cantidad de agua a la que cada hacendado o agricultor tiene derecho de uso. En el valle de Chicama, el sistema de racionamiento de agua se remonta a 1699,[9] cuando Antonio de Saavedra y Leyva, deán de la Catedral de Trujillo y Juez superintendente del Juzgado de Aguas de la Corona, compuso el primer Código de Aguas de la región.[10] El Código incluía las siguientes regulaciones:

> Señaló un día de agua por cada cincuenta fanegadas; determinó las que correspondían a las comunidades de indios; prohibió que éstas las dieran a españoles, mulatos, mestizos y a otras castas, a quienes solían arrendar sus tierras; estableció que en las mitas de españoles los interesados dejaran pasar un regador o ramo de agua para que en los pueblos y caminos hubiera agua para beber, so pena de cien pesos de multa para el dueño, y para el mayordomo, un año de destierro en los presidios de Chagres o Valdivia, y si era negro, mulato, mestizo u otro mixto, cien azotes que se le darían por las calles públicas; señaló especialmente la dotación de cada fundo, que debía tomarse en dos períodos, concluido cada turno, concediéndoles además una paja de

8. El promedio de descarga mensual del río Chicama, calculado en un lapso de 10 años, 1948-1957, se ve en el siguiente cuadro: (cifras en millones de metros cúbicos)

Enero	68,6	Mayo	61,2	Septiembre	8,8
Febrero	122,7	Junio	26,6	Octubre	13,0
Marzo	236,1	Julio	17,5	Noviembre	16,3
Abril	185,1	Agosto	11,7	Diciembre	15,7

Fuente: Robinson 1964: 168.

9. En los tiempos precolombinos es probable que las regulaciones para el uso del agua fueran comunes.

10. El título del Código de 1699 era *El Código de Aguas o de la Repartición de las Aguas de esta Ciudad y Valle de su Provincia que Reglamente el Uso, el Derecho y el Beneficio de las Aguas de los Ríos Santa Catalina, Moche, Virú, Chicama y Jequetepeque.*

agua en los días en que no les correspondiera su dotación, para que la gente y los ganados tuvieran de que beber y para que se pudieran extinguir los incendios. Finalmente, dictó reglas para la limpia y reparos de las acequias.[11]

Sin alteraciones sustanciales, estas regulaciones tuvieron una vigencia de 200 años.[12] Durante ese tiempo, el Código fue aplicado por los jueces locales, a menudo bajo la influencia de los poderosos terratenientes. Pero como, entonces, la provisión de agua era más que suficiente para cubrir las necesidades de riego, los intereses de los pequeños propietarios no se veían comprometidos y, en general, prevalecía la armonía. Sin embargo, la brusca aparición del cultivo de la caña, que para su crecimiento adecuado precisa el triple de agua, alteró la relación existente, dando paso a una severa escasez. La consecuencia fue que la administración del agua en la última década del siglo XIX estuvo en manos de los emergentes barones del azúcar, favoreciendo cada vez más los intereses de los grandes terratenientes en perjuicio de los pequeños agricultores.

Los hacendados se valían de diversas formas de coacción económica, incluso del franco soborno, para asegurarse que sus reclamos fueran aceptados por la administración de aguas del valle. En tal sistema, los terratenientes medianos y pequeños se encontraban impotentes para defender sus propios derechos de riego. Aunque Enrique de Guimaraes, juez privativo de Aguas de la provincia de Trujillo, de 1900 a 1906, no llegó a acusar específicamente a los plantadores de caña de manejar el riego en su beneficio, lo dio, sin embargo, a entender al escribir lo siguiente:

> Cuando me hice cargo de la judicatura de aguas de esta Provincia, encontré que el servicio de administración y vigilancia de los derechos de regadío se hacía por empleados particulares, dependientes del Juzgado;

---

11. Patrón 1901: 24-25.

12. Los intentos realizados en 1841, 1855-1856, 1866 y 1870 para estructurar un nuevo código general de aguas o para revisar el Código Saavedra quedaron sin efecto. Un excelente resumen de dichos intentos se encuentra en la introducción de la obra de Patrón (1901: 25-30).

> pero rentados por los agricultores, lo que como es lógico suponer, les quitaba toda independencia en el desempeño de sus funciones, pues se encontraban cohibidos para denunciar los abusos de los regantes, quienes en caso de suceder tal cosa, los privaban de la renta mensual que les pagaban, no considerando ésta como el abono de un servicio, sino más bien un regalo que les hacían.[13]

Un típico ejemplo del género de disputa sobre aguas, como resultado de tan injusta situación, ocurrió en la hacienda Cartavio en 1886. Ese año, el conflicto estalló entre el administrador de Cartavio y los comuneros de Santiago de Cao por el uso de las fuentes de agua locales. Parece que el administrador trataba de impedir violentamente que los comuneros regaran sus tierras con la tradicional fuente de agua. Antes de que la querella se hiciera sangrienta se la llevó ante el prefecto del departamento, quien, finalmente, resolvió el conflicto multando ostensiblemente a Cartavio por el intento de violación de los derechos de agua de Santiago.[14] No se sabe si Cartavio pagó o no la multa o, lo que es aun más importante, si dejó de abusar de los derechos de los comuneros, aunque esto último es muy poco probable.

La ausencia de un código nacional de aguas y la creciente tensión sobre sus reservas, causada por la expansión general de la producción de azúcar y arroz en toda la costa, obligaron finalmente al gobierno central a examinar el problema de su administración en la región, ignorado durante largo tiempo. Gracias a la iniciativa del Dr. Eleodoro Romero, profesor y antiguo decano de la Facultad de Derecho de San Marcos, nombrado ministro de Justicia en 1899, se formó una comisión compuesta por los grandes terratenientes y varios abogados prominentes a fin de estructurar un código nacional de aguas. Un

---

13. *Memoria presentada al supremo gobierno por el juez privativo de Aguas de la provincia de Trujillo, Dr. D. Enrique de Guimaraes, correspondiente al año 1905,* 1906, pp. 8-9. De aquí en adelante la mencionaremos como la *Memoria Guimaraes* (en Mella 1903).

14. Es probable que nunca se pagara la multa y que Cartavio continuara usurpando los derechos de agua de la comunidad. *Expediente promovido ante la prefectura del departamento de La Libertad sobre administración de las aguas del común de Santiago de Cao,* Trujillo 21 de septiembre de 1866.

año después, la comisión presentó sus recomendaciones, que en buena parte procedían del Código Español de 1879.[15] Después de sufrir varias revisiones del Congreso, dominado por los intereses de los grandes propietarios, el código propuesto fue aprobado en 1902.[16]

La parte del código que directamente concierne a nuestro estudio estableció un sistema administrativo de manejo un tanto difícil en lo que concierne a los principales valles fluviales. El eje del sistema fue la creación de comunidades locales de regantes, compuestas por no menos de tres terratenientes de la región. Cada distrito (el valle de Chicama eventualmente tuvo cinco) elegía un administrador de aguas de carácter permanente, cuya función consistía en vigilar que en su jurisdicción se cumplieran adecuadamente las ordenanzas locales y nacionales. Además, la comunidad elegía un comité ejecutivo de tres personas o sindicato regional, cuya tarea consistía en supervisar el trabajo del administrador, así como infligir penas a quienes en el distrito violaran las leyes de aguas. Las disputas legales generalmente se resolvían en el juzgado más próximo, donde un juez especializado, el juez privativo de Aguas, o un juez regular, en ambos casos nombrados por el gobierno, oía y juzgaba los casos comprendidos en los derechos de aguas.[17]

Aunque el nuevo sistema estableció una estructura administrativa mejor definida, de ningún modo evitó que los anteriores abusos se dejaran de cometer. Esto se debió al hecho de que los grandes terratenientes podían controlar legalmente el aparato administrativo porque la elección del administrador y de los miembros del sindicato regional se realizaba de acuerdo con la cantidad de riegos asignada

---

15. Véanse las comparaciones entre el nuevo código y el Código Español en Pasapera 1902: 13-124.

16. Nicolini 1919: 30-31.

17. Un texto completo del código de 1902, así como de decretos posteriores que afectan su cumplimiento se encuentra en De Vivanco (1913: 315-540), véanse, particularmente, las pp. 373-388 y 397-406, sobre las funciones de la Comunidad de Regantes. La Comunidad de Regantes también estaba facultada para revisar y crear nuevas ordenanzas locales, que debían ser aprobadas por el Ministerio de Fomento en Lima. Así se dispusieron las variantes locales, tan importantes en cualquier código general de aguas (véase el artículo n.° 232 del Código, p. 374).

a la extensión de tierra cultivada por cada propietario del distrito. Por eso, los grandes propietarios, con más votos a su disposición, generalmente podían controlar la elección de esas autoridades y, por consiguiente, manejar la administración del agua conforme a sus intereses particulares.[18] En 1904, por ejemplo, en el valle de Chicama, los presidentes de los distritos de agua de Magdalena de Cao y Paiján fueron nada menos que Víctor Larco y Alfredo Gildemeister, los dos hacendados más importantes de la región.[19]

Al comentar las injusticias de la nueva ley y, particularmente, el artículo n.° 235 que establece el procedimiento para la votación, Gustavo de la Torre, un terrateniente mediano que en varias ocasiones se enfrentó a los poderosos intereses de los Larco sobre cuestiones de derechos de agua y que muchas veces defendió los intereses de los pequeños propietarios del valle, escribe lo siguiente:

> A nadie se le oculta que la disposición anotada (Artículo 235), tiende a consagrar el predominio de los agricultores en grandes escalas sobre los que trabajan en pequeño; predominio que existe notoriamente en los valles de esta provincia, y que, se traduce no sólo en injusticia de la ley, sino en perjuicio positivo e irremediable, por ahora, para los pequeños agricultores. Aquí, donde el monopolio del terreno se extiende día a día, son pues, los grandes los que, en buena cuenta, tienen en sus manos los intereses de los que, si son menos en el orden de la agricultura, como aquellos, tienen las mismas garantías para sus derechos. El modo de computar los votos establecidos por la legislación vigente, es, pues, un arma con la que en nombre de la ley, se ahoga todo esfuerzo, toda iniciativa de los pequeños regantes, si acaso no se conforman con los intereses de los poderosos.[20]

---

18. El artículo n.° 235 señala los procedimientos de votación (Ibíd., p. 375).
19. *Memoria de Guimaraes*: anexo 6, en Mella 1903.
20. Gustavo de la Torre, Trujillo, a Alfredo A. Pinillos, Presidente, Trujillo, 3 de marzo de 1909, carta firmada, 2 pp. *Archivo de correspondencia de la Cámara de Comercio, Agricultura e Industria del Departamento de La Libertad,* Trujillo. De aquí en adelante lo mencionaremos como *Archivo de la Cámara.*

De la Torre, que escribió lo anterior en una carta dirigida a la Cámara de Comercio, Agricultura e Industria del departamento de La Libertad, rogó a este organismo que usara su influencia para tratar de cambiar las iniquidades de la ley.

Una denuncia similar de las injusticias del Código de 1902 la hizo, años más tarde, uno de los participantes en el Congreso de Irrigación y Colonización que se reunió en Lambayeque. Después de afirmar que la comunidad de regantes era controlada por los grandes terratenientes, por ser quienes designaban a los administradores y a los miembros de los sindicatos regionales, y quienes formulaban las ordenanzas locales que gobernaban el riego, sostuvo lo siguiente:

> Cabe suponer que estos administradores, sindicatos y estas ordenanzas, no administraban, ni respetaban, ni constituían los intereses colectivos de las comunidades, sino los intereses individuales de los grandes porcionistas de tierras.[21]

La posición del pequeño agricultor, también señalada en el nuevo código, era igualmente impotente y no le permitía esperar una administración justa y equitativa de los derechos de riego, por lo que en muchos casos recurrió a la violencia. Parece que con mucha frecuencia, y en diversas partes del país, las autoridades encargadas del sistema de administración de aguas sufrieron ataques armados de parte de los agricultores agraviados. Es evidente que, algunas veces, tales ataques fueron lo bastante severos como para que las autoridades locales solicitaran del gobierno nacional el envío de tropas especiales a fin de sofocar los disturbios.[22]

Al tener en sus manos todo el aparato de la administración de aguas, los grandes hacendados se aseguraron los riegos necesarios para sus campos de caña, que no dejaban de extenderse. Particularmente, en los periodos de escasez, ejercían el control en su beneficio,

---

21. Mesones 1929: 754.
22. Ulloa 1914: 57. Ronald M. J. Gordon, inglés que en 1907 llegó al Perú a trabajar para la British Sugar Estates en Nepeña, me contó que los conflictos por derechos de agua muchas veces degeneraban en luchas armadas (entrevista del 14 de abril de 1967).

al obtener impunemente del río Chicama más agua de la que la ley permitía, e impedir, prácticamente, a los pequeños agricultores agrupados alrededor de los pueblos del valle, la posibilidad de regar. Un ejemplo típico de esta situación fue registrado por un ingeniero del gobierno que investigaba las condiciones del valle en los años secos de 1906-1907. Expuso lo siguiente:

> La comunidad de Santiago de Cao se queja de que mientras ella se sujeta a mita en época de escasez, las haciendas, que reciben agua del puquio mantienen sus derechos como permanentes; dejo constancia de este hecho.

Incluso registra los efectos desastrosos de este abuso sobre los agricultores del pueblo en la siguiente forma:

> El cultivo predilecto de Santiago de Cao es el trigo de Egipto, que produce muy bien; también se cultiva cebada y se ha llegado a cultivar hasta 30 fanegadas de caña que se molían en la hacienda de Cartavio, hoy están perdidas. La escasez del agua del puquio hace de Santiago un pueblo pobre y decadente. Por sus construcciones hoy en ruinas, se ve que fue próspero y gozó de holgura.[23]

Como las plantaciones de caña de azúcar continuaban expandiéndose, la posición de los pequeños propietarios se fue haciendo insostenible. Incapaces de resistir la pérdida de una cosecha por más de una o dos estaciones, porque carecían de ahorros o por la dificultad de conseguir préstamos,[24] los pequeños campesinos gradualmente se

---

23. Venturo 1908: 25.

24. Esta cuestión de los créditos a los pequeños propietarios es interesante, aunque la información de que se dispone es muy limitada. Mariátegui afirma que los pequeños propietarios encontraban muy difícil, cuando no imposible, obtener crédito a menos que aceptaran dedicar sus tierras a la producción de cultivos rentables como el algodón o la caña. Atribuye esta situación al hecho de que las instituciones financieras del país se encontraban principalmente en manos de intereses extranjeros que buscaban que el Perú se concentrara en la producción de cultivos de exportación lucrativa (Mariátegui 1965: 83). Podría añadirse que, probablemente, las tasas de interés eran prohibitivas para el pequeño agricultor, que trabajaba con un presupuesto sumamente limitado.

vieron obligados a abandonar sus tierras, casi siempre vendiéndolas a los hacendados ansiosos de obtener sus lotes, no tanto por aumentar sus tierras para el cultivo de caña, sino por los derechos de riego que representaban. Sin embargo, algunos agricultores fueron capaces de resistir más tiempo y en ese caso los hacendados recurrieron a medios más directos para ganar el control de la tierra. Era común, por ejemplo, que el terrateniente iniciara una reclamación legal ante el juzgado local, pretendiendo que el agricultor no poseía título legal de la tierra que trabajaba. En muchas ocasiones esto era cierto, porque los viejos títulos que habían pertenecido a las comunidades indígenas no habían pasado oficialmente a los comuneros que trabajaban las tierras. Así, aun cuando la tierra en cuestión hubiera sido probablemente cultivada durante generaciones por la familia del agricultor, la ausencia de un título específico de propiedad determinaba que su caso fuera insostenible ante el juzgado. Para empeorar las cosas, utilizando un hábil abogado, el hacendado podía presentar al juzgado un expediente mejor que el del indefenso agricultor. Por último, si esto no era suficiente para apropiarse del control de la tierra, el hacendado podía —como muchas veces lo hizo— recurrir a la común práctica de sobornar al juez local para conseguir una decisión que le fuera favorable.[25]

Los hacendados, igualmente, consiguieron controlar las tierras de las municipalidades, con el consiguiente perjuicio para los pequeños agricultores. Estas tierras habían formado parte de las viejas comunidades de indígenas, pero después de su desintegración en el siglo XIX pasaron a manos de los municipios. En esa condición se alquilaban en pequeñas parcelas a los campesinos de la zona. Cuando los hacendados comenzaron a expandirse no encontraron ninguna dificultad en comprarlas, y como al comenzar el siglo XX su creciente poder económico se había volcado a la arena política ejercían

25. Entrevista con Luis Cáceres Aguilar en Lima, el 10 de junio de 1967. Cáceres nació en Santiago de Cao, en 1908, de una familia de pequeños agricultores. Cuando la entrevista, Cáceres era diputado aprista por el departamento de La Libertad. Este proceso también está descrito en un cuento corto titulado "Latifundio" (Gutiérrez 1944: 58-61).

una influencia considerable sobre las autoridades municipales. Así, muchos pequeños agricultores que durante generaciones habían cultivado suelos municipales que alquilaban se vieron obligados a abandonar las tierras que consideraban suyas.[26]

Durante el primer tercio del siglo XX, bajo la coyuntura de las periódicas sequías y la inexorable expansión de la caña de azúcar, este proceso de absorción de la pequeña propiedad continuó su desarrollo. Los dos diarios más importantes del valle, *La Razón*, de orientación liberal, y *La Industria*, más conservador, recordaban y lamentaban la desaparición de los pequeños agricultores de la región. Por ejemplo, en 1913, un editorial del primero exhortaba a los pequeños agricultores a conformar una organización agrícola que protegiera sus intereses, al mismo tiempo que deploraba el hecho de que "los antiguos pueblos del valle de Chicama desaparecen a pares, sacrificados a la insaciable sed de agua y oro de los inmensos pulpos cañaveleros...".[27] En tono similar, *La Industria*, en un editorial en el que solicitaba al gobierno la imposición de contribuciones a la industria azucarera, afirmaba:

> Habría que añadir que para ellos (los azucareros) se elaboró hasta un código de aguas que les permite controlar a los pequeños agricultores y obligarles a desprenderse de sus propiedades o entregarse maniatados a los sindicatos de agua de los que ellos son siempre los que deciden y determinan la acción de los que mandan. A la vista tenemos los hechos. Nuestros valles de Chicama y Santa Catalina hoy en poder de unos cuantos afortunados se hallan colocados en condiciones de imponer la ley, y mientras ellos, los grandes industriales, han progresado rápidamente, los pueblos que rodean esos centros están desapareciendo paulatinamente, pudiendo ya decirse que son en la actualidad pequeñas dependencias, de insignificante importancia, a su servicio.[28]

---

26. Entrevista con Cáceres.

27. *La Razón*, Trujillo, 13 de junio de 1913.

28. *La Industria*, Trujillo, 21 de agosto de 1915. Para mayores pruebas de este proceso de absorción véanse las siguientes referencias, que representan solo una pequeña porción de las cartas y artículos que tratan de este problema: *La Industria*, 8 de marzo de 1909 y 3 de abril de 1912; Presidente del Sindicato de Poroto y

Por otra parte, el *boom* del azúcar de la Primera Guerra Mundial aceleró violentamente la desaparición del pequeño agricultor. Incluso Trujillo, la capital departamental, no dejó de sufrir este proceso de absorción. En un artículo titulado "La caña invade Trujillo" el editorialista de *El Norte,* el sucesor de *La Razón,* de orientación reformista, escribió que a causa de los fabulosos beneficios obtenidos durante la guerra, "los pequeños agricultores que se dedicaban a sementeras de panllevar ahora son despojados de sus mínimas parcelas de terreno... y el latifundio tiende sus tentáculos ávidos al corazón mismo de la ciudad...".[29]

Aparentemente, la protesta levantada por algunos periódicos, tanto locales como nacionales, contra la absorción de los pequeños propietarios propició algunos intentos de reforma al Código de 1902. Por ejemplo, en 1918 se aprobó una ley en la que la administración del agua se retiraba completamente de los locales de la comunidad de regantes y se ponía en manos de unas comisiones técnicas de irrigación, recientemente creadas, integradas por ingenieros nombrados por el gobierno.[30] Sin embargo, no hay evidencia de que este cambio, de una administración descentralizada a otra centralizada, eliminara los abusos de los poderosos intereses de los terratenientes locales y produjera una administración del riego más justa e imparcial. Por eso, una autoridad agraria escribió que, en la práctica, la nueva ley cambió muy poco y que el "espíritu" del Código de 1902 se conservó ampliamente en casi todos los valles costeños.[31] A pesar de la nueva ley, en la década de los años veinte continuó el proceso de absorción de los pequeños agricultores.

Pedregal, Trujillo, al Presidente de la Cámara de Trujillo, carta firmada del 17 de enero de 1912, 3 pp., *Archivo de la Cámara,* Trujillo; *La Razón,* 18 de octubre de 1912; *El Derecho Obrero,* Trujillo, 1 de febrero de 1920; de E. Espejo, Trujillo, al Presidente de la Cámara de Trujillo, 18 de diciembre de 1917, carta firmada, 2 pp., *Archivo de la Cámara;* y *El Norte,* 2 de junio de 1923.

29. Ibíd., 25 de octubre de 1924.

30. Véase Nicolini 1919: 39-41.

31. Seoane 1963: 147. Véase también Nicolini 1919: 61 y 64, donde el autor cita dos críticas a la nueva ley. Ambos dicen que continuaba socavando la posición de los pequeños agricultores.

Si bien Leguía no se preocupó directamente de preservar la existencia de los pequeños agricultores de la región, en la década de 1920 hizo algunos esfuerzos para detener la desaparición total de las disminuidas comunidades indígenas. Ansioso por lograr el respaldo político de un influyente grupo de intelectuales indigenistas, que desde tiempo atrás venían expresando su viva preocupación por dicha causa, Leguía invirtió la política de los gobiernos anteriores y dispuso ciertas medidas específicas para una efectiva protección de sus intereses. Así, en la Constitución de 1920 se incluyeron varios postulados pro indígenas, entre los que se incluía el reconocimiento legal de la comunidad de indígenas, situación ignorada por el Estado desde la Independencia. La Constitución señaló, además, que a partir de entonces estas y su patrimonio eran parte inalienable del dominio del Estado.[32]

Poco tiempo después de su promulgación, Leguía formuló una serie de leyes destinadas a implementar el espíritu de la nueva Constitución. Así, en 1921, se estableció la Dirección de Asuntos Indígenas en el Ministerio de Fomento y Obras Públicas, y un año después empezó a funcionar el Patronato de la Raza Indígena, presidido por el Arzobispo de Lima. El Patronato, subdividido en una serie de comités provinciales, tenía como función disminuir los litigios de tierras entre haciendas y comunidades indígenas vecinas. Tales disputas, tradicionalmente habían sido resueltas por los jueces locales, quienes generalmente se parcializaban con los grandes terratenientes. En 1925, en un esfuerzo adicional para impedir la desintegración de las comunidades, el gobierno ordenó que ingenieros del Ministerio de Fomento y Obras Públicas, bajo la supervisión de los comités locales del Patronato de la Raza Indígena registraran y reconocieran todas las comunidades indígenas existentes en el país. Sin embargo, hacia 1923 resultó evidente que Leguía, finalmente comprometido con los grandes terratenientes del país, no tenía intención alguna de reforzar o estimular, a su costo, ninguna política pro indígena. Este hecho condujo a una derrota en gran escala de los hasta entonces miembros del régimen, los jóvenes defensores del indigenismo, J. A.

---

32. Al respecto, véase el artículo 58.° de la Constitución de 1920.

Encinas, Hildebrando Castro Pozo y Alberto Solís, quienes fueron encarcelados o deportados por su abierta oposición al régimen.[33]

En lo que siguió del "oncenio" se aceleró la destrucción de las comunidades indígenas, con su clase de pequeños propietarios, no solo en la costa, donde el algodón y el azúcar significaban crecientes beneficios gracias a su exportación, sino también en la sierra. José María Arguedas ha descrito vívidamente cómo en este periodo, Puquio, comunidad indígena de Ayacucho, tuvo que luchar por su supervivencia. Muestra cómo muchas comunidades de la sierra sur eran víctimas de los hacendados vecinos, quienes frente a la creciente demanda urbana y las lucrativas ganancias que significaba la venta de carne de res, cueros y otros productos vacunos usurpaban y cercaban tierras comunales con el objeto de expandir sus operaciones ganaderas. En la provincia de Azángaro, departamento de Puno, entre 1921-1923, este despojo encendió la chispa de varias rebeliones indígenas.

Desgraciadamente, por falta de estadísticas adecuadas, no se dispone de cifras sobre el número exacto de pequeños propietarios que dejaron de serlo durante las tres primeras décadas del siglo. Sin embargo, Claude Collin-Delavaud, investigador francés que trabajó en este problema, para las décadas de 1940-1970 estima que fueron aproximadamente 2.500 familias del departamento de La Libertad las que fueron desposeídas de sus tierras.[34] Si se considera el extenso despoblamiento de los pueblos a comienzos de siglo, así como el alcance de la consolidación de la tierra, parece razonable concluir que entre 1890 y 1930 no menos y tal vez más de 5.000 familias fueron desarraigadas de sus tierras.

---

33. Un buen examen de los programas indígenas de Leguía se encuentra en Chevalier 1970: 186-192.

34. Collin-Delavaud 1964: 276. La usurpación de tierras comunales por parte de las haciendas, tal como indica Collin Delavaud, ha continuado hasta el presente en diferentes grados (véase Gillin 1945: 5-72 ss.). José Sabogal W., autor de un estudio similar en la comunidad de Santiago de Cao, cercana a Trujillo, relata las persistentes luchas de esta comunidad, incluso en épocas recientes, con su gigante vecina, la hacienda Cartavio (comunicación personal, Lima, 20 de febrero de 1967).

Si incluyéramos el número de yanaconas o partidarios que en este periodo también fueron separados de las tierras, estas cifras tendrían que ser revisadas y fuertemente elevadas. Aunque se carece de datos sobre el alcance del yanaconaje en esa región, parece que los hacendados lo utilizaban ampliamente como una forma de trabajar la tierra.[35] Tal sistema contó siempre con la aceptación de los propietarios, especialmente de la sierra, quienes por falta de capital —entre otras causas— preferían emplear la forma más barata (e ineficiente) de explotación del suelo. Así, además del peonaje o sistema de braceros, el yanaconaje probablemente fue usado por muchos de los hacendados tradicionales de la región, particularmente cuando escaseaban la mano de obra y el capital, en especial durante e inmediatamente después de la Guerra del Pacífico.

Sin embargo, a medida que en la región avanzaba el proceso de mecanización y de modernización, entre 1890 y 1930, tal sistema se hacía cada vez más anacrónico. Se conservaban vestigios en las nuevas compañías azucareras en las áreas menos productivas, poco adecuadas para el cultivo de la caña.[36] Pero donde fundamentalmente había existido la aparcería, esta desapareció gradualmente.

Este proceso de desposeimiento, que se desarrolló durante las primeras décadas del siglo XX, dio por resultado un caso clásico de proletarización general de un sector que había sido terrateniente o semiterrateniente en la sociedad de la costa norte. Al verse privados de sus tierras, tanto los pequeños agricultores como los yanaconas se vieron obligados a buscar trabajo en las grandes haciendas azucareras del área. De agricultores independientes o semiindependientes cayeron en las filas miserables de los braceros azucareros, como fue el caso de los yanaconas, o bien se convirtieron en empleados o en jornaleros calificados, irónicamente dependientes de quienes habían usurpado sus tierras. Llenos de resentimiento contra tales compañías, finalmente contribuyeron a la creación de un clima social explosivo en toda la región.

---

35. Véase Alcántara 1949: 42-70. Solomon Miller, en su estudio sobre la hacienda Laredo, cerca de Trujillo, afirma que en el último tercio del siglo XX todavía se alquilaba a pequeños partidarios 3.000 de los 7.800 acres cultivables (1967: 193).

36. Miller 1967: 193.

CAPÍTULO 4

Decadencia urbana y crisis comercial

Al mismo tiempo que el sistema de hacienda continuaba expandiéndose a lo largo de la costa norte, en detrimento de los pequeños agricultores y parcelarios, aparecían también señales de efectos adversos en la vida urbana de la región. El tradicional latifundio de Latinoamérica ha sido de naturaleza esencialmente antiurbana. Su tendencia a constituir una comunidad totalmente autosuficiente, que permitía la satisfacción de la mayoría de las necesidades físicas y aun espirituales, muchas veces ha retardado el crecimiento urbano. En gran parte, este fue el caso de la costa norte peruana a comienzos del siglo XIX. Las ciudades y los pueblos eran pequeños, y su importancia relativa poca; entonces la vida se centraba, principalmente, en las haciendas todavía pequeñas y económicamente autosuficientes.

Sin embargo, el surgimiento de la moderna hacienda azucarera tendió a estimular la vida urbana a lo largo del nuevo cinturón costeño azucarero, de Trujillo a Chiclayo. Sin la preocupación de mantener una unidad económica más o menos completa, y como reacción a la demanda europea, los hacendados y nuevos empresarios comenzaron, en forma creciente, a convertir en campos de caña toda la tierra cultivable. Con la subsiguiente emergencia de una economía monocultora, la industria y el comercio se expandieron rápidamente para llenar las necesidades del complejo desarrollo que era la plantación. Poco después, los centros urbanos de toda la costa comenzaban a vibrar con la actividad económica y surgió una nueva clase pequeñoburguesa.

Sin embargo, la interrelación entre pueblo y hacienda fue de vida relativamente corta. En las primeras décadas del siglo XX, el proceso de modernización de las haciendas del área entró en una nueva fase de carácter corporativo, que interfirió con el desarrollo de la estructura urbana de los años anteriores. Sidney Mintz, comentando la experiencia cubana de principios esa época, ha escrito:

> [...] que la hacienda (o latifundio) es una fuerza urbanizadora. Como tal urbaniza al mismo tiempo que proletariza. Al crear pueblos, apropiándose de grandes áreas en las que debe concentrarse densamente la población rural, al mejorar el transporte y comunicaciones, al uniformar los medios de trabajo, al establecer tiendas de la compañía, el latifundio hace todo lo posible por crear una infraestructura fabril, si bien de carácter rural.[1]

Mintz podría haber añadido que la naturaleza competitiva de la plantación pudo enfrentarse al pueblo gracias a su desarrollada estructura corporativa. La meta de la empresa era la total integración vertical, la eliminación en sus operaciones de cualquier tipo de intermediarios para así lograr la real consolidación del sistema. De acuerdo con esta concepción, la ciudad o pueblo adyacente devenía en una entidad superflua a la hacienda, que asumió, como lo sugiere Mintz, todas las funciones anteriormente reservadas al pueblo.

En la región de Trujillo, muy pronto, Casa Grande se convirtió en el principal exponente de este diseño. La compañía, cuya casa matriz tenía sede en Alemania, en su propósito de lograr la integración vertical, a partir de la segunda década del siglo XX comenzó a controlar todos los aspectos de la producción de azúcar, desde la siembra de la caña hasta la comercialización.[2] Pero la integración vertical no se detuvo aquí. También comprendió el desarrollo de empresas subsidiarias, destinadas a proveer a bajo costo los alimentos y bienes de

---

1. Mintz 1966: 182.
2. Véase capítulo 1.

consumo necesarios para los trabajadores de la hacienda. De esta manera, Casa Grande adquirió numerosas propiedades en las provincias serranas vecinas y procedió a modernizar su producción para poder satisfacer, a bajo costo, la demanda de alimentos. Igualmente, la compañía presionó al gobierno para que le otorgara en concesión el cercano puerto de Malabrigo, a fin de facilitar no solo la exportación del azúcar sino también para la importación directa de diversos artículos de consumo que vendería a sus trabajadores. En 1915, los Gildemeister obtuvieron esta concesión y empezaron a importar grandes cantidades de mercadería para abastecer la recién constituida "mercantil" de la compañía. Esta nueva política, unida a los sofocantes efectos de expandir la caña de azúcar en las áreas de panllevar de los demás pueblos de la región, en la década siguiente mutiló la vida urbana del área.

Durante la década de 1860, el *boom* de la industria azucarera estimuló el crecimiento y la actividad económica de todos los pueblos de la región. Dos de los más importantes fueron Trujillo y Ascope, ubicados en el extremo noreste del valle. En la década de 1850, Ascope era nada más que un tambo para las recuas de mulas que unían la sierra central de La Libertad y escondite conocido de los bandidos de la región. Sin embargo, su importante ubicación geográfica, en el camino principal que comunicaba la costa con la sierra, pronto favoreció su desarrollo como centro mercantil de considerable importancia.[3] Cuando Raimondi visitó el pueblo, en 1868, su vida comercial mostraba un giro muy favorable. El viajero italiano apreció que, comercialmente, Ascope progresaba a pasos gigantescos y que gran cantidad de nuevas tiendas experimentaban gran auge por su comercio, tanto con los valles de la costa como con la sierra.[4]

Pocos años más tarde, en 1873, su floreciente actividad mercantil explicaba el establecimiento de un banco (Banco de Ascope), uno de los pocos del puñado que entonces operaban en las provincias de la nación.[5]

---

3. Pacheco 1922b.
4. Dávalos y Lisson 1919-1926: I, 190.
5. Camprubí 1957: 101.

Aunque los efectos de la Guerra del Pacífico temporalmente detuvieron el progreso económico de Ascope, aparentemente, el pueblo rescató su anterior prosperidad con la recuperación de la industria azucarera en los últimos años del siglo.[6] En 1900, Ascope fue elevado a capital distrital y el Congreso oficialmente le dio la categoría de ciudad.[7] La llegada de gran número de inmigrantes indígenas para trabajar en los campos de caña del valle, aparejada con un agudo incremento de la cantidad de efectivo en circulación, procedente de la industria azucarera, significó un fuerte estímulo para el desarrollo comercial del área. No solo los enganchadores abastecían sus tambos con la mercadería de Ascope y otros pueblos del valle, sino que creció el número de ambulantes que se proveían en estos pueblos y tenían su clientela en las haciendas.

También los hacendados dependían de estas casas importadoras para suplirse de los materiales necesarios para sus negocios en constante expansión y satisfacer las necesidades de sus opulentas casas.

Sin embargo, de mayor importancia comercial que Ascope era Trujillo, situada en el vecino valle de Santa Catalina. Trujillo, tradicionalmente, constituía el centro de la vida cultural y comercial de los tres grandes valles de la región, así como de las provincias serranas. Con el surgimiento de la industria azucarera, a fines de la década de 1860, la economía y prestigio de la capital departamental se incrementó considerablemente. A través del cercano puerto de Salaverry, que en los años setenta reemplazó al de Malabrigo, situado más al norte, por contar con las mayores facilidades portuarias del departamento, llegaban casi todos los productos manufacturados que consumía la creciente población del área.[8] Los productos de manufactura nacional casi no existían, y las preferencias de Trujillo y de la sociedad que la rodeaba, diseñada como estaba por una aristocracia

---

6. Haya 1921.

7. Pacheco 1922b.

8. *Memorial que presenta el sindicato de la "Empresa del Muelle y Ferrocarril del valle de Chicama"* (en Mella 1917: 11). De aquí en adelante será citado como el *Memorial Malabrigo*. En 1875, se construyó una vía férrea conectando Salaverry con Trujillo y Ascope (Garland 1906: 24).

de hacendados de orientación europea, se inclinaba por el consumo de artículos importados. Entonces, como ahora, el prestigio y estatus, aunque se tratara de una humilde sirvienta mestiza que imitaba a la esposa del hacendado o de un capataz de Casa Grande, en la jerarquía de clases de la región, estaban reservados para quienes adquirían y exhibían toda suerte de productos europeos en las calles de Trujillo o en los pueblos y ciudades de los alrededores.

La principal beneficiaria de tal psicología era la clase comerciante que, a comienzos de siglo, había crecido considerablemente en volumen e importancia.[9] Con un mercado seguro para los productos importados, los comerciantes de Trujillo vendían fácilmente sus mercaderías no solo en la misma ciudad, sino también a los impacientes comerciantes de los pueblos vecinos y a los hacendados, vendedores ambulantes y enganchadores. La gran prosperidad de los importadores decidió que fueran comunes los matrimonios entre estos y los miembros de la antigua aristocracia regional. Tal es el caso, por ejemplo, de la unión de la familia Hoyle, propietaria de una poderosa casa importadora de Trujillo, con la familia Larco, que a comienzos de siglo había sido aceptada por la élite social de esa ciudad. Tales alianzas, posteriormente, demostraron su importancia, cuando los hacendados y la clase comerciante unieron sus fuerzas contra la expansión de Casa Grande.

El firme progreso comercial de la región, estrechamente ligado al crecimiento económico de la industria azucarera, continuó regularmente hasta comienzos de la Primera Guerra Mundial. Salvo un breve receso a comienzos del siglo, la industria prosiguió el crecimiento seguro iniciado en la década de 1890.[10] Además, una población en aumento, debido principalmente a la continua y fuerte migración procedente de la sierra, produjo un incremento persistente en la demanda de mercaderías. Al respecto, las cifras del censo son reveladoras. Reflejan el número creciente de trabajadores azucareros en las plantaciones del área, donde distritos como los de Chicama, Chocope y Paiján, por ejemplo, entre el censo oficial de 1876 y las

9. *La Industria*, 1 de enero de 1919.

10. Véase capítulo 2.

estimaciones de 1916 duplican largamente su población, a la vez que los pueblos de Ascope, Chicama y Trujillo exhiben un similar crecimiento de sus habitantes.[11] Dicho crecimiento es espectacular si se considera que ocurrió probablemente entre los años 1890 y 1916, cuando la migración de la sierra fue más fuerte,[12] y no durante la década de 1980, en que la guerra con Chile asoló la región.

Con el estallido de la Primera Guerra Mundial, la actividad comercial de la zona recibió un extraordinario impulso. Un alza considerable en la demanda extranjera del azúcar anunció una nueva "edad dorada" a los hacendados de la zona.[13] Se volvió a originar una gran demanda de braceros a causa de la veloz expansión de la industria, con el consecuente crecimiento de la población y el concomitante estímulo de la producción y el comercio en todos los valles de los departamentos costeños.

Mientras duró la guerra, Trujillo, en particular, experimentó un rápido crecimiento mercantil, que contribuyó a reforzar su posición como el centro comercial más próspero de la región. Juan Armas, hijo de un acaudalado comerciante del Trujillo de esa época, describe así la vibrante actividad de la capital del departamento:

> El volumen de los negocios era considerable entonces y se contaban hasta una docena de casas mayoristas de gran prestigio y solvencia, gran parte de las cuales eran a la vez firmas bancarias depositarias del crédito departamental. Trujillo contaba en esa época con un mercado

---

11. Durante esos años, la población del distrito de Chicama subió de 1.953 a 5.000, la de Chocope de 2.554 a 6.000 y la de Paiján de 2.944 a 6.000. Las cifras de 1876 se toman del censo oficial de ese año, tal como se registran en el *Censo general de la República del Perú* (en Ministerio de Hacienda 1876: V, 994-1000; 1001-1009 y 1030-1038, respectivamente). Como el siguiente censo nacional oficial no se volvió a levantar hasta 1940, las cifras de población de 1916 son las estimaciones que ofrece Germán Stiglich (1918: 149, 158-159 y 340, respectivamente). Para los pueblos de Ascope y Chicama, véanse las páginas apropiadas en ambas fuentes. Stiglich no da estimaciones para Trujillo. Sin embargo, la población estimada de Trujillo en 1923 es de 3.000, más del doble que la cifra oficial de 1876, que fue de 10.436 (Armas 1935: 84).

12. Véase capítulo 2.

13. Véase capítulo 1.

> propio de gran consideración, pues era el abastecedor de todas las necesidades de las negociaciones agrícolas de los valles adyacentes. Además tenía completamente monopolizado el mercado de las provincias del interior del departamento y aun el de la provincia de Cajabamba, en el departamento de Cajamarca, y el de Pallasca en el departamento de Ancash... Los grandes establecimientos repartidos en casi toda la extensión de lo que es hoy el jirón Pizarro y en las calles de Gamarra y Bolívar, con sucursales en diversos barrios de la población, utilizaban los servicios de un considerable número de empleados, bien rentados y puntualmente pagados, que proporcionaban un ambiente de bienestar y desahogo a considerable porcentaje de familias de la clase media.[14]

Armas concluye diciendo que, en ese periodo, Trujillo "vivió sus mejores años de prosperidad y apogeo, que se tradujeron en obras de positivo beneficio general y que la colocaron en tal pie que muchos visitantes la calificaron la segunda ciudad del Perú".

Sin embargo, esta prosperidad muy pronto se vio amenazada por una severa dislocación en el patrón comercial de la región, ocasionada, en parte, por la incursión de los intereses azucareros de Gildemeister en el campo de las actividades comerciales. El 21 de julio de 1915, un Decreto Supremo, firmado por el gobierno de Benavides, concedía a la firma germano-peruana el derecho de construir servicios portuarios en el abandonado puerto de Malabrigo, en el valle de Chicama. A pesar de su ambigüedad, el decreto también le concedía la franquicia de importar y exportar mercancías relacionadas con sus intereses industriales a través de dicho puerto. Por último, se le facultó para construir y operar una vía férrea que conectara las instalaciones portuarias de Malabrigo con Casa Grande.[15]

Durante varios años, la empresa, buscando su integración vertical, había pretendido obtener tal concesión del gobierno. Al contar

---

14. Armas 1935: 83. Refiriéndose a la extensa variedad de negocios de algunas casas importadoras de Trujillo, Armas citó dos firmas cuyo radio de actividad se extendía, por el norte, hasta el departamento de Lambayeque, y, por el sur, hasta la provincia de Santa, en el departamento de Áncash.

15. Basadre 1964: VIII 3777.

con ferrocarril y puerto propios, Casa Grande estaba en condiciones de exportar su azúcar a menor precio al que hubiera estado sujeta si continuaba usando los servicios de exportación existentes. Anteriormente, la empresa germano-peruana, al igual que las demás haciendas, transportaba su producción por el único ferrocarril de la zona, que unía el valle con el puerto de Salaverry, a unos 150 km.[16] Las nuevas instalaciones no solo tenían la ventaja de acortar considerablemente esa distancia sino que también caían bajo el completo control de la empresa.

Más aun, la concesión permitía a la firma importar, a precios más bajos, productos manufacturados para abastecer la "mercantil" o bazar de la empresa, que venía a reemplazar los tambos de los "enganchadores". Los directivos de la empresa declararon enfáticamente que era propósito de la "mercantil" eliminar una fuente común de quejas de los trabajadores contra los "enganchadores" a quienes los braceros rechazaban por inescrupulosos.[17] El verdadero propósito de la "mercantil" tuvo un carácter pragmático. La empresa buscaba simplemente aumentar al máximo su eficiencia, mediante una mayor integración vertical, en este caso facilitando a los trabajadores de la hacienda todo tipo de productos, cuya provisión estaba asegurada por las conexiones comerciales de la empresa, tanto en el exterior como en Lima, a la vez que podía importar a un costo mucho más bajo que el de las tradicionales firmas comerciales locales.

Es también muy probable que los Gildemeister tuvieran una motivación secundaria al pretender la concesión. La empresa desplegaba numerosas actividades, a escala nacional e internacional, entre ellas la de importación, con una gran oficina en Lima. Sus directivos bien podrían haber considerado esta concesión como el primer paso para convertir a Casa Grande en un importante centro comercial, que en

---

16. Era un reclamo general en toda la región que la Peruvian Corporation, que por concesión del gobierno operaba el viejo ferrocarril entre Ascope y Salaverry, cobraba tarifas muy elevadas. Un editorial de *La Industria*, del 30 de octubre de 1915, afirmaba que la razón por la que Casa Grande buscaba la concesión del puerto y del ferrocarril era para evitar las "excesivas tarifas" de la Peruvian Corporation.

17. *La Industria*, 22 de abril de 1912.

el ámbito regional cubriría las necesidades de importación y exportación. Si bien este supuesto es difícil de verificar, algunas huellas de su existencia se pueden inferir de un informe publicado por la empresa al defender la concesión de los ataques de sus oponentes. Uno de los puntos establecidos por el autor del opúsculo fue que la concesión, particularmente el punto que autorizaba la construcción del ferrocarril de Malabrigo a Casa Grande, y eventualmente hasta la sierra, daría nuevas posibilidades comerciales a la zona al abrir una región hasta entonces inexplotada.[18] Tal declaración ignoraba el hecho de que Trujillo, tradicionalmente, había mantenido la hegemonía comercial en esa "región inexplorada" y que Casa Grande no pretendía sino desplazar dicho dominio.

La oportunidad de obtener la concesión de Malabrigo, después de varios intentos vanos, se presentó con el ascenso a la presidencia del coronel Óscar R. Benavides en 1914. El nuevo presidente, que había depuesto al gobierno de Billinghurst, pronto se vio en dificultades económicas. En febrero de 1915, los Gildemeister, sopesando las posibles ventajas que se podrían obtener de los apuros del gobierno, le ofrecieron al presidente un préstamo de 44.000 libras esterlinas.[19] Tal préstamo fue aceptado inmediatamente, y, cinco meses después, los Gildemeister obtenían la concesión de Malabrigo.

Una vez obtenida dicha concesión, Casa Grande no perdió tiempo en iniciar la reconstrucción y modernización del puerto. Tan pronto estuvieron listas las instalaciones, la compañía comenzó a importar directamente de Alemania gran volumen de mercaderías para venderlas en el recientemente creado "bazar general" de la hacienda, que reemplazó a los tambos de los enganchadores. Estos productos rápidamente se pusieron en venta a los trabajadores de Casa Grande a precios considerablemente más bajos de los que exhibían los artículos

---

18. *Memorial del Ferrocarril...* (en Mella 1917: 15-16 y 23).

19. Ministerio de Hacienda 1917: 38. Véase también el editorial de *La Prensa,* del 10 de octubre de 1917, así como los comentarios del senador Durand sobre la concesión en la Cámara de Senadores, *Diario de los Debates,* 13 de septiembre de 1917, p. 285. De aquí en adelante citado como *Diario de los Debates* (en Congreso Ordinario 1917).

equivalentes en las tiendas minoristas de la región. En definitiva, los precios más bajos eran posibles porque Casa Grande podía valerse de ventajas comerciales y de su condición de corporación con un alcance que trascendía los límites del territorio peruano. Por lo tanto, la compañía tenía a su disposición ilimitadas facilidades de crédito, acceso directo a los mercados mayoristas alemanes donde realizaba importaciones en gran volumen, una red de transporte propia y también el privilegio de no pagar un impuesto municipal, todo lo cual estaba fuera de las posibilidades de los comerciantes locales. Sin embargo, Casa Grande no se limitó, según los términos de la concesión, a venderle solo a los empleados de la hacienda, sino que abrió sus puertas a todos los consumidores de la región. Poco después, la población de los alrededores, así como los comerciantes de los pueblos de la sierra, estaban enterados de las gangas que se podían conseguir en el bazar, al que acudieron multitudes, y que a fines de 1918 era ya un negocio muy próspero.

Cuando a Trujillo llegaron las noticias del fantástico éxito del bazar de Casa Grande se produjo una alarma inmediata y considerable entre los comerciantes de la ciudad. Obligados a pagar fuertes derechos sobre las mercaderías que ingresaban por el puerto de Salaverry, así como elevadas tarifas de transporte a la Peruvian Corporation,[20] administradora del ferrocarril que comunicaba el puerto con la ciudad, los comerciantes de Trujillo se dieron cuenta que de modo alguno podían competir con las ventajas mercantiles de que disponía Casa Grande. También advirtieron que si no se efectuaba la pronta clausura de los bazares de la compañía la concesión no solo significaría la eliminación del anteriormente lucrativo negocio con la hacienda sino también el colapso colectivo de la hegemonía comercial de la ciudad sobre toda la región. El resultado fue la organización inmediata de una violenta campaña para que se cerrara el bazar.

20. La Peruvian Corporation elevó sustancialmente sus costos de transporte en los años subsiguientes, hecho que pesó duramente sobre los comerciantes trujillanos. Esta alza de tarifas se debió, en parte, a que Casa Grande exportaba directamente su producción de azúcar a través de Malabrigo, privando al ferrocarril de una fuente de ingresos tradicionalmente lucrativa.

Esta campaña, que comenzó en los primeros meses de 1917, fue encabezada por la Cámara de Comercio, Agricultura, e Industria del Departamento de la Libertad. Fundada en 1902 por Eugenio Loyer, un comerciante importante, y Raúl E. Haya, padre del fundador del aprismo, la Cámara había desempeñado un papel muy activo en la vida política y económica de la ciudad y la región en sus 15 años de existencia.[21] Tenía su sede principal en Trujillo y no obstante su supuesto propósito departamental, en su gran mayoría, los miembros de la Cámara procedían de la estructura de poder de esa capital, y la componían los principales comerciantes, así como los hacendados de los valles vecinos.

La salva inicial de la campaña de la Cámara contra el bazar de Casa Grande se produjo a comienzos de enero, al expedir aquella una resolución que expresaba su gran preocupación por la concesión de Malabrigo a Casa Grande y en la que exhortaba a todas las organizaciones de la región a salir en defensa de los vitales intereses económicos de la zona. Esta resolución, que se imprimió y tuvo vasta difusión en todo el departamento, en parte hacía la siguiente denuncia y llamado:

> Teniendo nuestro puerto principal de Salaverry y el de Huanchaco que verifican todo el movimiento de exportación e importación, la creación de otra vía de comunicación y de transporte para servir únicamente los particulares intereses y las conveniencias de una negociación agrícola, causaría grave perjuicio y detrimento a los capitales invertidos en otras industrias, disminuiría el valor de nuestra propiedad y hasta socialmente entraríamos en el período de la más completa decadencia. La Cámara de Comercio justamente inquieta por el porvenir que a nuestra provincia le está reservado tan luego como se desvíe la corriente comercial y agrícola por el puerto de Malabrigo, llama la atención de los poderes públicos, de sus representantes al Congreso y de los particulares todos a fin de que se abra la más tenaz campaña en el sentido de impedir que el citado ferrocarril y muelle se construyan, cosa que efectivamente viene persiguiendo la Casa Grande Zuckerplantagen.[22]

---

21. Armas 1935: 88-89.
22. Resolución general de la Cámara de Comercio, 1 de enero de 1917, en el *Archivo de la Cámara.*

Las reacciones a esta resolución no tardaron en manifestarse. En los meses que siguieron, Alfredo Pinillos, otro importante comerciante de Trujillo y por mucho tiempo presidente de la Cámara, recibió numerosas adhesiones de una gran cantidad de organizaciones de todo el departamento. Las más notables procedieron de aquellas cuyos intereses económicos se veían directamente amenazados por la concesión. Estas incluían al Concejo Municipal de Salaverry, que representaba los intereses colectivos del puerto, el Concejo Provincial de Trujillo, la Sociedad Ferrocarril de Protección Mutua de Trujillo, que habló en nombre de los trabajadores ferroviarios de la Peruvian Corporation, y el periódico *La Reforma,* de propiedad de Víctor Larco.[23] Además, los hacendados de la región, que desde hacía mucho estaban en conflicto con Casa Grande, se alinearon casi unánimemente con la posición de la Cámara.[24]

Al señalar el creciente daño que el bazar de Casa Grande le causaba al comercio de Trujillo, en los meses siguientes la Cámara atacó la concesión de Malabrigo con mayor intensidad. Se hizo presión sobre los representantes del departamento en el Congreso a fin de que en la siguiente legislatura presentaran un proyecto de ley destinado a rescindir la concesión, y Alfredo Pinillos le escribió personalmente al presidente en un esfuerzo para que esta se cancelara.[25] Además, a fin de obtener del Congreso una respuesta favorable al propuesto proyecto de ley, la Cámara publicó un extenso folleto subrayando su posición en el conflicto. El examen de este folleto es revelador, porque señala no solo el daño que según la Cámara la concesión causaba a la economía de la región, sino también ciertas actitudes de

---

23. Véase las numerosas cartas de esta y otras organizaciones al presidente de la Cámara en el periodo de enero a marzo de 1917 en el *Archivo de la Cámara.* Véase las numerosas adhesiones en *Exposición de la Cámara... en Malabrigo.*

24. La principal objeción de los hacendados era que la concesión hecha a Casa Grande, con su propio ferrocarril y facilidades portuarias, les reducía considerablemente sus costos de exportación, y colocaba a los hacendados de la región en desventaja competitiva frente a la firma germano-peruana.

25. Alfredo Pinillos, Trujillo, a José Pardo, Lima, 20 de enero de 1917, carta firmada, *Archivo de la Cámara,* 2 pp.

hostilidad general con respecto a las actividades de Casa Grande que entonces prevalecían en Trujillo.

El argumento básico del folleto era que al permitirse a la firma Casa Grande operar su propio puerto con el propósito de importar a bajo costo mercaderías que serían vendidas en el bazar de la hacienda, el gobierno inconscientemente creaba una competencia desleal, cuyas últimas consecuencias darían por resultado la destrucción de la vida comercial urbana de la región. Sus autores argüían que pueblos como Ascope, Paiján y Chocope se estaban arruinando lentamente por esa competencia y que era inevitable su eventual desaparición como centros urbanos comerciales, a menos que se detuviera dicha competencia. Además, exponían que Trujillo, el tradicional abastecedor de mercancías de esos pueblos así como de las haciendas vecinas, sufriría también un estancamiento, ya que sus antiguos mercados estaban siendo absorbidos por el empeño comercial de Casa Grande.[26] Por último, señalando una franca hostilidad hacia la firma germano-peruana que, en las últimas décadas había absorbido gran parte del área cultivable, los autores acusaban a la firma de intentar el monopolio de toda el área comprendida entre Trujillo y Pacasmayo.

> ¿Conviene a este país débil... incrustar dentro de su organismo una *negociación alemana* de la fuerza de la Casa Grande Zuckerplantagen? ¿Le conviene aumentar esa fuerza con una línea férrea propia, con un muelle, con una salida al mar y con una faja de territorio de su exclusiva propiedad? ¿Qué nos ofrece el porvenir en estas condiciones y con el espíritu de absorción e intransigencia que caracteriza aquí la situación de la colonia alemana? Si encerrada hoy en sus actuales linderos y recluida a sus negociaciones agrícolas, Casa Grande choca, trata y desea absorber a todos sus vecinos, ¿qué hará mañana con mayor radio de acción, y con una actuación más múltiple y vasta?[27]

De gran importancia en el folleto es la retórica nacionalista que revisten las acusaciones de la Cámara, que califican a Casa Grande

---

26. *Exposición de la Cámara... en Malabrigo,* pp. 81-85.

27. Ibíd., p. 84.

de negociación alemana, es decir extranjera, a pesar de que los Gildemeister, no injustificadamente, se reconocen como peruanos.

Mientras se desarrollaba la campaña de la Cámara contra la concesión de Malabrigo, Casa Grande, por su parte, no se quedó quieta. Usando las columnas de *La Industria,* que entonces había comenzado a defender los intereses de la firma, Casa Grande contestó los argumentos de la Cámara. Y, al igual que esta, publicó un extenso opúsculo defendiendo su posición en el conflicto. Lo esencial de la misma era que el nuevo puerto y el servicio del ferrocarril servirían para abrir regiones hasta entonces no explotadas de la sierra de La Libertad, creando así nuevas posibilidades comerciales y que, contrariamente al cargo formulado por la Cámara, el comercio tradicional de Ascope y Trujillo no se verían afectados porque, en realidad, el área nunca había sido accesible a la explotación comercial.[28] Sin embargo, tal argumento era sumamente falaz porque, como dice Armas, tanto Ascope como Trujillo tradicionalmente habían mantenido una hegemonía en esa región y a causa de Casa Grande perdían entonces esa preeminencia.[29]

A mediados de septiembre de ese año, la controversia se había extendido de los confines locales de Trujillo a Lima con la presentación del proyecto de ley de anulación, formulado por tres senadores de La Libertad: Agustín Ganoza, Víctor Larco y José Ignacio Chopitea.[30] Los tres eran prominentes hacendados azucareros de la región de Chicama-Santa Catalina que desde hacía largo tiempo estaban en hostil competencia con Casa Grande. Los senadores resumieron su oposición a la concesión de Malabrigo en un documento parlamentario publicado en *La Prensa* el 10 de octubre de 1917. Este documento declaraba que la concesión también era perjudicial para el Estado,

---

28. *Memorial Malabrigo,* pp. 15-16 y 23. Es difícil comprender cómo razonó Casa Grande que Ascope, en particular, no sería dañada por la concesión de Malabrigo. Porque una vez que se construyera el ferrocarril de Malabrigo a Casa Grande (y el propósito era extenderlo hasta la sierra), los comerciantes de la sierra ya no comprarían sus mercaderías en Ascope sino en el bazar de Casa Grande.

29. Armas 1935: 83.

30. *La Industria,* 15 de septiembre de 1917.

que perdía grandes sumas por concepto de derechos aduaneros a causa de la disminución del tráfico a través del puerto de Salaverry, y por la reducción del movimiento comercial de Trujillo que era absorbido por Casa Grande, vía Malabrigo.

Durante el subsecuente debate en el Congreso, estos y otros puntos de vista se esgrimieron tanto por defensores como por oponentes a la concesión. Sin embargo, el punto clave que emergió del debate fue el cargo que señaló uno de sus oponentes, según el cual los aduaneros no podrían controlar fácilmente el nuevo puerto a causa de la poderosa influencia de los Gildemeister y que, en consecuencia, gran cantidad de mercadería sería introducida en la zona por Casa Grande, en detrimento comercial de los principales pueblos y ciudades de la región. Es oportuno citar aquí la discusión entre los senadores Juan Durand, principal oponente de la concesión, y Miguel Echenique, empleado de Gildemeister y Cía. en Lima,[31] quien defendió la concesión durante el debate:

> Durand: Tengo muchos argumentos que no deseo exponerlos por temor de herir susceptibilidades, pero se verá que la supervigilancia, a la hora de hacerse efectiva, será imposible. Con muelle y ferrocarril particular, ¿qué podrá hacer el empleado que vaya a ese puerto a ejercer supervigilancia con un haber de treinta, cuarenta o cincuenta libras? La influencia de esa casa (Gildemeister y Cía.) será tan poderosa, que ningún empleado a la llegada de 10.000 cajones cerrados podrá saber su contenido y estoy seguro que si lo intentara, quedaría separado sin necesidad de darle sobresueldo, ni cosa parecida.
>
> Echenique: (interrumpiendo) Eso es afrentar al Gobierno.
>
> Durand: (continuando) No afrento a nadie absolutamente, refiero simplemente un hecho. Por allí sé que hay mercaderías a menos precio que en Lima. Con sólo la habilitación de dos desembarques en Malabrigo, los comerciantes de Ascope tenían mercaderías con el cincuenta por ciento menos que en Trujillo. Esto tiene que aumentar con la concesión. Ahora si el muelle es particular, si el ferrocarril es particular, y los comerciantes tienen que pasar por aquella negociación, el día

31. Paz Soldán 1917: 155.

que dicha casa quisiera arruinar a un nacional, le bastaría abandonar la carga en el muelle o en el tránsito o someterse a la dependencia y el monopolio de una casa extranjera.

Echenique: (interrumpiendo) Iría por Salaverry esa carga.

Durand: (continuando) En Salaverry el muelle es fiscal, y se paga al Estado, al país; en Malabrigo no pagarán ese muellaje, en un lado pagarán las mercaderías y en el otro irían libres de derechos y llenos de privilegios.

Echenique: (interrumpiendo) Eso no lo permite el gobierno.

Durand: (continuando) Permitiéndolo o no ese es el hecho actual y será mayor con la concesión legalizada. Hay ciertas influencias tan grandes que el gobierno se incapacita, y pierde cada cuatro años, la noción de sus atribuciones...

Echenique: Pero el gobierno está obligado a impedir los contrabandos.

Durand: Tengo que indicar que en Malabrigo no existe la censura de una ciudad como es la de Trujillo, allí todo lo que se establezca tiene que ser de Casa Grande.[32]

A pesar de los argumentos expuestos por los oponentes a la concesión y de la presión ejercida por la estructura de poder departamental, el movimiento para anular la concesión de Malabrigo fracasó cuando, el 16 de octubre de 1917, el Senado votó a favor por 21 a 14.[33] Entonces Casa Grande oficialmente tuvo vía libre para operar en Malabrigo, aunque de los comentarios de Durand se desprende que la compañía había hecho uso del puerto desde que se firmó el Decreto, dos años antes. En abril del año siguiente, la Cámara informó que el puerto había sido completamente renovado, que estaba en pleno funcionamiento y que era de importancia el daño recibido por los intereses comerciales de Trujillo.[34]

---

32. *Diario de los Debates,* 11 de octubre de 1917, pp. 579-580.

33. *La Industria,* 17 de octubre de 1917.

34. *Memoria que presenta el consejo de... la Cámara.* 1918, *Archivo de la Cámara,* 8 pp.

Es difícil estimar el monto total de mercadería que a través de Malabrigo pasó al bazar de Casa Grande en los primeros años de posguerra. Sin embargo, de las circunstancias que rodeaban la operación portuaria y de ciertos datos aduaneros disponibles, se puede suponer que fue de consideración. Porque, como lo señaló el senador Durand, la concesión original era tan amplia que la vigilancia del puerto era prácticamente imposible. Con el poder y la influencia de la compañía, hecho establecido en la región, los pocos funcionarios aduaneros nombrados por el gobierno no podían cumplir efectivamente sus deberes. Por consiguiente, se puede colegir que gran parte de la mercadería pretendidamente destinada a la venta en el bazar terminó filtrándose por toda la zona, en este caso ya como contrabando.

Además, los registros del Ministerio de Hacienda y Comercio revelan que, en esos años, la cantidad de mercadería ingresada por Malabrigo fue evidentemente grande. Entre diciembre de 1919 y marzo de 1921, once barcos procedentes de puertos norteamericanos y alemanes recibieron autorización para descargar directamente en ese puerto. De estos, cuatro estaban registrados como portadores de mercadería general, aparentemente destinada para su venta en Casa Grande. Por ejemplo, el "Ardovar" procedente de Hamburgo, descargó 200 toneladas de mercadería general el 19 de febrero de 1921.[35]

Mientras tanto, la prosecución de este continuo flujo de artículos comerciales a Casa Grande, por la vía de Malabrigo, se reforzó en junio de 1920, cuando la firma germano-peruana le hizo un gran préstamo al nuevo régimen de Augusto B. Leguía. El préstamo, que ascendió a 200.000 libras esterlinas,[36] estrechó aun más las relaciones entre el gobierno y la firma Gildemeister.

Al mismo tiempo que el nuevo bazar de Casa Grande comenzaba a alterar los patrones de comercio tradicionales de la región, en detrimento comercial de Ascope y Trujillo, caían sobre el área nuevos problemas económicos. La industria azucarera, que había

35. Véase Ministerio de Hacienda y Comercio 1920-1925: años 1920 y 1921, primera parte; *Memorias*, pp. 56-177 y 73-81, respectivamente.

36. Los términos del contrato pueden encontrarse en el volumen correspondiente a 1921 de las ya citadas *Memorias*, pp. 1293-1294.

estado logrando beneficios espectaculares durante e inmediatamente después de la guerra, de repente se vio frente a serias dificultades. La raíz del problema residía en la rápida recuperación en Europa de la industria azucarera de la remolacha, que pronto redujo los mercados peruanos a la vez que ocasionó una plétora en el mercado mundial del azúcar, con la consiguiente reducción de precios.[37] Muy pronto comenzaron a producirse, con frecuencia creciente, reducciones de salarios así como despidos dentro de la masa trabajadora de las haciendas. Como la economía de la costa norte estaba íntimamente ligada a la suerte de la industria azucarera, su declinación, que en 1924 alcanzó severas proporciones, produjo una depresión comercial general en toda el área.

En los años que siguieron, a medida que seguía la decadencia de la industria azucarera, se ahondaba la crisis comercial de Trujillo. En 1929, antes de que se produjera la depresión mundial, quebraron cuatro grandes casas importadoras. Además, en este periodo, gran cantidad de pequeñas tiendas minoristas (alrededor de 50) se vieron obligadas a liquidar y cerrar.[38] Aunque no se dispone de cifras exactas, gran número de pequeños comerciantes y de empleados quedaron sin trabajo o tuvieron que aceptar una sustancial reducción de sus salarios. Por último, la quiebra de algunas de las firmas más grandes y antiguas de la ciudad, que tradicionalmente habían servido como cajas de ahorro,[39] ocasionó una mayor zozobra económica al hacer desaparecer las reservas de un importante sector de la clase media. El resultado final de esta situación fue una creciente expresión de hostilidad de parte de muchos sectores de la clase media de la ciudad contra Casa Grande que, en vista de su política comercial de los años recientes, fue señalada casi unánimemente como culpable de la crisis.

Esta hostilidad no era un fenómeno nuevo y había venido madurando durante un buen número de años. Tal vez su primera

---

37. Véase capítulo 2.

38. *Memoria de la Cámara... 1928*, *Archivo de la Cámara*, 4 pp.

39. Armas 1935: 86. Los establecimientos comerciales actuaban comúnmente como instituciones bancarias, ya que en provincias el número de bancos, generalmente, era muy reducido.

manifestación abierta fue visible en las huelgas de 1917 y 1921, cuando muchos empleados de la firma germano-peruana se unieron a los obreros para condenar la política de la compañía. Debe recordarse que, en esas ocasiones, los estallidos de violencia comenzaron a instancias de un alegado maltrato de los empleados peruanos por sus superiores alemanes. Además, durante la sangrienta huelga general de 1921, Antenor Orrego consiguió movilizar un apoyo a los huelguistas entre ciertos elementos de las clases media y trabajadora de Trujillo. Este apoyo no solo incluyó expresiones de simpatía para la causa de los huelguistas, sino también cierta ayuda económica en favor de las fuerzas sitiadas.[40]

El antiguo conflicto entre los Larco y los Gildemeister contribuyó también a este sentimiento de hostilidad.[41] La simpatía de la comunidad generalmente recaía sobre los Larco, a quienes, teóricamente, se les veía como los defensores de la soberanía peruana contra la "invasión" de los teutónicos Gildemeister. La venida abajo de los Larco, en 1927, fue ampliamente interpretada como un paso decisivo en el plan de los Gildemeister de monopolizar toda el área.[42]

Por último, como el comercio de Trujillo sufriera los efectos adversos de la competencia de la firma germano-peruana, así como los de la decadencia de la industria azucarera, la hostilidad se hizo más intensa. Esta se reflejó especialmente en las páginas de *El Norte,* que desde su fundación, en 1923, pretendía hablar en nombre de la clase media de la ciudad.[43] Por ejemplo, en 1924, el periódico publicó una serie de artículos que analizaban las causas de la crisis comercial de la región, atribuyéndole gran responsabilidad a la desleal práctica

---

40. Véase capítulo 3.

41. Véase capítulo 2.

42. Entrevista con Leopoldo Pita V. (Lima, 21 de marzo de 1967). Carlos Manuel Cox, otro trujillano y antiguo líder aprista, me lo confirmó (entrevista del 1 de junio de 1967, en Miraflores).

43. El periódico defendía los intereses de los empleados en la disputa con la empresa, a los pequeños propietarios de los ataques agrarios de Casa Grande y Cartavio y a los comerciantes en su conflicto con la política de importación de los Gildemeister. Su director era el joven Antenor Orrego, quien en 1930 fue elegido presidente de la Sociedad de Empleados de Trujillo.

comercial de Casa Grande. El periódico atacaba, además, no solo sus actividades comerciales sino también la absorción de la tierra por dicha firma y concluía que esta terminaría absorbiendo toda la vida agraria y comercial de la región.[44]

Al mismo tiempo, la Cámara arreció su ya larga campaña contra Casa Grande. Poco después de recibir otro rechazo en sus esfuerzos por conseguir que la firma germano-peruana redujera voluntariamente sus actividades comerciales, cada vez más amplias,[45] la Cámara publicó dos informes en los que se analizaban las causas de la crisis comercial de entonces. Ambos la atribuían a la desleal competencia del bazar de la hacienda, y a la rapidez con que la compañía había ampliado sus operaciones en los últimos años, al punto que casi monopolizaba el comercio de importación de toda la región.[46]

Pocos meses después, Rómulo Hoyle, el nuevo presidente de la Cámara, estimaba que el bazar le estaba costando a los comerciantes de Trujillo alrededor de 20.000 libras esterlinas mensuales.[47] Tales pérdidas, así como la continua intransigencia de Casa Grande, sirvieron para reforzar el resentimiento de la comunidad hacia la compañía. Reveladora de esta actitud fue la carta dirigida a la Cámara en mayo de 1930, firmada por más de 100 comerciantes locales, en la que se atacaba las prácticas "escandalosamente ruinosas" de Casa Grande. Después de recalcar estas prácticas, los comerciantes protestantes hicieron un paralelo entre la anterior política de la compañía de absorción de las pequeñas propiedades de la región y sus más recientes intentos de monopolizar el comercio del área. Por

44. Véase *El Norte,* entre el 21 y 28 de septiembre de 1924.

45. En una carta a Ganoza, fechada el 15 de noviembre de 1926, Hans Gildemeister aceptó cortésmente reunirse con los directores de la Cámara, pero rechazó categóricamente discutir cualquier reducción en el nivel de las actividades comerciales del bazar. *Archivo de la Cámara.*

46. Informe de la Comisión por la Asamblea General de Comerciantes, Agricultores e Industriales, Trujillo, al presidente de la Cámara, Trujillo, 29 de noviembre de 1926, *Archivo de la Cámara,* 5 pp.; y "Memoria de la Cámara de Comercio: datos sobre la situación económica de Trujillo", *Archivo de la Cámara,* 4 pp.

47. Rómulo Hoyle, Trujillo, a Cecilio *Cox,* Trujillo, 18 de enero de 1927, *Archivo de la Cámara,* 2 pp.

último, advirtieron que, a menos que se hiciera algo para detener a Casa Grande, el mismo Trujillo pronto se vería en el mismo estado de miserable decadencia y abandono de Ascope, Magdalena y otros pueblos del área, que en los últimos diez años prácticamente habían dejado de funcionar como centros urbanos vitales a causa de la política de Casa Grande.[48]

Alrededor de 1930, el estado de la vida urbana de los valles de Chicama y Santa Catalina paradójicamente había completado un círculo, a partir de sus comienzos en la década de 1860. Entonces, los pueblos eran pequeños e insignificantes, mientras la vida se centraba, al igual que en los tiempos coloniales, en las numerosas haciendas de la región. Después, estimulada por la expansión y crecimiento de la naciente industria del azúcar, floreció la vida urbana. Pueblos como Ascope y Trujillo se convirtieron en prósperos centros comerciales, en abastecedores de productos alimenticios y en proveedores de las necesidades de las haciendas vecinas.

Sin embargo, irónicamente, la misma industria azucarera que inicialmente dio vida a esos pueblos, en los primeros años de este siglo comenzó a destruir la vida urbana de la zona. Al principio, la decadencia llegó en la forma de la caña de azúcar que, en forma creciente, invadió los pueblos cuyas tierras, anteriormente dedicadas a la producción de panllevar, sustentaban a gran número de pequeños e independientes agricultores que habitaban en esos centros urbanos.[49] Posteriormente, los pueblos del área, principalmente Ascope y Trujillo, se vieron sacudidos por la competencia comercial del enorme complejo azucarero de Casa Grande. Por último, al mismo tiempo que se alteraba el patrón de comercio tradicional, una brusca caída del precio del azúcar, ocurrida durante la posguerra en las principales capitales europeas, mutiló toda la economía de la zona.

El resultado final de estos sucesos fue una creciente marea de descontento y resentimiento entre los antes prósperos pequeñoburgueses. A medida que los tiempos difíciles se agudizaban, en este

48. Carta firmada al presidente de la Cámara, Trujillo, 28 de mayo de 1930, *Archivo de la Cámara*, 4 pp.

49. Véase capítulo 3.

sector de la comunidad se identificaba y señalaba como al enemigo a Casa Grande, de propiedad extranjera, a la que se culpaba de las dificultades económicas de la región. La alienación de un sector más de la sociedad de los valles de Chicama-Santa Catalina acentuó el debilitamiento del orden tradicional y preparó el camino a futuros desórdenes y violencia.

CAPÍTULO 5

La "Bohemia" trujillana. Víctor Raúl Haya de la Torre

Mientras en el primer cuarto de siglo el surgimiento y consolidación de la industria azucarera ocasionaba el dislocamiento de los patrones de vida tradicionales de la región de Trujillo, creando en su proceso un extenso descontento en toda la población, la reacción política que estos cambios suscitaron por algún tiempo fue muy poco efectiva. Es cierto que de tanto en tanto aparecían protestas en la prensa local denunciando la concentración de la tierra, así como las desdichadas condiciones de trabajo y de vida de los braceros azucareros. Ocasionalmente, tales protestas encontraron eco en el Congreso, tal como ocurrió con el asunto de Malabrigo, en 1917, pero en ningún caso dieron por resultado movimientos positivos para aliviar o corregir los abusos.

Son dos las razones que explican esta falta de interés político. En primer lugar, los grupos adversamente afectados por el proceso de modernización de la industria azucarera estaban todavía bastante desorganizados y políticamente muy inarticulados como para que sus demandas presionaran efectivamente sobre la estructura política existente. Hubo unos cuantos intentos aislados para organizar al remanente de pequeños agricultores en una asociación protectora, capaz de ejercer una presión política que impidiera la absorción de sus tierras por las grandes haciendas. Sin embargo, el nivel general de conocimiento político de esos agricultores era todavía muy elemental para que tal plan triunfara.

Por eso, aunque el incipiente movimiento laboral logró mucho mayor éxito, también adoleció de esta situación por lo menos en sus etapas iniciales. Solo a partir de 1921, el conocimiento político del bracero azucarero promedio fue suficiente como para permitir el establecimiento de una rudimentaria organización laboral, capaz de un mínimo de acción política unida.

Una segunda razón reposa en la naturaleza de la misma estructura política de la región. Tal como puede suponerse, en el ámbito local, los principales funcionarios políticos eran controlados, directa o indirectamente, por los más importantes intereses azucareros. Aunque, ocasionalmente, estos intereses entraran en conflicto por cuestiones de naturaleza individual, tales como los derechos de agua, la norma era que actuaran concertadamente para defender el orden existente.

En el ámbito nacional, el panorama era muy similar, aunque con algunas variantes. La delegación parlamentaria de Trujillo invariablemente procedía de la tradicional aristocracia azucarera de la zona.[1] En su mayor parte, este grupo defendía los enormes intereses de la industria azucarera del área, así como el *statu quo* general. Sin embargo, es importante señalar que cuando los intereses de este sector tradicional divergían de los de las grandes entidades, particularmente de Casa Grande, generalmente estas últimas decían la palabra definitiva. Tal vez el mejor ejemplo de esta situación lo ofrezca el ruidoso asunto de Malabrigo, en el que los intereses azucareros tradicionales, alineándose con el establecimiento mercantil de Trujillo, intentaron sin éxito que el Congreso anulara la concesión del puerto a la compañía germano-peruana. Entre otras cosas, el conflicto de Malabrigo indica que, finalmente, el poder político local no residía en los hacendados azucareros tradicionales ni en el establecimiento mercantil de Trujillo, sino en los intereses corporativos de Casa Grande y de la familia Gildemeister.

Este hecho no es sorprendente, dada la preponderante influencia tradicional de los grandes exportadores del Estado en los altos

---

1. Dos de los tres senadores de La Libertad, entre 1909 y 1921, fueron los poderosos hacendados azucareros Víctor Larco Herrera y José Ignacio Chopitea (véase Ayarza 1921: 28-147).

círculos del gobierno. Se puede decir, con toda seguridad, que durante la República Aristocrática (1895-1919) la composición de todos los regímenes estuvo decididamente dominada por los representantes de este poderoso grupo económico. El hecho de que la posición de intercambio internacional del país y el mismo estándar financiero del gobierno dependiera enormemente de la condición de los exportadores de la nación determinó que estos fueran un aspecto inevitable de la política peruana de los altos círculos. En consecuencia, los exportadores de azúcar de la costa norte ocuparon durante mucho tiempo una destacada posición en el gobernante partido civilista. Es evidente que varios de los líderes más distinguidos del civilismo, incluido el dos veces presidente José Pardo, surgieron de las filas de los principales hacendados azucareros de la costa norte.

Aunque la subida al poder de Leguía, en 1919, puso fin al monopolio que el partido civilista ejercía sobre la presidencia, de ninguna manera señaló el término absoluto de la influencia de los exportadores del azúcar en los escalones más elevados de la política nacional. El mismo Leguía estaba ligado a dicha industria en virtud de su larga asociación con la British Sugar Company, cuyas posesiones en Cañete y Nepeña había administrado.[2] Además, tal como Jorge Basadre afirmara correctamente, aunque Leguía quebró el poder político de los civilistas, de ninguna manera intentó restringir su tradicional posición económica y social en el país. En realidad, estos, junto con otros sectores de la sociedad costeña, sacaron gran provecho de la política económica de Leguía,[3] quien, al igual que sus predecesores civilistas, no pudo permitirse actuar contra los intereses de los exportadores azucareros ante el temor del impacto adverso que tal política podría tener sobre la estabilidad general de la economía nacional.[4]

---

2. Basadre 1964: VIII, 3554. Basadre sugiere que Leguía continuó las amistades que había entablado dentro de la industria, incluso después de llegar nuevamente a ser presidente (1931: 183).
3. Ibíd.
4. Las gestiones de Leguía al intervenir, en 1927, en las dificultades financieras de Larco, indican la preocupación e interés constantes de cualquier gobierno peruano por el estado de la industria azucarera.

Por último, algunas de las compañías azucareras extranjeras tenían establecidos fuertes lazos con el grupo político o con la facción del mismo que controlaba el palacio presidencial. Basta mencionar a los Gildemeister, quienes, mediante el astuto uso de los préstamos, establecieron estrechas relaciones con los gobiernos de Pardo y Leguía, que políticamente fueron enemigos.

El resultado final de tales circunstancias fue que, en la práctica, el gobierno peruano, desde 1895 hasta finalizar el "oncenio", de una manera u otra estuvo vitalmente ligado a los grandes intereses azucareros de la costa norte. Este hecho explica, en gran medida, la falta de respuesta general del gobierno central a las súplicas locales de esa área para remediar los males económicos y sociales que afligían a la mayoría de la población, a causa de la rápida modernización de la producción de azúcar. La prosperidad de la industria, sin tener en cuenta su costo en la estructura socioeconómica local, era tan importante para el gobierno que simplemente no podía considerar la posibilidad de detener su desarrollo.

A pesar de la intransigencia general de la estructura de poder local y nacional frente a la aparición de las presiones sociales, en 1915 surge en Trujillo un pequeño grupo de liberteños intelectualmente inquietos que, al cuestionar las costumbres generales de la sociedad de Trujillo, oportunamente llegó a desafiar el dominio político de la élite del área. Con la denominación de "Bohemia trujillana", que le asignó el periodista y escritor limeño Juan Parra del Riego, que visitó Trujillo en 1916, este grupo se formó como una especie de club literario de *avant garde*. Sus fundadores fueron José Eulogio Garrido, poeta y escritor local, y Antenor Orrego Espinoza, periodista trujillano y, posteriormente, el principal ideólogo del movimiento aprista. El grupo, que en su apogeo probablemente no contó con más de diez o quince miembros, en su mayor parte estudiantes de clase media de la Universidad de Trujillo, incluyó entre otros al poeta César Vallejo, al pintor Macedonio de la Torre y al después fundador del aprismo Víctor Raúl Haya de la Torre. Según Garrido, el grupo se reunía en su casa los miércoles y sábados para discutir las últimas novedades literarias contenidas en los más recientes periódicos limeños que semanalmente llegaban de la capital por vía marítima. Además, sus miembros recitaban sus propias composiciones poéticas, así como pasajes de sus poetas favoritos, entre ellos Darío, Nervo y Whitman. El grupo también tenía sus aspectos sociales: frecuentemente sus miembros se reunían para almorzar en un café al aire libre en la Plaza de Armas y realizaban excursiones a las próximas ruinas arqueológicas de Chan Chan o a la playa Las Delicias.[5]

Al mismo tiempo que defendía posiciones literarias de vanguardia, que a menudo escandalizaban a los demás literatos de Trujillo, el grupo también la emprendía contra otros aspectos conservadores de la sociedad y cultura de Trujillo que aún presentaba el cuadro de una ciudad peruana de siglos pasados, estática y ranciamente aristocrática. Juan Espejo Asturrizaga, miembro de la "Bohemia", capta el espíritu del Trujillo de entonces cuando escribe:

> Trujillo conservaba el aspecto quieto, lento y conventual de sus días coloniales. Las familias vivían, en su mayoría, retraídas, enclaustradas. La quietud de sus calles apenas si despertaba a mediodía... Después de las 7 de la noche las calles ofrecían su soledad y su silencio. La vida se deslizaba apacible en los interiores de los hogares, sin traspasar sus dinteles, resguardada por sus añosos portones y las gruesas varillas de las rejas de sus amplias ventanas coloniales. Sociedad cerrada, orgullosa, egoísta, con un sentido bastante medieval de su clase, de sus abolengos, que vivía todavía dentro de un pasado aún no renovado.[6]

Para los miembros de la "Bohemia", de clase media, ansiosos de experimentar nuevas ideas y corrientes intelectuales, así como de establecer su propia identidad, esta sociedad aristocrática aparecía desesperadamente estrecha y restringida. Inquietos y rebeldes, individualmente y como grupo, chocaron contra la varias y mezquinas convenciones que eran normas de la sociedad de Trujillo.

---

5. Una corta aunque valiosa discusión de las actividades literarias de la "Bohemia de Trujillo" la ofrece Monguió 1954: 48-50. Véase también Orrego 1922: 15-17, que ofrece un relato más íntimo de las actividades de la "Bohemia".

6. Espejo 1965: 31. El trabajo de Espejo es un valioso relato sobre la "Bohemia", pues él fue uno de sus primeros miembros.

Aunque en general, la política nunca constituyó el interés principal de este grupo, sus integrantes no podían, por la misma naturaleza de su crítica a la sociedad, evitar el verse envueltos en cuestiones políticas. En realidad, algunos de sus miembros, particularmente Orrego y en proporción menor Haya, Alcides Spelucín, Espejo (y después Carlos Manuel Cox) tomaron parte activa en la política local. Orrego era reconocido como el elemento de mayor actividad política de la "Bohemia" y tal vez es quien mejor ha expresado la filosofía del grupo con respecto a su implicación en la política:

> No queríamos resignamos a hacer la vida de 'torre de marfil' y de cenáculo. Nos parecía mezquina, egoísta y estéril. Era preciso salir de nosotros mismos, y salimos. Como no éramos, como no podíamos ser conformistas, porque hubiera sido la negación de nosotros mismos, tuvimos que chocar con todo y con todos. Las instituciones, los poderes públicos, las convenciones sociales, la universidad, la plutocracia explotadora e insolente, las mentiras consagradas, las rutinas de clase, la falta de honestidad y de honradez, el servilismo rebajado, [la] expoliación del trabajador, el burocratismo, la política profesional, la ignorancia presuntuosa, etc., etc., hubieron de sufrir en carne viva nuestros ataques.[7]

Orrego, al igual que la mayoría de los miembros de la "Bohemia", provenía de una modesta clase media. Nació en 1892 en la hacienda Montán, situada en la provincia de Chota, Cajamarca. Cuando tenía ocho años, su familia se estableció en Trujillo, aparentemente por las mejores oportunidades escolares de esa capital. Pronto ingresó en el Seminario Lazarista de San Carlos y San Marcelo, donde conoció a los Haya, Agustín y Víctor Raúl, así como a los hermanos Spelucín. Al concluir, ingresó a la Universidad de Trujillo y poco después fue uno de los fundadores de la "Bohemia".[8]

Es por ese tiempo que Parra del Riego describe a Orrego como un joven tranquilo y tímido, que de haber ido a Lima seguramente "hubiera sido comido vivo" por los intelectuales limeños, más

---

7. Orrego 1926: 17-20. Prólogo a Alcides Spelucín.

8. Orrego 1957: 6-7.

agresivos y bulliciosos.[9] Muy pronto, el joven reformista logró cierta reputación en Trujillo. Valiéndose primero de las columnas de *La Reforma* y después de las de *La Libertad,* Orrego se ocupó incesantemente de los problemas políticos locales. Sin embargo, no fue sino en la ocasión de la huelga de 1918 del valle de Chicama y, posteriormente, en la de 1921, que se vio directamente comprometido en los problemas sociales que, por entonces, agobiaban a los valles azucareros de la región. En esa ocasión defendió vigorosamente las demandas de los huelguistas y, en 1921, con todo tesón, ofreció el apoyo del diario *La Libertad,* que él editaba, a los esfuerzos de los trabajadores para organizarse en sindicatos.[10]

Mientras Orrego comenzaba a batirse al lado de los obreros azucareros desde las páginas de *La Libertad,* otro miembro de la "Bohemia", Víctor Raúl Haya de la Torre, se comprometía en un tipo diferente de actividad política. Haya había nacido en Trujillo en 1895. Aunque sus biógrafos oficiales han hablado mucho sobre sus supuestos orígenes aristocráticos,[11] en realidad estos fueron más modestos. Su padre, Raúl Edmundo Haya, natural de Cajabamba, en el vecino departamento de Cajamarca, provenía de una modesta familia de maestros de escuela, con aparentes dificultades para cubrir su presupuesto.[12] Es cierto que su madre pertenecía a una prominente familia de terratenientes trujillanos. Sin embargo, el enlace con doña Zoila Victoria y la posterior elección de Raúl Edmundo al Congreso[13] no bastaron para que se le invitara a ingresar al exclusivo

---

9. Parra del Riego 1916: 7, 281.

10. Díaz 1962: 34-35. Véase también Espejo 1965: 48. Posteriormente, *La Libertad* (en 1921) fue clausurada por las autoridades a causa de su actividad en favor de los huelguistas.

11. Véase Cossío 1946 y 1961.

12. Los aspectos más reveladores de la niñez de Haya se encuentran en la primera biografía del líder aprista (Sánchez 1934). Con relación a los abuelos de Haya, Sánchez escribe: "En pugna con la vida, después de fracasado un esperanzado viaje a la montaña, don Raúl y sus padres establecieron una escuela en Moyobamba, tal como don José Haya y su esposa doña Jacoba Cárdenas fueron antes maestros de escuela en Cajabamba" (1934: 15).

13. Fue diputado por Trujillo de 1906 a 1912 (Cossío 1961: 135).

Club Central, el equivalente trujillano del aristocrático Club Nacional de Lima. No obstante las objeciones de la familia De la Torre a ese matrimonio con un cajabambino socialmente inferior, este tuvo lugar en 1824, y un año después nacía Víctor Raúl.

Desde el punto de vista económico, el matrimonio Haya de la Torre no tuvo especial éxito. Raúl Edmundo, quien antes de 1895 había fundado en Trujillo varias revistas de corta vida,[14] poco después de su matrimonio fundó el bisemanario *La Industria,* en el cual tuvo como socio comercial a Teófilo Verjel. Poco después murió su suegro, dejando el grueso de sus propiedades a su hijo mayor. Así, la herencia de doña Zoila Victoria fue pequeña, solo una de las casas de Trujillo, que se convirtió en el hogar de la familia.[15] En 1900, Raúl Edmundo y su socio vendieron *La Industria,* aunque Haya continuó como editor del diario. Mientras tanto, los dos socios habían formado una compañía impresora y de artículos de escritorio que, entre otras cosas, imprimía *La Industria.*[16] El negocio prosperó hasta la muerte de Verjel, en 1909, y Raúl Edmundo, que aparentemente carecía de las dotes comerciales de su socio, se vio obligado a asumir solo la dirección de la compañía. Un año después, la firma trastabillaba y quebraba. Raúl Edmundo tuvo que buscar un nuevo empleo y pasó a ser contador del rico hacendado azucarero Víctor Larco, a fin de complementar sus ingresos como editor de *La Industria.*[17]

A pesar de que la familia llevaba un nivel de vida modesto, particularmente después de 1910, Raúl Edmundo se preocupó de dar buena educación a sus tres hijos, Víctor Raúl, Agustín y Edmundo. Todos asistieron al Seminario San Carlos y San Marcelo, donde se educaban los jóvenes de las mejores familias de Trujillo.[18] Al

---

14. *La Primavera,* 1887-1890; el periódico literario *El Álbum,* 1888; y el semanario *El Correo del Norte,* 1891.

15. Sánchez 1955: 18.

16. El nombre de la firma era Haya, Verjel y Co. Sociedad Industrial de Tipografía y Útiles de Escritorio.

17. Véanse Sánchez 1934: 34 y Espejo 1965: 29.

18. Tales colegios, siguiendo el principio de "nobleza obliga", admitían frecuentemente a los hijos de prominentes familias rurales y del sector medio urbano.

terminar sus estudios en 1913, el joven Víctor Raúl, entonces de 18 años, ingresó a la Universidad de Trujillo donde intentó seguir la carrera de leyes, no obstante parecía más interesado en una posible carrera literaria.[19] En contradicción a lo que pretenden sus biógrafos apristas, hay muy poca evidencia de que entonces tuviera algo más que un interés pasajero en los trastornos sociales que comenzaban a alterar la calma de Trujillo.[20] De hecho, Haya, posteriormente, ha admitido que su conciencia social no se despertó sino en 1917 en el Cusco, donde por primera vez entró en contacto con las condiciones de la sierra peruana. Pero sí comenzó a manifestar sus evidentes habilidades políticas dentro de los confines de la universidad, en la que, en 1916, fue elegido como secretario y vicepresidente del centro universitario. Ese mismo año, Haya viajó a Cajamarca con Eulogio Garrido y presidió la delegación universitaria en la inauguración del monumento a José Gálvez[21] en dicha ciudad.

Como sus actividades en la política universitaria local y en la "Bohemia" fueran estimulantes, Haya, al igual que otros provincianos de su edad, indudablemente anhelaba dejar la atmósfera restrictiva y

---

19. Posteriormente, escribió una pieza de teatro llamada *Triunfa Vanidad*, que fue representada en Trujillo por un grupo ambulante de actores españoles y para la que César Vallejo escribió un poema. Sin embargo, la pieza terminó con toda la aspiración literaria que Haya pudo abrigar, ya que él mismo reconoció que dejaba que desear. Véase Cossío 1961: 64-67.

20. Tanto Sánchez como Cossío pretenden que durante sus años secundarios Haya se hizo amigo de los líderes locales anarco-sindicalistas, y que a menudo iba a su modesta biblioteca a leer literatura radical (Sánchez 1934: 45-46 y Cossío 1961: 52-53). Sin embargo, Haya en un posterior artículo sobre su vida, nunca menciona esto y no existe prueba alguna de que fuera un defensor de las causas radicales o del movimiento laboral de entonces. No deja de ser interesante que, en una entrevista, Haya declarara que durante la sangrienta huelga del valle de Chicama de 1912 simpatizaba ampliamente con los trabajadores azucareros y que, indudablemente, respaldó a los anarco-sindicalistas en Trujillo. En retrospectiva, esto se debió más a cierta "concepción romántica" que tenía de la condición de los obreros que a una desarrollada noción de justicia social (entrevista en Lima, 20 de julio de 1971).

21. Según Cossío, Haya corrió una lista reformista, ansioso de desplazar la directiva estudiantil, tradicional y conservadora. Los miembros de la "Bohemia", Vallejo incluido, estuvieron a favor de la lista reformista (1961: 62). Véase también Espejo 1965: 41 y 47.

confinada de Trujillo por la agitación de Lima. Además, el ambicioso trujillano, reveladoramente apodado "el príncipe de la gran aventura" por sus colegas de "Bohemia",[22] probablemente alimentaba ya la idea de aguzar sus habilidades en el marco de la política estudiantil nacional. Por eso, en el otoño de 1917, al recibir la pequeña herencia que le legara un pariente rico, Haya decidió embarcarse con dirección a la capital a fin de continuar sus estudios en la Universidad de San Marcos.[23]

La partida de Haya, junto con la de otros miembros, interrumpió por un tiempo las actividades de la "Bohemia". Sin embargo, poco después revivía con la incorporación de nuevos integrantes. En los años que inmediatamente siguieron, varios de ellos se vieron implicados en las huelgas que entonces estallaban con frecuencia en toda la región. La violenta represión de la huelga de 1921 en los campos de caña de Chicama, huelga que contó con el fuerte apoyo de los elementos progresistas de Trujillo, obstaculizó temporalmente la tendencia a la reforma. A causa de su franco apoyo a los huelguistas desde las páginas de *La Libertad,* Orrego se encontró sin trabajo, al mismo tiempo que las autoridades locales desterraban o encarcelaban a los líderes de la huelga, que se refugiaron en la ciudad y sus alrededores. En general, fue en una atmósfera de conservadurismo y de represión que se saludó el retorno de Alcides Spelucín, uno de los fundadores de la "Bohemia", al llegar del extranjero a fines de 1922.

Spelucín era hijo de un próspero comerciante de Ascope quien, a finales de la guerra, comenzó a arruinarse por la dura competencia de Casa Grande. Educado en San Carlos, donde conoció a Orrego y Haya, y después en la Universidad de Trujillo, Spelucín fue uno de los fundadores de la "Bohemia". Al regresar del extranjero en noviembre de 1922, el aspirante a poeta y escritor, necesitado de un empleo, pensó fundar en Trujillo un nuevo periódico "independiente", que reemplazara a las desaparecidas *La Libertad* y *La Razón.* En compañía de su amigo Orrego, Spelucín logró convencer a su tío Juan A. Vega, rico minero, propietario de varias minas pequeñas en la sierra de Cajamarca, para que respaldara financieramente el proyecto. Muy

22. Ibíd., p. 54.

23. Cossío 1961: 29.

pronto se conformó un cuerpo de redactores encabezado por Orrego y Spelucín, que incluía a Belisario Spelucín, su hermano, a Federico Esquerre, Juan Espejo Asturrizaga y Carlos Manuel Cox. La primera edición del diario *El Norte* apareció en las calles de Trujillo en febrero de 1923.[24]

En el Trujillo conservador, muy pronto, *El Norte* ganó la reputación de periódico liberal y reformista, generalmente afín a los deseos de los sectores emergentes bajos y medios. Frecuentemente aparecían artículos y editoriales que defendían intereses tan diversos como los de los braceros azucareros, de los pequeños propietarios, de los empleados y los sectores mercantiles de la comunidad, intereses que, como hemos visto, de un modo u otro estaban comprometidos en hacer frente a la política de las grandes compañías azucareras. A menudo, el tono editorial del periódico era violentamente xenófobo, censurando los abusos que ostensiblemente perpetraba la empresa germano-peruana de Casa Grande contra toda la comunidad de Trujillo.[25]

Mientras *El Norte* se afianzaba, continuamente llegaban a Trujillo las nuevas de los triunfos de Haya en Lima, ciudad a la que llegó en el verano de 1917.

Contrariamente a lo que pretenden sus biógrafos, quienes sostienen que su celo revolucionario era ya aparente,[26] no hay evidencia de que en 1917 el futuro "jefe máximo" del aprismo fuera, en lo más mínimo, radical o revolucionario. En realidad, el cuidadoso examen de uno de sus pocos escritos autobiográficos revela un cuadro bastante diferente.

Cuando, en 1927, Haya residía en Europa, escribió un artículo para el diario costarricense *Repertorio Americano,* en el que hacía reminiscencias de sus primeros tiempos en Lima y de sus primeros encuentros con el pensador peruano Manuel González Prada.[27] En

---

24. Entrevistas con la Sra. Carmela Spelucín viuda de Orrego, del 29 y 31 de mayo de 1967, en Miraflores, Lima. Carmela es hermana de Alcides Spelucín y fue casada con Antenor Orrego. Véase, también, Espejo 1965: 135.

25. Véase *El Norte* a lo largo de 1924.

26. Véanse los primeros capítulos de las biografías de Haya en Sánchez y Cossío.

27. "Mis recuerdos de González Prada" (en Haya 1927).

ese artículo, Haya revela la naturaleza esencialmente conservadora que en ese tiempo lo caracterizaba, pues admite, sin reparo, que cuando llegó a Lima no era radical, sino más bien "un jovencito a la criolla, enfermo hasta los huesos de esa frivolidad epidémica, peste de gente decente". Además, recuerda que entonces no sintió el impulso arrollador de buscar a González Prada quien, no obstante su avanzada edad, era todavía el patriarca de los radicales peruanos. En realidad, Haya cuenta que fue cierta "curiosidad" despertada por la vida misteriosamente enclaustrada que llevaba González Prada la que lo indujo a visitar al venerado autor poco después de su llegada a la capital. Evidentemente, estos no son los pensamientos de un joven radical, ostensiblemente inspirados por la ardiente retórica que se encuentra en las páginas de *Horas de lucha*. Por último, Haya, con cierto tono, se mofa de lo que considera sus locuras de juventud, admite que las prominentes figuras del día, en su mayoría "civilistas", despertaron en él cierta fascinación, que tal vez lindaba con el culto a los héroes. Escribe:

> Por eso yo llegué a Lima pensando en el inmenso honor de verme en las aulas cerca de ciertos personajes de quienes tantas cosas decían los periódicos, "El maestro" Fulano, "el sabio" doctor Zutano, "el genial" señor Perencejo me producían cierta fascinación. Y la primera impresión —¡oh, la primera impresión de nuestros hombres!— fue verdaderamente admirable. Solemnes, elegantes, medidos, gentiles, hablando con la voz ahuecada y los gestos de teatro, me parecieron genios, genios absolutos, genios indiscutibles, genios universales.

En realidad, la primera visita de Haya a Lima fue muy corta, ya que en agosto de 1917 le ofrecieron el puesto de secretario del nuevo prefecto del Cusco, cargo que aceptó.[28] El empleo, aunque no muy bien pagado, le dio la primera oportunidad de conocer la vieja ciudad imperial y de tener una visión de primera mano de la vida en la sierra peruana. Haya pasó siete meses en el Cusco, cumpliendo con las obligaciones que le eran inherentes, estudiando en la Universidad

---

28. El prefecto, coronel César González, anteriormente había ocupado el mismo cargo en La Libertad, y en esa ocasión hizo amistad con la familia Haya de la Torre (Sánchez 1955: 39).

y viajando por toda la región cada vez que le era posible. Durante sus estancias en los alrededores, a menudo en compañía del prefecto, que hacía sus giras oficiales, Haya pudo observar íntimamente la vida miserable de las masas de indios que formaban el grueso de la población serrana. Parece que esta visión lo impresionó bastante, ya que después escribió:

> Yo no habría sentido devoción por la raza indígena ni amor por el Perú serrano, ni dolor por la injusticia social, ni rebeldía ante la barbarie hecha sistema político, si no hubiera vivido de cerca la vida del Cuzco.[29]

Aunque en el cargo aprendió mucho, incluso ciertos rudimentos de quechua que después usó ventajosamente para fines políticos, muy pronto, Haya comenzó a sentirse inquieto por la algarabía política de Lima y San Marcos. Por eso, a fines de abril de 1918, emprendió el difícil viaje de regreso a la capital vía Arequipa y puerto de Mollendo. Poco después de su regreso a Lima, el joven trujillano se dio cuenta de que necesitaba trabajar, pues la modesta herencia que le había permitido trasladarse a Lima estaba prácticamente agotada. En la acostumbrada manera peruana, Haya buscó a un prominente aunque lejano amigo de su familia, en este caso el muy conocido abogado limeño Eleodoro Romero, quien inmediatamente lo contrató como empleado de su bufete con un haber de cincuenta soles mensuales. El nuevo empleo, además de ofrecerle un medio de vida mientras estudiaba en San Marcos, también le dio acceso a una formidable biblioteca privada donde, por primera vez, comenzó a leer ampliamente las obras de Renán, González Prada, Sarmiento, Marx, Einstein y otros. Posteriormente, escribió que fue en ese bufete donde nació toda su rebelión.[30]

La Lima en la que Haya se estableció a mediados de 1918 era una ciudad en la que bullían la actividad y el cambio. Desde el

---

29. Haya de la Torre 1933b: 101. Sigue así: "Entonces, y solo entonces comprendí el problema grandioso y decidí hacerme soldado de la causa que lucharía por la solución". Véase también su carta de 1925 al educador argentino Julio R. Barcos, en Haya de la Torre 1927a: 99-100.

30. "Autobiografía" (Haya 1928: 50).

desencadenamiento de la Primera Guerra Mundial, la economía peruana, al igual que en todos los países latinoamericanos, experimentaba un notable surgimiento. Entre 1914 y 1919, la nación triplicó sus exportaciones a la vez que expandía la industria ligera para colmar el vacío creado por la declinación de las importaciones de los países europeos beligerantes.[31] Esta expansión económica aceleró también la formación de un nuevo proletariado urbano y de la clase media, proceso iniciado a comienzos de siglo. Hacia 1918, estos dos nuevos sectores de la sociedad peruana comenzaban a tener impacto sustancial sobre la vida política y social de la nación.

Durante los años de la guerra, creció aceleradamente el ritmo de sindicalización en las filas del proletariado urbano, que cada vez era mayor. Bajo la dirección de los ubicuos anarcosindicalistas, al terminar la Primera Guerra Mundial había un importante número de industrias sindicalizadas. Lo más importante fue que los obreros organizados se hicieron cada vez más militantes frente a la ruinosa reducción de los precios una vez pasado el *boom* de la guerra. Durante los años inmediatos hasta 1918, el país fue testigo de, por lo menos, diez grandes huelgas, la mayoría con derramamiento de sangre. Sin embargo, todas estas no fueron sino de menor cuantía si se les compara con la huelga general de 1919, en favor de la jornada de ocho horas que prácticamente paralizó Lima. La huelga, finalmente, fue quebrada por el entonces gobierno de Pardo (1915-1919), pero no sin antes llamarse al ejército para restaurar el orden.[32]

Al mismo tiempo que hacia fines de la guerra los paros laborales eran cada vez más frecuentes, los emergentes sectores medios se tornaban más inquietos. Los grupos peruanos de ingresos medios, al igual que el proletariado urbano, se vieron cogidos en una devastadora espiral ascendente del costo de vida que azotó al país desde los

---

31. Para las estadísticas de exportación-importación véase Basadre 1964: III, 3864-3865. En lo referente a la industria ligera, Basadre informa que hacia el año 1923 había invertido un total de 29 millones de soles en la manufactura de tejidos de lana y de algodón, harina, jabón, velas, fósforos, cigarrillos, sombreros e ítems similares, con un empleo total de 30.000 personas (Basadre 1964: X, 4720).

32. Ibíd., VIII, 3902-3908.

mismos comienzos del conflicto. En gran medida, este incremento se debió a que las tierras de la costa, anteriormente destinadas al cultivo de productos alimenticios, sufrieron un cambio brusco pues se dedicaron al cultivo de los más lucrativos productos de exportación, tales como algodón y azúcar.

Entre 1913 y 1919, la extensión de tierra dedicada a la producción de caña se expandió en un 23%, mientras que las plantaciones de algodón, de 1915 a 1919,[33] aumentaron en casi el 60%.

La consiguiente escasez de productos alimenticios elevó los precios en los mercados de Lima y de otras ciudades importantes, alcanzando niveles que resultaban intolerables para las clases medias urbanas. A los aprietos de este sector social se sumaba una estructura de impuestos que, no obstante su relativa modificación durante la guerra, pesaba demasiado sobre los grupos de ingresos bajos y medios de la nación.[34]

Fue dentro de este marco general de creciente inquietud que Haya, ya conocedor de su inclinación,[35] se sumergió en la arena política de San Marcos.

Y, afortunadamente para él, en ninguna parte las fuerzas proclives al cambio eran más claras que en los venerables claustros de la Universidad Nacional Mayor de San Marcos, que tradicionalmente era de dominio exclusivo y campo de preparación de la élite de la nación, pero que en los últimos años había experimentado la modesta influencia de estudiantes con predominante procedencia de clase media.

La Universidad de San Marcos, que en 1907 totalizaba 709 estudiantes, diez años después había casi duplicado su matrícula,

---

33. Ministerio de Hacienda y Comercio 1941: 201 y 209. Un excelente estudio de los efectos de la guerra en la economía del Perú es el de Hernando de Lavalle, *La gran guerra y el organismo económico nacional* (1919). Menos completo, pero también valioso, es el libro de L. S. Rowe, *Early Effects of the War upon the Finance Commerce and Industry of Peru* (1920).

34. Basadre 1964: VIII, 3866-3869.

35. No deja de tener importancia que, después de su regreso del Cusco, un familiar observó que Haya tenía la posibilidad de convertirse en "un gran político", siempre que no atacara el sistema existente (Sánchez 1955: 41).

alcanzando 1.331 alumnos.[36] A medida que la población estudiantil crecía, la estructura arcaica de la Universidad empezó a ser incesantemente atacada.

En dicha institución, la efervescencia estudiantil se dejaba sentir desde hacía algún tiempo. En 1907, los alumnos de la Universidad Nacional de San Agustín, de Arequipa, organizaron la primera huelga de estudiantes en la historia del país. Un año después, en la Universidad de San Marcos surgió el centro universitario, organización estudiantil cuyos líderes pedían la extensión universitaria a fin de llevar la enseñanza a los sectores obreros de Lima. De manera similar, en 1909, un estudiante de medicina de San Fernando hizo un llamado en favor de la participación estudiantil en el manejo de la Universidad. Este es, en efecto, el antecedente al sistema de cogobierno de la universidad peruana. En consecuencia, los cambios dentro de la institución estaban bien encaminados cuando, en 1918, llegó a Lima Alfredo Palacios, portavoz del movimiento reformista de Córdova. Aunque se ha considerado tradicionalmente que su presencia en Lima motivó la reforma universitaria en el Perú, la verdad es que sus actividades en San Marcos significaron, simplemente, un gran estímulo al impulso reformista ya muy desarrollado en esa vieja casa de estudios.[37]

A medida que crecía este sector de la población estudiantil, comenzó a ser atacada en forma creciente la estructura de la universidad, arcaica, de orientación aristocrática.

El papel de Haya en las etapas iniciales del movimiento de reforma universitaria fue en realidad mínimo. Prácticamente desconocido en los círculos universitarios, se dio cuenta de que para lograr una reputación personal primero debía ganar el liderazgo del movimiento. Esto le planteó a Haya el primer gran dilema de su carrera

36. Chavarría 1972: 149.

37. Chavarría 1968: 192-195. Ofrece una interesante interpretación del movimiento de reforma universitaria del Perú. Véase también Mark J. van Alson 1971. Para un tratamiento más tradicional del movimiento de reforma universitaria, véase Basadre 1964: IX, 4330-4333. Un informe más detallado se encuentra en Cornejo 1927: 87-181.

política, pues la dirección del movimiento estaba dividida entre dos grupos opositores. Originalmente, el movimiento lo inició un grupo de estudiantes de la Facultad de Letras.[38] Rápidamente se difundió a las otras facultades, y en agosto de 1919 se formó un Comité Central de Reforma a fin de coordinarlo. Como el movimiento ganara impulso, la Federación de Estudiantes del Perú (FEP), que desde su reorganización en 1917 estaba controlada por elementos conservadores, también comenzó a verse envuelta en la cuestión de la reforma.[39] Así, Haya se vio obligado a considerar no solo qué grupo tenía mayor posibilidad de ganar el control del movimiento, sino también cuál le ofrecería la mejor oportunidad para elevarse a una posición de influencia y liderazgo.

Haya, no inesperadamente, escogió trabajar dentro de la estructura organizada de la FEP. La razón es que ahí contaba con una posición de base desde la cual operar, pues en la FEP ejercía la representación estudiantil de la Universidad de Trujillo. Además, desde su regreso del Cusco, Haya había participado activamente en la política de la FEP, y lo cierto es que en los primeros meses de 1919 había concitado cierta atención como uno de sus tres delegados encargados de establecer contacto entre la organización estudiantil y los trabajadores que hacían huelga por la jornada de ocho horas.[40] Haya, astutamente, se dio cuenta de que la FEP, como organización bien establecida y permanente, con el tiempo desplazaría al Comité Central de Reforma y él asumiría la dirección del movimiento.

Así, durante el ejercicio de 1919, incesantemente, dedicó su atención a la cuestión de la reforma universitaria y a la política de la FEP. Sus fines parecían ser dobles: preparar el terreno para su candidatura a la presidencia de la FEP y conseguir que esta organización lograra el control absoluto del movimiento de reforma. Esto último se consiguió con muy poca dificultad, ya que el Comité Central de Reforma

38. Formado por Raúl Porras Barrenechea, Guillermo Luna Cartland y Humberto del Águila.

39. Basadre 1964: IX, 4330-4332.

40. Ibíd., VIII, 3907. Una exagerada relación de la participación de Haya en la huelga de 1919 se encuentra en Cossío 1961: 92-105.

entró en colapso cuando las autoridades universitarias escogieron negociar con la FEP.[41] Sin embargo, en cuanto esta logró controlar totalmente el movimiento, apareció una profunda división dentro de sus filas. Haya, exhibiendo la habilidad política que después lo hizo famoso, maniobró entre las diversas facciones, y en octubre consiguió ser nombrado presidente de la FEP en calidad de candidato de transición.[42]

La presidencia de la FEP le proporcionó la caja de resonancia que había estado buscando y que no dudó en explotar con toda habilidad. Imposibilitado de jugar un papel importante en la formulación de la ley y del programa de reforma, porque cuando asumió el cargo en gran parte este ya había sido aceptado por el gobierno de Leguía,[43] Haya, hábilmente, concibió la idea de organizar un congreso nacional de estudiantes, destinado a recoger los puntos de vista de estos, tanto sobre la cuestión de la reforma universitaria como sobre los principales problemas nacionales.[44] Aunque probablemente innecesario, al tener en cuenta el reciente éxito del movimiento, el congreso le daría la oportunidad de ganar una considerable publicidad nacional, al mismo tiempo que le permitiría solicitar apoyo para su acariciado proyecto de establecer escuelas nocturnas, a cargo de estudiantes, en beneficio de los obreros del país. La idea de celebrar un congreso fue, en general, bien recibida por el sector estudiantil así como por el gobierno de Leguía, que lo consideró una buena oportunidad para fortalecer el apoyo de los estudiantes al nuevo régimen.[45] Así, a comienzos de marzo de 1920, los delegados que representaban a las varias universidades nacionales se reunieron en la imperial ciudad del Cusco a fin de discutir los principales problemas del momento.

El Congreso del Cusco también sirvió para revelar la creciente inclinación de Haya a colocar la conveniencia política y su

---

41. Basadre 1964: IX, 4331.
42. Cossío 1961: 122.
43. Basadre 1964: IX, 4332-4333.
44. Cornejo 1927: 93.
45. El gobierno de Leguía pagó los gastos de viaje de todos los delegados, incluidos los de Haya.

engrandecimiento personal sobre la convicción ideológica. Desde que comenzó el Congreso se pudo apreciar el tono bastante conservador de la mayoría de los delegados, quienes parecían contentarse con discutir la manera de poner en marcha la reforma universitaria que acababan de lograr antes que debatir sobre los medios para extender el movimiento a otros ámbitos de la sociedad.[46] Muy consciente de este tono, Haya, aparentemente, decidió reservar toda su habilidad e influencia política como presidente para lograr la aprobación de su proyecto de creación de las escuelas nocturnas para obreros o, como después se llamaron, "universidades populares". Cuando se presentó la resolución afirmando que la FEP defendería siempre los postulados de la justicia social, Haya optó por no poner todo su peso tras la propuesta que fue terminantemente derrotada.[47] Sin embargo, después defendió con todo vigor la resolución de creación de las universidades populares, que resultó ser el único acuerdo progresista aprobado por el Congreso.

La creación de las universidades populares fue uno de los medios para realzar la creciente reputación de Haya dentro y fuera de los círculos reformistas. Destinadas a estrechar relaciones entre los estudiantes y el emergente proletariado urbano, las universidades populares se establecieron como anexos de las principales universidades nacionales, a cargo de los estudiantes. La idea, que en realidad era antigua,[48] consistía en que los estudiantes dieran clases a los obreros a fin de mejorar su nivel general de educación, así como su conciencia social y de clase.[49] Se esperaba que los lazos que se crearían entre los dos grupos reforzaran la lucha por la reforma nacional y la justicia social. Aunque originalmente no partidarias, las universidades

46. Una breve relación del Congreso se encuentra en "El Congreso Nacional de Estudiantes del Cuzco", *Mercurio Peruano,* año III, 22 (abril de 1920), pp. 311-312. Véase también *Primer Congreso Nacional de Estudiantes,* (1920).

47. Cornejo 1927: 94.

48. Basadre coloca los orígenes inmediatos de las universidades populares en el gobierno de Billinghurst (1912-1914), que estableció un programa similar entre los elementos de las clases trabajadoras de Lima (1964: VIII, 3707-3708).

49. Cornejo 1927: 96.

populares (después llamadas Universidades Populares González Prada) posteriormente fueron convertidas por Haya en arma principal del Partido Aprista Peruano.

Después de terminar, en octubre de 1920, su periodo de un año como presidente de la FEP, Haya dedicó toda su energía a la organización de dichas universidades. El proyecto no era tarea pequeña, dado el escepticismo general con que, probablemente, se acogió la idea, tanto de parte de los estudiantes como de los obreros. Sin embargo, Haya llevó a la obra varios atributos importantes, de los que no era el menor su gran habilidad oratoria, así como su notable capacidad para convencer y persuadir a la gente. Con respecto a esta última, años más tarde, un oponente político al describir a Haya se expresó así: "Fluía de él, de su porte, de sus palabras, una alegría casi juvenil, fresca, cálida, contagiosa. Era encantador y brillante; hacía que cada persona al hablarle se sintiera especialmente querida, distinta a los demás".[50] Además, su gran habilidad como acuñador de eslóganes, que después jugó un papel tan importante en la conformación del movimiento político, ya comenzaba a aparecer en sus discursos ante grupos de obreros. Por ejemplo, en una reunión dedicada a promover el entusiasmo de los obreros por las universidades populares, Haya, en el lenguaje que después sería característico de los discursos apristas, les dijo: "la universidad popular no pide nada, sino voluntad, fe, deseo de superación".[51]

Hacia fines de 1921, Haya había logrado, en gran parte, su propósito de organizar las universidades populares. En Lima, numerosos estudiantes-profesores dictaban clases en varios barrios de clases trabajadoras, a la vez que dichas universidades se extendían a las principales ciudades provincianas. Mientras tanto, Haya fue nombrado por la FEP para viajar a Montevideo, Buenos Aires y Santiago, a fin de estrechar relaciones con las federaciones estudiantiles de la parte sur del hemisferio.[52] A fin de financiar su viaje, consiguió un

50. Ravines 1951: 21.

51. Cossío 1961: 141. Una descripción de las universidades populares se encuentra en Cornejo 1927: 105-120.

52. En realidad, parece que Haya, más o menos, se designó a sí mismo para realizar un convenio previo de la FEP con Argentina destinado a intercambiar

adelanto de sueldo del director del Colegio Anglo Peruano, donde había trabajado desde que salió del bufete del Dr. Romero.[53] El viaje duró casi cinco meses y lo puso en contacto con prominentes líderes estudiantiles y políticos de Uruguay, Argentina y Chile.[54]

Poco después de su regreso al Perú, en junio de 1922, decidió tomar vacaciones con su familia en Trujillo. Habían pasado casi cinco años desde la primera salida de su ciudad natal hacia Lima y regresaba con una gran reputación, como una de las principales figuras estudiantiles del Perú. Al llegar a Trujillo, a comienzos de julio, en compañía de su hermano Agustín, que también había estudiado en San Marcos, Haya fue entusiastamente recibido tanto por su familia como por sus amigos. En los días que siguieron reanudó relaciones con los viejos conocidos de sus días de "Bohemia", especialmente con Antenor Orrego, quien inmediatamente le organizó una serie de conferencias. Como entonces Trujillo aún sufría un *shock* por la reciente violencia en los campos de Chicama, Haya tuvo dificultades en lograr la necesaria autorización del prefecto, que era amigo de su familia. Como su primer discurso fuera juzgado por las autoridades locales como demasiado incendiario fue advertido de no tratar en sus siguientes charlas los recientes disturbios de la región.[55]

Mientras Haya visitaba Trujillo, el caldero político de Lima comenzó nuevamente a encenderse, en buena parte porque el gobierno del presidente Leguía se hacía cada vez más dictatorial. Como se recordará, Leguía llegó a la presidencia, en 1919, con un programa reformista que pretendía reducir la influencia y poder del tradicional y aristocrático partido civilista, a la vez que intentaba captar el apoyo de los emergentes sectores urbanos, medios y bajos. Durante el periodo que inmediatamente siguió a su acceso al poder, para realizar

---

representantes, ya que la FEP se encontraba en completo estado de anarquía a comienzos de 1922 (Sánchez 1955: 92).

53. El director de la escuela era un ministro presbiteriano escocés, llamado John MacKay, quien al parecer ayudó económicamente a Haya en diversas ocasiones.

54. Sánchez 1955: 94-115.

55. Cossío 1961 170.

tales propósitos, Leguía apartó del gobierno a los civilistas y apoyó las demandas de reforma de las clases bajas y medias.

Sin embargo, pronto se hizo evidente el verdadero carácter de su régimen. Al depender cada vez más de las inversiones y préstamos extranjeros y de una nueva clase de ricos empresarios, surgida en los prósperos años de la guerra, Leguía no vio necesario tolerar la oposición de los destronados civilistas o de continuar contentando los deseos de los sectores urbanos medios y bajos. Por consiguiente, hacia 1921, la campaña contra los civilistas alcanzó su punto máximo cuando clausuró dos importantes diarios de Lima, *La Prensa* y *El Comercio,* con el subsecuente encarcelamiento de muchos distinguidos miembros del viejo partido. Además, gran parte de la prometida legislación reformista no se materializó o quedó como letra muerta, al mismo tiempo que Leguía se tornaba hostil a los elementos reformistas de los sectores laborales y estudiantiles.

Fue este clima político el que Haya encontró a su regreso de Trujillo, a tiempo de enterarse que Leguía, en un extraño intento para facilitar su reelección, planeaba consagrar el país al Sagrado Corazón de Jesús.[56] Haya, inmediatamente se dio cuenta de que Leguía había creado una situación sumamente inflamable, susceptible de galvanizar prácticamente a todos los sectores, desde la oposición de izquierda hasta la de derecha, en una formidable coalición antileguiísta. Sin siquiera dudarlo, Haya, que desde hacía tiempo deseaba una situación tal que le permitiera avanzar en sus ambiciones políticas, se lanzó a la obra de organizar esas fuerzas dispares en una demostrativa expresión de protesta contra el plan de Leguía.

La manifestación, que se produjo a mediados de mayo de 1923, tuvo más éxito del que Haya posiblemente había previsto. Varios miles de manifestantes, incluyendo mezclas tales como las de civilistas y anarquistas, se congregaron en San Marcos en la mañana del 23 de mayo, y después de escuchar la arenga de Haya contra el gobierno marcharon en masa hacia la Plaza San Martín. Sin embargo, antes de que lograran su objetivo fueron detenidos por las espadas de

56. Un buen análisis de todo el episodio se encuentra en Sánchez 1955: 118-128, así como en Basadre 1964: IX, 4033-4034.

la caballería, enviada por Leguía para controlar los "disturbios". Al terminar el día, había entre los manifestantes dos muertos y muchos heridos.

Aunque exiliado por la ola de represión que desató Leguía poco después de la manifestación, Haya obtuvo una enorme victoria personal, pues Leguía sufrió una tremenda derrota política. Además, la manifestación le dio a Haya fama e importancia nacional, que posteriormente le sirvió mucho.[57] En realidad, los sucesos del 23 de mayo y sus consecuencias han proporcionado un material inagotable a los posteriores propagandistas apristas para vigorizar la imagen política de Haya. Por último, al menos por el momento, este pudo atribuirse la dirección única de las fuerzas reformistas de todo el Perú.

Las manifestaciones de 1923 también ocasionaron disturbios en la Universidad de Trujillo, que era la única institución de estudios superiores al norte de Lima. Su cuerpo estudiantil provenía de las familias importantes de las principales ciudades norteñas: Piura, Lambayeque, Cajamarca y, naturalmente, Trujillo. Sin embargo, al igual que en San Marcos, en la primera década del siglo, la composición de la población estudiantil comenzó a cambiar, reflejando el lento surgimiento de una clase media provinciana en todo el Perú. En forma creciente, la Universidad comenzó a recibir su masa de estudiantes de las prósperas familias de clase media, que no solo vivían en las grandes ciudades de la región sino también en los pueblos más pequeños que salpicaban la sierra norte.[58]

Al igual que en San Marcos, la invasión de la Universidad de Trujillo por la clase media dio por resultado una creciente presión en pro de la reforma del anticuado sistema universitario. Aunque no tan violento ni exitoso como su contraparte limeña, dicho movimiento de reforma universitaria en gran parte siguió la misma dirección que el de San Marcos. En general, las demandas de los reformadores se

---

57. Ravines afirma que, como resultado de la manifestación, Haya se convirtió en héroe nacional de la noche a la mañana (1951: 15). Sin embargo, posteriormente, los opositores de Haya pretendieron que su actuación de 1923 fue anticatólica y usaron efectivamente este argumento en contra suya.

58. Espejo 1965: 31.

fundamentaban, especialmente, en el muy difundido deseo universitario de tener una mayor participación en el gobierno de la Universidad. Y en Lima, como en Trujillo, los reformadores, desde el principio establecieron relaciones con la clase obrera, con la esperanza de que un frente unido de estudiantes y obreros fuera suficiente para forzar cambios en el sistema de enseñanza.

Uno de los líderes del movimiento de Trujillo fue Carlos Manuel Cox, quien después fue uno de los fundadores del partido aprista. Cox, nacido en Trujillo en 1902, provenía de una empobrecida familia aristocrática. Mientras su abuelo, Cecilio Cox Doray, fue alcalde de Trujillo durante la Guerra del Pacífico y pertenecía al exclusivo Club Central, el padre de Carlos Manuel comenzó su carrera en forma más modesta, como empleado de un banco, siendo después contador de una firma local de exportación e importación y, finalmente, administrador de la rama trujillana del Banco Italiano.[59] Su madre era hija de un próspero comerciante de Trujillo de ascendencia alemana. En 1919, después de terminar sus estudios en el Colegio Nacional de San Juan, Cox ingresó a la Universidad de Trujillo para seguir estudios en la Facultad de Letras. Entonces, su tío Cecilio, prominente abogado y a veces político, propietario del diario *La Reforma,* lo presentó a Antenor Orrego. Cox, muy pronto hizo su ingreso a la "Bohemia de Trujillo" y después al "Grupo Norte",[60] su continuador.

El contacto con Orrego, y su trabajo en la redacción de *La Reforma*, muy pronto estimularon en Cox un gran interés por la política. No pasó mucho tiempo antes de que el joven trujillano se hiciera activo en el tema de la reforma universitaria y que fuera elegido al primero de varios cargos en la Federación de Estudiantes Universitarios. Hacia 1921, Cox secundó a Orrego en la fundación de la primera universidad popular de Trujillo. Más tarde, ese mismo año, durante la sangrienta huelga de Chicama, con Manuel Barreta —un mecánico local de autos, organizador del sindicato y posteriormente muerto en la revolución de Trujillo en 1932— contribuyó a organizar

59. Garbín 1944: 175-76.

60. Entrevista con Carlos Manuel Cox, del 1 de junio de 1967. Miraflores, Lima.

el Comité de Obreros y Estudiantes Pro Huelga en beneficio de los obreros azucareros.[61]

Estas y otras actividades reformistas en la Universidad fueron tajantemente cortadas con la violenta represión de la huelga del valle de Chicama, a comienzos de 1922, y por la ola de dominio gubernamental que la siguió. Un año después, Cox junto con un número de otros estudiantes reformistas del "Grupo Norte", que incluía a Manuel Vásquez Díaz, Alfredo Rebaza Acosta, Enrique Albretch Arias y Pedro Lizarzaburu, que más tarde llegaron a ser importantes líderes apristas de la región, organizaron en la Universidad un corto paro en apoyo de la manifestación obrero-estudiantil del 23 de mayo, que en Lima se pronunciaba contra el régimen de Leguía. Sin embargo, después de la huelga de Chicama, las autoridades locales de ningún modo estaban en condiciones de arriesgar un nuevo desencadenamiento de paros y de posible violencia, y sin pérdida de tiempo se movieron para sofocar esa huelga estudiantil.[62] Algunos estudiantes fueron expulsados de la Universidad a causa de la misma, entre ellos Cox, Vasquez Díaz y Agustín, el hermano de Haya, todos los cuales partieron hacia Lima con la esperanza de poder continuar sus estudios y agitación en San Marcos.[63]

De esta manera, los sucesos de 1922-1923 señalaron en forma más o menos clara la disolución de la original "Bohemia de Trujillo" o, como después se denominaría, del "Grupo Norte". Lo que empezó como un grupo puramente literario de inquietos jóvenes intelectuales de clase media, aguijoneados por Orrego, habían sido sistemáticamente politizados, y en 1923 la mayoría de sus miembros trabajaba activamente, de una u otra manera, en la arena de la política reformista. Si bien se unieron con el deseo de introducir las escuelas literarias de vanguardia, una vez organizados sus miembros debieron admitir los graves problemas sociales que afectaban a la sociedad trujillana. En su búsqueda de una identidad y de un lugar

---

61. Ibíd.

62. Luciano Castillo, el piurano que después fundó el Partido Socialista del Perú, entonces también era dirigente estudiantil en Trujillo (Cornejo 1927: 156-162).

63. Entrevista citada. Cox llegó a ser dirigente de la FEP en San Marcos.

dentro de una sociedad tradicionalmente clasista, al mismo tiempo que hallaba restringidas o cerradas las olas de ascenso económico y social, el grupo se radicalizó cada vez más. Esta radicalización se centró en algunos de los problemas sociales y económicos más graves que el proceso de modernización había originado en el área, problemas que, en muchos casos, habían afectado directamente a las familias de los miembros de la "Bohemia". Aunque, en 1923, como consecuencia de las acciones represivas de Leguía, los miembros del grupo se diseminaron, mantuvieron estrechas relaciones personales y, posteriormente, en 1930-1931, muchos se reencontrarían para formar el Partido Aprista Peruano.

CAPÍTULO 6

Exilio de Haya y génesis del APRA: 1923-1930

Cuando en 1923 Haya dejó el país, aparte de unas cuantas vagas nociones relativas a la justicia social y a la necesidad de "un cambio revolucionario" en el Perú, llevaba consigo muy poco con respecto a una ideología políticamente organizada. Evidentemente, la idea de desarrollar tal programa no había parecido necesaria en el periodo anterior a 1923, en el que dio muestras de ser capaz de utilizar fácilmente sus notables habilidades políticas para dirigir la cresta de la oposición estudiantil y popular contra el régimen dictatorial de Leguía. Sin embargo, su súbito exilio, aunque momentáneamente aumentara en gran manera su prestigio, le hizo ver con claridad la necesidad de formular y difundir efectivamente un programa político, de lo contrario, su exaltada posición dentro del movimiento de reforma se vería completamente socavada por su ausencia. Después de todo, no pasaría mucho tiempo para que se olvidaran sus éxitos del 23 de mayo y para que otros, como el recién llegado José Carlos Mariátegui, llenaran el vacío creado por su partida.[1]

---

1. Según Eudocio Ravines, en realidad lo que ocurrió fue lo siguiente: "Cuatro meses después Haya de la Torre fue exilado… y José Carlos Mariátegui cogió la dirección de sus seguidores y de otros que no habían pertenecido al grupo original" (Ravines 1951: 15). Mariátegui había regresado de Europa poco antes de la manifestación del 23 de mayo, fortificado con ideas marxistas.

Con esto en mente, durante sus subsecuentes viajes al extranjero,[2] Haya comenzó a formular una ideología política que indudablemente le serviría no solo para mantener su nombre en posición prominente entre los grupos reformistas del Perú, sino también como base para la creación de su propio movimiento.[3] Al visitar Panamá, Cuba y México, este último país a invitación del ministro mexicano de Educación, José Vasconcelos, quien le ofreció un pequeño trabajo, se puso en contacto con numerosos intelectuales y con figuras políticas, muchos de los cuales contribuyeron sustancialmente a la génesis de su filosofía. Es importante señalar, pues, que a pesar de lo que se afirma, Haya no parece haber sido nunca un pensador particularmente original, sino que, más bien, tiene talento para reunir, adaptar y popularizar las ideas de otros. Por ejemplo, Haya, aparentemente, tomó de Vasconcelos el uso del término "Indoamérica" como nombre más auténtico y exacto que Latinoamérica, que después ha sido uno de los eslóganes más efectivos de su movimiento. También de Vasconcelos tomó el concepto de "raza cósmica", que igualmente pasó a formar parte importante de su bagaje ideológico.[4]

En mayo de 1924, cuando Haya, en gesto de amistad, presentó a la Federación de Estudiantes Mexicanos la bandera roja y oro de Indoamérica y, simultáneamente, anunció la creación de la Alianza Popular Revolucionaria Americana (APRA), su ideología, todavía rudimentaria, se basaba casi completamente en el precepto del antiimperialismo americano. Si se considera el número de

---

2. Una buena relación del periodo de exilio de Haya se encuentra en Sánchez 1955, pero la obvia parcialidad del autor debe tomarse en cuenta en los puntos polémicos.
3. El propósito del autor es tratar aquí solo aquellas partes de la ideología política de Haya que corresponden directamente a los problemas sociales y económicos de la costa norte del Perú, que encontraron en ella una decidida reacción política. Las ideas políticas de Haya concernientes a otros problemas continentales o peruanos que se consideran periféricas a este estudio, el lector las encontrará en Harry Kantor, *El movimiento aprista peruano* (1953), y en las mismas obras de Haya.
4. Haya llegó a México casi al mismo tiempo que Vasconcelos daba los últimos toques a su libro: *La raza cósmica,* publicado en 1925, obra en la que el filósofo mexicano predecía que una nueva raza surgiría de la mezcla de los "tesoros de todas las razas anteriores" de la América Latina.

importantes intelectuales latinoamericanos (muy especialmente a Manuel Ugarte)[5] que entonces defendían tal idea, uno se maravilla de cómo Haya pudo esperar crear tal movimiento con esa noción. Sin embargo, esto es subestimar el profundo resentimiento que en la década de 1920 emergía en todo el continente contra el imperialismo norteamericano. Además, Haya no solo se dio cuenta del potencial político de la doctrina sino que, salvo los comunistas, son pocos los movimientos, si es que hubo alguno, que en Latinoamérica se pronunciara contra el imperialismo americano.[6]

Resulta importante enfatizar que Haya, usando la dialéctica como vehículo para analizar a Latinoamérica, en cierto sentido buscaba sintetizar los aspectos positivos y negativos del *ethos* latinoamericano. Su adopción del término "Indoamérica" fue, por así decirlo, su forma de expresar lo positivo del *ser* (la esencia) latinoamericano, en tanto que el antiimperialismo le significaba el lado negativo del *estar* (existencia diaria) latinoamericano. En la posterior ideología aprista consiguió reconciliar, sintetizar y aplicar estos conceptos opuestos para analizar la sociología de América Latina en términos políticos viables, como expresión de un movimiento, con lo que brillantemente logró hacer coincidir la teoría con la praxis de la realidad política.

No fue sino en el mes de diciembre que Haya presentó en forma un poco más detallada los fines del APRA y que formuló su famoso programa de cinco puntos. En general, el objetivo principal del APRA, tal como lo subrayó Haya en un artículo publicado poco después,[7] era forjar una alianza política de amplia base, compues-

---

5. Haya admitió después que el libro de Ugarte, *El destino de un continente,* había influenciado considerablemente sus pensamientos sobre el tema. También afirmó que sus viajes por Panamá y el Caribe le hicieron ver los grandes peligros de la penetración económica norteamericana en el área (Haya 1927a: 23-24). Otros prominentes latinoamericanos que defendían similares puntos de vista antiimperialistas fueron José Ingenieros, Alfredo Palacios, Joaquín García Monge y Jesús Silva Herzog, para citar unos cuantos.

6. El movimiento guerrillero de Sandino en Nicaragua, aunque no estalló sino años después, se fundamentó casi exclusivamente en la misma doctrina.

7. El artículo titulado "What is the Apra?", apareció originalmente en inglés en *The Labour Monthly* (Haya 1926: 756). También puede encontrarse en varias obras

ta por todos los sectores de la sociedad que sufrían ostensiblemente la explotación económica del imperialismo norteamericano. Esta alianza o, tal como él la llamó, "frente único", incluiría a obreros, estudiantes e intelectuales, así como a elementos de las clases medias y campesinos, todos los cuales ofrecerían un frente unido contra la penetración norteamericana en América Latina.[8] Según Haya, en todos los países latinoamericanos se establecerían células apristas que se adherirían a su programa de cinco puntos generales (véase nota 2 de la Introducción): acción contra el imperialismo yanqui, unidad política de América Latina, nacionalización de las tierras y de la industria, internacionalización del Canal de Panamá y solidaridad con todos los pueblos y clases oprimidas del mundo.

Por último, cada célula aprista nacional quedaba aparentemente libre para añadir otros puntos al programa, según las condiciones y circunstancias nacionales.

Como quería atraer a la Alianza el mayor apoyo popular posible, Haya, deliberadamente, formuló el programa del APRA en los términos más amplios y generales. Aparte de establecer en forma muy general que "el poder político debía ser capturado por las clases productoras",[9] en ninguna parte indicó en forma específica cómo eliminar el imperialismo norteamericano de América Latina. Es interesante observar que poco antes de la presentación del programa del APRA, se fundaba en México una organización similar llamada Liga Antiimperialista Panamericana, respaldada por comunistas, pero Haya le dio poco relieve y después la atacó por carecer de programa político.[10] Fuese o no cierto, esto indicó su renuencia a integrar un movimiento político en el que no fuera la figura principal.

---

de Haya y de apristas, bajo el título "¿Qué es el Apra?". Por ejemplo véase Haya 1927a: 187-195 usado aquí.

8. Probablemente Haya modeló este "frente o bloque antiimperialista", como a veces lo llamó, a partir del Kuo Min Tang fundado por Sun Yat Sen en China, ya que muchas veces trazó la analogía entre el APRA y el movimiento político chino.

9. Haya 1927a: 192.

10. Ibíd., p. 189. Véase también sus comentarios en *El antiimperialismo y el APRA* (Haya 1936: 53-54).

Evidentemente, a partir de su exilio, o tal vez aun desde antes, tenía en perspectiva crear su propio movimiento político. Es revelador a este respecto un cambio de palabras entre un conocido de Haya, el poeta arequipeño Alberto Guillén, y Germán Leguía y Martínez, ministro de Gobierno del régimen de Leguía. Interrogado por Guillén si alguna vez Haya había sido leguiísta, Leguía contestó: "Haya jamás ha sido otra cosa que hayista".[11]

Cuando, en 1926, apareció el artículo "¿Qué es el APRA?", en el que explica el movimiento, Haya había salido de México y viajado a Rusia, donde observó directamente el nuevo sistema comunista.[12] Quedó profundamente impresionado por lo que vio, aunque ciertamente sin ningún deseo de abandonar el APRA por el partido comunista.[13] Después de recuperarse en Suiza de la tuberculosis sufrida en Rusia, viajó a Londres, donde se matriculó en The London School of Economics. Por entonces, ya había logrado un éxito modesto en propagar el APRA, porque a comienzos de 1927 se habían establecido unas cuantas células apristas en América Latina, siendo las más notables las de Buenos Aires y Ciudad de México, y también la de París, integrada por peruanos exiliados.[14] Además, Haya, que entonces

11. Guillén 1928: 151.

12. Hay gran controversia respecto a los fondos que Haya usó en este y sus subsecuentes viajes. La mayoría de los escritores apristas pretende que Haya pagó sus viajes escribiendo regularmente para varios periódicos y revistas latinoamericanas. (Sánchez 1955: 171). Sin embargo, esto difícilmente parecería ser un ingreso suficiente para cubrir los gastos de los numerosos viajes de Haya durante su exilio. Parece más probable que, de tiempo en tiempo, recibiera apreciables sumas de dinero de una rica benefactora llamada Anna Graves, a quien había conocido y encantado en Lima en 1923 (Ravines 1951: 30 y Enríquez 1951). Enríquez, líder aprista de los primeros tiempos, que después abandonó el partido, dice también que Haya recibió fondos de un gobierno mexicano amigo, probablemente a raíz de sus buenas relaciones con Vasconcelos (Enríquez 1951: 100).

13. Durante largo tiempo, Haya flirteó con los comunistas, aunque aparentemente solo por razones tácticas, por ejemplo, por la plataforma que podían ofrecerle entre los grupos izquierdistas a favor del APRA. Por su parte, los comunistas, hasta 1928, tuvieron la esperanza de atraerlo al partido (Martínez 1947: II, 281).

14. Se fundaron otras células en Centroamérica y Cuba, áreas de gran resentimiento contra el imperialismo norteamericano.

escribía en forma incesante, hacía todo lo posible para difundir su movimiento. En numerosos artículos y cartas, continuamente enfatizaba la importancia del APRA y, exagerando enormemente, pretendía que el movimiento rápidamente ganaba adherentes en toda América Latina, incluso en el Perú. Por supuesto que esta era una distorsión vocinglera, porque durante el periodo comprendido entre 1923 y 1931 el movimiento contó solo con un puñado de estudiantes entusiastas y casi no tuvo apoyo popular, pero la atención que despertó durante el exilio de Haya es un buen índice de su talento publicitario.

Haya permaneció en Inglaterra el año siguiente, estudiando en Londres y después en Oxford. A comienzos de 1927, aprovechó de su proximidad al continente para asistir al Congreso Antiimperialista Internacional de Bruselas, donde se las arregló para conseguir cierta notoriedad al polemizar verbalmente con los huéspedes comunistas sobre la cuestión del papel latinoamericano en el movimiento revolucionario mundial. De regreso en Oxford, continuó estudiando y desarrollando sus ideas sobre América Latina y el APRA. Por último, en agosto de 1927, partió hacia los Estados Unidos, donde pasó varios meses observando la vida norteamericana y debatiendo en varias universidades de Nueva Inglaterra.

Cuando Haya llegó a México, procedente de los Estados Unidos, su concepción del APRA había madurado sustancialmente. Durante su permanencia en Europa había publicado en varios periódicos europeos y latinoamericanos una cantidad de artículos,[15] muchos de los cuales trataron de lo que él consideraba sus demandas políticas mínimas, aquellas vinculadas con los peligros del imperialismo económico norteamericano en América Latina. Sin embargo, no fue sino cuando el comunista cubano Julio Antonio Mella publicó un peligroso ataque al APRA, titulado *La lucha revolucionaria contra el imperialismo: ¿Qué es el Arpa?*, aparecido en México,[16] a comienzos

15. Para los interesados en trazar la evolución de su pensamiento, muchos de esos artículos aparecen en varios de sus libros, entre ellos *Por la emancipación* y *A dónde va Indoamérica*.

16. Una reproducción de este folleto se encuentra en *Amauta* IV, 31-32 (junio-julio, agosto-septiembre, 1930), pp. 41-49, 24-37.

de 1928, que Haya decidió definir en forma sistemática, en un libro, los principales puntos de su naciente filosofía política. El resultado fue *El antiimperialismo y el APRA,* que concluyó en marzo de ese año, aunque no fue publicado sino varios años después.[17]

En *El antiimperialismo y el APRA*, Haya de la Torre intentó demostrar cómo el partido comunista latinoamericano era incapaz de realizar en América Latina un movimiento revolucionario y antiimperialista efectivo y viable. Arguyendo que el ambiente latinoamericano era completamente diferente al industrial europeo, sostuvo firmemente que los comunistas estaban errados al creer dogmáticamente que la teoría marxista podía aplicarse con éxito en América Latina.[18] Sin embargo, esto no significaba que Haya rechazara de plano las ideas marxistas. Por el contrario, estaba fuertemente influido por Marx, pero estaba convencido de que sus ideas tenían que ser adaptadas y moldeadas para encajar en la experiencia americana.[19]

Es muy importante que Haya considerara un desatino apoyarse únicamente en el proletariado urbano para hacer la revolución en América Latina porque, a diferencia de Europa, la sociedad latinoamericana era fundamentalmente agraria y preindustrial en sentido marxista y, por tanto, carente de una fuerte y bien definida clase obrera.[20] Haya no negó que tal clase estuviera en proceso de formación en Latinoamérica. Por el contrario, desde comienzos de siglo, la aparición de empresas mineras, exportadoras de productos agrícolas y aun de industrias ligeras habían significado una gran demanda de mano de obra barata y el resultado había sido la gradual aparición de una nueva clase proletaria. Sin embargo, según Haya, esta clase emergente todavía carecía de unidad y de una fuerte conciencia de clase, necesarias para realizar con éxito un movimiento revolucionario. En realidad sostuvo que, por lo menos temporalmente, en muchos aspectos este proletariado estaba en mejor situación que antes

---

17. Véase la obra, pp. 14-16.

18. Haya desarrollaría después este concepto en su famosa teoría del tiempo y el espacio cuando escribió *Espacio-tiempo histórico.*

19. Véase Haya 1936: 117-118.

20. Ibíd., pp. 54-55.

con respecto a salarios y niveles de vida generales, y que le tomaría cierto tiempo desarrollar una genuina conciencia revolucionaria basada en el conocimiento de que era explotado por el capitalismo extranjero.[21] Así, Haya, certeramente, concluyó que "un partido de clase proletaria únicamente es un partido sin posibilidades de éxito político en estos pueblos".[22]

Como el proletariado latinoamericano no era lo bastante fuerte para dirigir por sí solo los esfuerzos contra el imperialismo extranjero, para cumplir con este objetivo Haya propuso que se formara un "frente único" con las clases medias del continente.[23] Su convicción era que las clases medias latinoamericanas generalmente sufrían más los perniciosos efectos del imperialismo que el mismo proletariado. Escribe así:

> Pero el monopolio que el imperialismo impone, no puede evitar la destrucción, el estancamiento o la regresión de lo que llamamos genéricamente la clase media. Así como el capitalismo industrial al aparecer en los países de más alto desarrollo económico, reduce, absorbe y proletariza a la pequeña burguesía... el imperialismo sojuzga o destruye económicamente a las clases medias de los países retrasados que penetra. El pequeño capitalista, el pequeño industrial, el pequeño propietario rural y urbano, el pequeño minero, el pequeño comerciante, el intelectual, el empleado, etc., forman la clase media cuyos intereses ataca el imperialismo.[24]

---

21. Parece que en toda su obra Haya usó ampliamente la experiencia peruana, particularmente en el siguiente pasaje que no es aplicable a países latinoamericanos más industrializados, como es el caso de Argentina. Escribe lo siguiente: "El obrero de pequeña industria y el artesano independiente, al ser captados por una nueva forma de producción con grandes capitales, recibe un salario seguro y más alto, devienen temporalmente mejorados, se incorporan con cierta ventaja a la categoría de proletario industrial. Venden su trabajo en condiciones más provechosas. Así ocurre también con el campesino pobre, con el peón y con el siervo indígena. Al proletarizarse dentro de una gran empresa manufacturera, minera o agrícola, disfrutan casi siempre de un bienestar temporal" (Haya 1936: 63-64).

22. Ibíd., p. 54.

23. Ibíd., pp. 148-149. Haya, por primera vez, sugirió el rol importante de las clases medias en la lucha contra el antiimperialismo en un artículo publicado en *Amauta,* II, n.º 9 (mayo de 1927), pp. 6-7.

24. Haya 1936: 65.

Además, al tratar de oponerse a la idea de que la pequeña burguesía era esencialmente conservadora, Haya razonó que en América Latina las clases medias tenían una mayor aptitud para la lucha revolucionaria que sus contrapartes europeas. Porque en Europa dichas clases, desde hacía mucho tiempo, habían derrotado a las viejas clases feudales de terratenientes y ganado el poder político. Esto aún no había ocurrido en Latinoamérica y la clase feudal, aliada con el imperialismo extranjero, ahora amenazaba la misma existencia de las clases medias.[25] Por consiguiente, tal como lo vio Haya, las clases medias latinoamericanas estaban más que listas para lanzar sus puntas de lanza contra el imperialismo extranjero y sus aliados oligárquicos.

Una vez que Haya hubo identificado a las partes componentes que él esperaba se convertirían en la clientela del APRA, principalmente los sectores descontentos de las clases medias junto con el proletariado emergente, se volvió hacia el problema de cómo lograr el fin principal del movimiento, es decir, la sujeción del imperialismo extranjero a control. Anteriormente, había afirmado que la clave de este objetivo residía en la captura del poder político porque, sostenía, era allí donde los intereses económicos extranjeros, en colusión con la clase gobernante, ganaban y sostenían el acceso a la estructura económica latinoamericana. Parafraseando a Lenin, escribió "la cuestión fundamental de la lucha antiimperialista en Indoamérica es la cuestión del poder".[26] Por esta razón, Haya consideró que era absolutamente necesario que el movimiento se organizara en el Perú como un partido político y no que permaneciera, como lo sostenían los comunistas y después Mariátegui, como una alianza vagamente construida, conformada por los sectores descontentos y oprimidos de la población.[27]

---

25. Ibíd., pp. 150-151.

26. Ibíd., p. 53.

27. El hecho de que Haya emprendiera el establecimiento de un partido político en el Perú contribuyó, finalmente, al cisma ideológico con Mariátegui. Durante un tiempo, Mariátegui se mostró dispuesto a cooperar con Haya dentro del amplio marco de una alianza en la que, a pesar de ciertas diferencias, los dos hombres podrían convenir en ciertos preceptos generales, tales como la oposición al capitalismo yanqui. Sin embargo, Mariátegui no podía aceptar la formación de un

Aunque en *El antiimperialismo y el APRA*, Haya no especificó cómo el APRA iba a derrotar a la clase gobernante y a lograr el poder político, sí pensó lo que se podría hacer en el poder. Abogando por una política socialista a la vez que económicamente nacionalista, afirmó que el imperialismo sería controlado a través de la amplia nacionalización y progresiva "cooperativización" de las empresas extranjeras. Escribió lo siguiente:

> La primera actitud defensiva de nuestros pueblos tiene que ser la nacionalización de la riqueza arrebatándola a las garras del imperialismo. Luego, la entrega de esa riqueza a quienes la trabajen y la aumenten para el bien colectivo: su socialización progresiva bajo el contralor del Estado defensa y por el camino de un vasto cooperativismo.[28]

Además, como estaba seguro de que después de su derrota inicial el imperialismo extranjero reagruparía sus fuerzas para otro asalto a la economía nacional, Haya propuso la creación de lo que él llamó el "Estado antiimperialista". Arguyó que tal Estado limitaría la iniciativa privada, controlaría la producción, el comercio y la circulación de la riqueza nacional cuando fuera necesario, negaría los derechos económicos individuales y colectivos en pro del bien nacional. En resumen, significaría la regulación estatal del sistema capitalista imperialista.[29]

---

partido, como Haya proponía precisamente, porque no estaba de acuerdo con muchas de las ideas específicas proclamadas por este y que formarían parte del programa del partido (Martínez 1947: 295-296). Además, Mariátegui creía que la formación de un partido revolucionario en el Perú era entonces prematura, porque aún no existía una "conciencia revolucionaria" entre los sectores oprimidos de la sociedad. Creía que solo a través de un largo y concertado esfuerzo educativo estos sectores podrían llegar a tener esta conciencia, y que solo entonces sería posible la creación de un partido político que tuviera éxito.

28. Haya 1936: 74, 121, 124.

29. Ibíd., pp. 138-141. Sin embargo, esto no significa que el Estado rechazaría totalmente al capital extranjero, porque Haya reconocía que América Latina no podía progresar y modernizar su arcaica estructura económica sin la ayuda del capital foráneo. Pero, para el bien de la nación, Haya proponía el control y no la eliminación del capital extranjero. Ibíd., pp. 154-159.

Una vez construido el Estado antiimperialista y liberadas las clases proletarias y medias del yugo de la dominación imperialista, Haya creía que, entonces, sería posible una segunda etapa del desarrollo revolucionario. Esta fase estaría caracterizada por la consiguiente captura del poder por las clases proletarias, que entonces cumplirían la "revolución socialista" de acuerdo con la tesis marxista de la "dictadura del proletariado".[30] Sin embargo, Haya dijo que esta se produciría mucho después y se mantuvo deliberadamente vago en la especificación de detalles. Tal como lo enfatizó, el propósito principal de la revolución del APRA era liberar a América Latina del imperialismo extranjero.

Mientras tanto, a la vez que Haya formulaba y finalmente señalaba en líneas generales su ideología política para América Latina, también se preocupaba de que estas ideas se difundieran ampliamente en el Perú, donde esperaba convertir al APRA en un partido político viable. Esto había sido difícil en los últimos meses por la crisis general de las "actividades izquierdistas", ya que el régimen de Leguía, entre otras cosas, clausuró temporalmente *Amauta* y arrestó a gran número de "comunistas sospechosos". Sin embargo, antes de la represión de 1927, Haya consiguió un considerable progreso en la difusión de sus ideas, particularmente en Trujillo, su ciudad natal, y en sus alrededores.

Su éxito se explica en parte por el hecho de que Haya había desarrollado vigorosos vínculos personales e ideológicos con el grupo reformista de Trujillo, que se centraba alrededor de la figura de Orrego y del diario *El Norte.* Sin embargo, es también evidente que gran parte del mensaje de Haya concernía a los peligros con que el imperialismo atacaba a la región, donde las gigantescas empresas azucareras, de propiedad extranjera, desde hacía años desbarataban los tradicionales patrones agrarios y comerciales. En realidad, incluso antes de que Haya formulara sus ideas sobre el particular, *El Norte,* como se recordará, había abogado insistentemente contra la política

30. Ibíd., p. 122.

de absorción de las tierras y el comercio por parte de la empresa Casa Grande, de propiedad alemana.[31]

Así, cuando Orrego y otros miembros del cuerpo de redacción de *El Norte* comenzaron a recibir el programa de cinco puntos de Haya y otros pronunciamientos antiimperialistas, no dudaron en publicarlos con enormes titulares en las páginas de su periódico. Esto fue particularmente cierto a medida que la crisis, generalmente atribuida a la política monopolista de Casa Grande, se acentuó en Trujillo y sus alrededores en los años 1926 y 1927. El siguiente informe de la carta que Haya escribió a un trujillano es típico del contenido de los artículos que, respecto de Haya y el APRA, aparecían en *El Norte* durante ese periodo. Bajo el siguiente título: "El fundador del APRA o Partido Antiimperialista Americano insiste en que el programa de su partido para el Perú implica nacionalización de la riqueza, defensa de la soberanía nacional amenazada por el imperialismo yanqui", el artículo decía:

> La carta [de Haya] explica después los peligros de la actual situación económica del Perú. Dice que imperialismo implica monopolio, gran trust, y por ende destrucción del pequeño capital, de la pequeña propiedad y del pequeño comerciante. Dice que es por esto que en el Perú se están produciendo quiebras y crisis en el comercio nacional. El trust, el monopolio poderoso que implica el imperialismo destruye toda competencia. Por eso, el imperialismo no es sólo una amenaza para las clases medias, para los pequeños capitalistas y comerciantes. Por eso el imperialismo es enemigo de la nación y la nación debe insurgir contra él.[32]

Tales artículos fueron bruscamente interrumpidos porque Leguía clausuró *El Norte* a fines de junio de 1927, pero tuvieron éxito, pues sembraron la semilla del aprismo en toda la región de Trujillo.

Otro vehículo importante para la propagación de las ideas de Haya en el Perú fue *Amauta,* revista izquierdista dirigida por

---

31. Véase capítulo 5.

32. *El Norte,* 5 de junio de 1927.

Mariátegui. Desde su misma fundación en 1926, Mariátegui, generosamente, le ofreció a Haya una caja de resonancia para el APRA, aun cuando ideológicamente ya eran aparentes las semillas de discordia de los dos futuros revolucionarios. Haya tal vez vio en Mariátegui una amenaza potencial a su gran ambición de dirigir la izquierda peruana.[33] Más importante aun, Eudocio Ravines probablemente acierta cuando, años después, escribió que era inevitable la ruptura entre Mariátegui y Haya. Dice que "aun cuando superficialmente mantenían relaciones amistosas, eran realmente diferentes. Mariátegui era un intelectual, un teórico, mientras que Haya demandaba acción y se impacientaba por la actitud meditabunda con que este abordaba los problemas del día".[34]

Ravines ha señalado un punto muy importante, que explica no solamente la ruptura con Mariátegui sino también la aparente y paradójica cualidad en el comportamiento de Haya de la Torre. A pesar de su obvia tendencia al activismo en política, Haya se ha considerado a sí mismo esencialmente como teórico político, presentándose siempre como un verdadero pensador latinoamericano. Sus muchos libros y relaciones personales con importantes intelectuales del mundo han llevado a sus seguidores y simpatizantes a aceptar, no sin cierta razón, que es, efectivamente, un importante pensador político. Basta señalar su trabajo *Espacio-tiempo histórico,* en el que da un original vuelco político a la teoría de la relatividad de Einstein, para afirmarlo como pensador. Sin embargo, nadie negará en el carácter de Haya su fuerte, cuando no desbordante, activismo político. Son precisamente estos roles de teórico y activista, opuestos y aparentemente complementarios, los que son causa de conflicto y tensión en su comportamiento público. Haya, el activista, ha tenido que comprometer, con demasiada frecuencia, las sólidas teorías de Haya el pensador, con el consecuente resultado de frustrar, cuando no desilusionar, a la opinión pública. Por eso, muchos de sus partidarios ideológicos, al

---

33. Luis Eduardo Enríquez sugiere esto y lo ratifica citando la carta que recibió de Haya en 1930, en la que acusa a Mariátegui de arrebatarle muchos de sus anteriores correligionarios obreros (Enríquez 1951: 45-46).

34. Ravines 1951: 14-15.

sentirse desilusionados y traicionados por sus actos, se han volteado violentamente contra él.

Aunque, ciertamente, Mariátegui no puede ser clasificado como seguidor de Haya, es evidente que lo confundía e irritaba la aparente obsesión de este de utilizar cualquier pretexto para hacer públicas las exhortaciones de Lenin de que los revolucionarios tomaran el poder. El llamado Plan de México de 1928, en el que Haya anunció la formación del Partido Nacionalista Libertador Peruano (PNL),[35] fue uno de los hechos que, a la postre, se convertiría en el episodio que condujo a la ruptura final entre ambos líderes. Aunque es muy poco lo que se conoce de dicho plan, parece claro que el impaciente Haya, siempre buscando seguir la exhortación de Lenin a los revolucionarios de apoderarse del poder, armaba un complot para derrocar a Leguía.

Aparentemente, Haya de la Torre creyó que, al aproximarse en el Perú las elecciones de 1929, Leguía era políticamente vulnerable después de nueve largos años en el poder. Por eso, a la vez que declaraba su propia candidatura presidencial bajo los recientemente formados pabellones del PNL (una filial del APRA), posiblemente con la esperanza de incitar a las masas a una abierta oposición a Leguía, también comenzó a organizar un levantamiento armado de los trabajadores petroleros de Talara, bajo la dirección del capitán Felipe Iparraguirre.[36]

Cualesquiera fueran las posibilidades de éxito, y, retrospectivamente, parece que fueron muy pobres dado el fuerte dominio de Leguía sobre todo el país, en realidad el plan nunca cobró impulso, primero, porque la anunciada candidatura de Haya prácticamente no despertó entusiasmo popular, y también porque Iparraguirre fue arrestado por las autoridades meses después de su llegada subrepticia

35. Una copia del manifiesto se encuentra en Martínez 1947: 290-293.

36. Sánchez 1955: 203-231. El hecho de que Haya organizara una revuelta armada contra el gobierno indica que la declaración de su candidatura era simplemente una medida destinada a distraer al gobierno del plan de Talara. Esta interpretación parece confirmada por su explicación del plan en la famosa carta a César Mendoza, fechada en Berlín el 22 de septiembre de 1929, reproducida en: Partido Aprista Peruano 1933: 5-9.

a Talara. Además, Haya, quien inició su retorno al Perú por si el plan mostraba algún viso de triunfar, fue detenido en Panamá por las autoridades, probablemente a solicitud de Leguía, y mandado de vuelta a Europa en el siguiente barco.[37]

Cuando se supo todo el episodio y su fracaso, muy pronto constituyó un punto de seria mortificación para Haya y motivó una severa división entre los reformadores peruanos. Mariátegui, por ejemplo, se horrorizó por el modo unilateral y al parecer frívolo como Haya había procedido en el serio asunto de hacer una revolución, y concluyó que sus tácticas eran una reminiscencia de las que se usaban tradicionalmente en el mismo sistema político peruano, que ostensiblemente se esperaba que él cambiase. Cuando Haya le replicó a Mariátegui, en un tono menos que cortés, tildándolo entre otras cosas de limeño con excesivo "tropicalismo y europeísmo", terminaron abruptamente las relaciones formales que mantenían.[38] Las arbitrarias tácticas de Haya provocaron un descontento manifiesto en todos los otros círculos reformistas, incluso en algunas células apristas, y por un tiempo pareció que le quedaban pocos partidarios.[39]

Durante la conmoción y consiguiente fraccionamiento del movimiento de reforma, a su pesar, Haya se encontró en Alemania. Llegó a Bremen en diciembre de 1928, después de que las autoridades panameñas arbitrariamente lo pusieron a bordo de un carguero alemán. Una vez en Alemania se dirigió a Berlín, y gracias a los contactos hechos durante su primer viaje consiguió trabajo en la Wirschaft

---

37. J. G. South, Legación de los Estados Unidos de N. A., ciudad de Panamá, al Secretario de Estado, 20 de diciembre de 1928; General Records of the Department of State Relating to the Internal Affairs, 1910-1937, Decimal File, n.º 810/43 A.P.R.A./*6, NA,* RG59.

38. Véase el intercambio de cartas entre los dos, reproducidas en Martínez 1947: 296-299. Posteriormente, Haya acusó a Mariátegui de ocasionar el fracaso del plan por no apoyar su supuesta candidatura presidencial. Véase la carta a Mendoza ya citada. Sin embargo, aparentemente, Mariátegui no supo nada de la propuesta de revuelta en Talara, aunque posteriormente los apristas pretendieron que el mismo Haya lo había informado del plan en una carta enviada desde México por medio de un portador (Sánchez 1955: 205).

39. Una detallada discusión de este debate, que incluye varios documentos importantes, se encuentra en Martínez 1947: 295-375.

Institut Latein Amerika. En los años que siguieron, vivió en Berlín, escribiendo, estudiando e intentando revivir la prácticamente difunta estructura del APRA, que había sufrido una serie de defecciones después del fracaso del Plan de México. En realidad, como un antiguo aprista vívidamente lo manifestara después, "apenas llenábamos un banco de parque público",[40] No fue sino después de la caída de Leguía, en agosto de 1930, que Haya pudo revivir al APRA y transformarlo en la fuerza política más importante del país.

40. Enríquez 1951: 80.

CAPÍTULO 7

La respuesta política: de las elecciones a la revolución, 1931-1932

El 22 de agosto de 1930, un oscuro teniente coronel del ejército llamado Luis M. Sánchez Cerro anunció una nueva era en la política peruana cuando, al mando de la guarnición de Arequipa, notoriamente golpista, se pronunció contra el régimen ya vacilante de Leguía.[1] En cosa de pocos días, el hasta entonces poderoso Leguía, que había gobernado dictatorialmente el Perú durante más de once años de reinado político, cayó lastimosamente enfermo en la oscura celda de una fragata anclada en la bahía del Callao, mientras que, en Lima, los ubicuos políticos criollos conspiraban nuevamente con afán para guiar los destinos de la nación. Muy pocos de ellos advirtieron que, no obstante el corte aparentemente tradicional de los sucesos que condujeron al golpe de agosto, las reglas del juego nunca volverían a ser exactamente las mismas, porque el desconocido Sánchez Cerro, un mestizo de origen modesto, al derribar el gobierno de Leguía, inauguraba, sin saberlo, la participación de las masas en el proceso político peruano.

El golpe contra Leguía no fue inesperado. El terrible ataque de la depresión mundial y el consiguiente estallido de cuartelazos en

1. El manifiesto de Arequipa de Sánchez Cerro, que ostensiblemente fue preparado por el notable abogado local José Luis Bustamante y Rivero, incluía los siguientes puntos: no se permitía la reelección presidencial; elecciones municipales; renovación del sistema judicial; descentralización y derogación de la conscripción vial obligatoria (Alayza y Paz Soldán, et ál. 1953: 93-99).

toda América Latina determinaron la inevitable caída del gobierno peruano, siempre atado a los préstamos extranjeros. En realidad, en Lima, la chismografía política inmediatamente anterior al golpe no se refería a si la caída del régimen era inminente sino que se preguntaba quién dirigiría el movimiento.[2]

La noticia de la desaparición política de Leguía fue acogida jubilosamente por Haya de la Torre en su exilio de Bremen, e inmediatamente puso en acción sus planes para organizar en el Perú el partido aprista. En realidad, al igual que otros, había previsto desde antes que la caída de Leguía estaba cercana y había alertado a sus partidarios, desparramados en América Latina y en Europa, a prepararse para viajar al Perú en el momento que llegara el día fatal. Por eso, poco después de que Sánchez Cerro tomara el control del Palacio de Gobierno de Lima, más o menos una docena de exiliados apristas iniciaba su retorno al Perú. En septiembre, un comité ejecutivo del partido se establecía en Lima bajo la dirección del líder Luis Enríquez, un íntimo de Haya, y hacía gestiones para organizar el movimiento en todo el país.[3] En lo que concierne a Haya, este, cautamente, permaneció en Bremen esperando la reacción del nuevo gobierno frente a los esfuerzos organizativos del APRA, y evaluando sus oportunidades para postular a la presidencia si se convocaba a elecciones.

Pronto se vio justificada la renuencia de Haya de la Torre para regresar inmediatamente al Perú, porque la "primavera democrática" que siguió al derrocamiento de Leguía se esfumó cuando el gobierno, nuevamente, comenzó a combatir la actividad política aprista. Parece que varios factores motivaron la renovada represión. Uno de

---

2. Lo que sorprende de todo el episodio es cómo el una vez políticamente astuto Leguía erró sus cálculos para detener el golpe, aferrándose hasta el fin a la esperanza de poder negociar con los rebeldes. Leguía cometió uno de los pocos errores de su larga carrera política y perdió su oportunidad de vivir los años que le quedaban en los confines relativamente tranquilos de París o Nueva York. Un año después moría miserablemente en un hospital.

3. Sánchez 1955: 258. La tarea de organizar el partido fue enorme, porque aparentemente en el país solo existían unas cuantas células apristas antes de 1930 (Enríquez 1951: 72).

ellos fue el alarmante número de disturbios que con regularidad estallaban en todo el país y que amenazaban la poca estabilidad que había sido capaz de establecer el régimen de Sánchez Cerro. Presionado por el estallido simultáneo de una serie de huelgas laborales, desórdenes universitarios, luchas armadas entre comunistas y apristas y, al mismo tiempo, defendiéndose de una serie de contragolpes intentados por los disgustados leguiístas, Sánchez Cerro, sin mejores alternativas, se vio obligado a recurrir a medidas represivas para restaurar el orden.[4] Sin embargo, el hecho de que el gobierno optara por actuar más vigorosamente contra los apristas podría indicar que algo más que la simple restauración del orden motivó la decisión del presidente. Día a día se hacía más evidente que Sánchez Cerro, apoyado por los elementos del viejo partido civilista que en 1919 fueron despojados del poder por Leguía, tenía intenciones de permanecer en la silla presidencial y que preparaba su "autoelección" para el cargo.

La decisión de Sánchez Cerro de convocar a "elecciones" en las que él sería el candidato principal provocó la fuerte oposición no solo de los apristas, que en el momento luchaban por no ir presos, sino también de la recientemente organizada Acción Republicana. Este partido, moderado, que ocupó el centro del espectro político, abogó abiertamente porque hubiera elecciones libres en las que solo candidatos civiles pudieran postular a la presidencia.[5] Su pedido fue apoyado por numerosos grupos políticos que se oponían a la elección de Sánchez Cerro. Una vez más, el ejército probó ser el factor decisivo en la disputa. En enero de 1931 se volvió a levantar la guarnición de Arequipa, esta vez contra Sánchez Cerro, y, después de una serie de complicadas maniobras, el teniente coronel se vio obligado a renunciar y embarcarse hacia Europa para allí esperar los acontecimientos políticos. Una nueva Junta Nacional de Gobierno, presidida por David Samanez Ocampo, viejo y respetado pierolista, se instaló en Palacio a comienzos de marzo de 1931. Contaba con el fuerte respaldo

---

4. Miró Quesada 1947: 67-119.

5. El partido Acción Republicana fue organizado en enero de 1931 por un grupo de distinguidos abogados, que incluía a Ernesto y José María de la Jara y Ureta, Alberto Ulloa Sotomayor y Jorge Basadre.

de Gustavo Jiménez, jefe de la poderosa guarnición de Lima, que desempeñó un papel clave en lograr la renuncia de Sánchez Cerro.[6]

La nueva Junta, que representaba una amplia gama de opinión nacional,[7] pronto anunció su intención de convocar a elecciones nacionales en las que podrían participar todas las facciones políticas, salvo la comunista. Además, su flamante presidente declaró que los ciudadanos elegirían, también, representantes a un nuevo Congreso Constituyente. El problema más espinoso que dicha agrupación debió resolver para la realización de estas nuevas elecciones fue la dación de una nueva ley electoral que satisficiera a los diversos agrupamientos políticos del país. Dentro de un compromiso moderado entre las fuerzas apristas más radicales y los conservadores partidarios de Sánchez Cerro, la Junta otorgó el voto a todos los varones mayores de 21 años que supieran leer y escribir, instituyó el voto secreto y garantizó la representación minoritaria en el Congreso, a la vez que rechazó la institución del sufragio universal completo.[8]

Con el advenimiento de la Junta presidida por Samanez, ocurrida en el mes de marzo, y el subsecuente debilitamiento de los controles políticos, la actividad de las fuerzas apristas se aceleró rápidamente en todo el país. La nueva organización liberó a los líderes apristas que habían sido encarcelados u obligados a esconderse por la anterior Junta de Sánchez Cerro, y el partido, inmediatamente, los despachó a provincias para dirigir la organización de la campaña que se avecinaba. En Lima, se registró oficialmente al Partido Aprista Peruano y se constituyó un nuevo comité ejecutivo presidido por el trujillano Carlos Manuel Cox. En la atmósfera cargada de la capital, donde los efectos de la depresión habían radicalizado a buena parte de las clases medias y obreras, no pasó mucho tiempo antes que el recientemente organizado PAP comenzara a reclutar gran cantidad de

---

6. Basadre 1948: 647-648.

7. En la Junta estaban representadas todas las regiones importantes del país.

8. El APRA había propuesto el establecimiento de estas provisiones y las consideró como una gran victoria en vista de la fuerza de la oposición (véase *La Tribuna* del 27 de mayo de 1931). El partido había pedido, además, el sufragio universal, incluyendo en el voto tanto a varones como a mujeres a partir de los 18 años.

partidarios. Al llegar mayo, el partido había fundado varios diarios en todo el país, entre ellos *La Tribuna*, en la capital, mientras que Haya, todavía en Alemania, preparaba su regreso para dar comienzo a su campaña presidencial. Por último, el comité ejecutivo del PAP anunció el primero de una serie de congresos apristas regionales que tendría lugar en Trujillo, a fin de elaborar la plataforma y programa del partido para la inminente campaña electoral.

En Trujillo, la incipiente organización del PAP había funcionado esporádicamente desde la caída de Leguía. Nuevamente, fue Antenor Orrego quien encabezó las actividades del movimiento en los alrededores y en la misma capital norteña. Orrego se había visto obligado a restringir sus actividades políticas desde que en 1927 Leguía ordenó la clausura de *El Norte,* pero no abandonó Trujillo. Al caer Leguía, Orrego comenzó nuevamente a imprimir el periódico, reasumiendo la política largamente mantenida por el diario de defender los intereses de los pequeños comerciantes, agricultores, empleados y braceros azucareros de la región. Orrego, entonces un decidido partidario de Haya, gradualmente convirtió al diario en órgano oficial del movimiento aprista en la región. En las páginas de *El Norte*, al igual que antes, Orrego enfocó con atención particular los males sociales que en el área habían creado las empresas azucareras extranjeras, y poco a poco comenzó a desarrollar el enfoque aprista para remediarlos.[9]

En mayo de 1931, Orrego ya había logrado establecer los primeros eslabones de una coalición política que en las próximas décadas aseguraría el dominio aprista en la política de la región. La coalición, esencialmente configurada según el molde antiimperialista de Haya, se componía de los intelectuales no comprometidos, pequeños agricultores, comerciantes y artesanos, y de los empleados y braceros de las grandes haciendas azucareras. Víctimas de las dislocaciones sociales y económicas que eran resultado de la modernización de la industria azucarera en la región, estos sectores alienados, entonces más afectados aun por la depresión, se convirtieron en elementos fundamentales del nuevo partido aprista. En ninguna parte se reflejó

---

9. Véase *El Norte* de ese periodo.

mejor la coalición que en la composición del primer comité ejecutivo del PAP en Trujillo y en los pueblos vecinos.

En Trujillo, el comité del partido contaba entre sus miembros cuatro personas que podían ser clasificadas como intelectuales, tres que tenían estrechos vínculos con los braceros azucareros, tres comprometidos en el comercial local y Orrego que, como presidente de la Sociedad Unión de Empleados de la localidad, representaba a los empleados de la ciudad.[10] Además, era significativo que varios de estos dirigentes del PAP provinieran de familias que, como la de Spelucín, habían sufrido directamente la brusca descomposición económica producida por el surgimiento de los carteles azucareros.[11] Por ejemplo, Francisco Dañino Rebatto, secretario del Interior, procedía de una familia de pequeños comerciantes cuyo negocio se vio seriamente afectado por el bazar de Casa Grande. A medida que se pasaba a los pueblos vecinos, la composición de los comités del PAP cambiaba ligeramente, con el predominio de agricultores independientes. Por ejemplo, en Virú, pueblo situado en un valle vecino, el comité estaba dominado por tres miembros de una familia de pequeños agricultores.[12]

A comienzos de mayo, Orrego, que actuaba velozmente en el nuevo clima de libertad política, hizo un llamado a los recientemente formados comités provinciales y se convino en realizar el primer

10. En *La Tribuna* del 24 de mayo de 1931 se encuentra una lista de miembros del comité ejecutivo de Trujillo. La información relativa a las ocupaciones y antecedentes de los mismos la he obtenido de conversaciones con Leopoldo Pita V., Luis Cáceres Aguilar, Carlos Manuel Cox y con la Sra. Carmela Spelucín de Orrego, todos trujillanos de ese periodo.

11. Citaremos dos ejemplos: el Dr. Enrique Albrecht Arias era hijo de un pionero hacendado azucarero quien se vio obligado a vender a los Gildemeister; Alejandro Spelucín, cuyos hermanos fueron también apristas, provenían de una familia que había sido muy próspera en Ascope y cuyos negocios se arruinaron por la competencia del bazar de Casa Grande; Luis Cáceres Aguilar provenía de una familia de pequeños agricultores de Santiago de Cao, área en constante lucha con Cartavio, de propiedad de la Grace.

12. Véase *APRA*, del 7 de mayo de 1931, donde aparece el comité de Trujillo. Entrevista con Leopoldo Pita V. en Lima, 30 de marzo de 1967. Según Pita, el APRA consiguió buena parte de su fuerza rural de este sector.

Congreso Aprista Regional de Trujillo. Integrado por los nuevos dirigentes del PAP de La Libertad y departamentos vecinos, el Congreso constituyó el primer intento del partido para formular un programa aceptable a diversos elementos de la coalición. El resultado fue un extenso programa de 89 puntos que, dramáticamente, tocaba los principales males sociales y económicos que afectaban a la región.[13]

De los sectores específicos de la coalición fueron los obreros azucareros quienes, con largueza, recibieron la atención principal de los casi setenta delegados del Congreso. Se aprobaron medidas para eliminar el sistema de tareaje, establecer el salario mínimo, prohibir el odiado sistema de enganche, instituir el derecho de organización y de huelga, la sindicalización obligatoria, la creación de adecuados servicios sanitarios y médicos en las haciendas de la región e igual trato y remuneración para los empleados nacionales y extranjeros que desempeñaran funciones similares. La mayoría de estas medidas servirían para remediar muchas de las injusticias denunciadas por los trabajadores azucareros en las violentas huelgas de 1917 y 1921.[14] Además, el Congreso propició la "cooperativización" de las haciendas costeñas, medida que se proponía a las compañías azucareras de propiedad extranjera para incrementar el beneficio de los trabajadores.

En la agenda del Congreso también fueron importantes las soluciones específicas propuestas para resolver los problemas de los pequeños agricultores y comerciantes de la zona. En el caso de los primeros, se bosquejaron medidas para solicitar proyectos de irrigación extensiva, la creación de pequeños bancos regionales de crédito y una reforma y revisión completa del sistema de distribución del agua. Debe recordarse que esta última medida fue el instrumento principal que usaron los hacendados para despojar a los pequeños terratenientes de la región y desde hacía mucho tiempo era fuente de un profundo resentimiento contra ellos.[15] En lo que concierne al comercio, los apristas prometieron eliminar el mayor motivo de

13. El programa está reproducido en *APRA* del 5 julio de 1931 y en *La Tribuna* del 3 de junio de 1931.
14. Véase capítulo 3.
15. Véase capítulo 4.

queja de los comerciantes de la región de Trujillo, es decir, derogar la concesión gubernamental a Casa Grande que permitía a la firma germano-peruana importar mercancías a través del puerto de Malabrigo. Este problema había generado un grado tan alto de intensidad emocional que, a pesar de la depresión mundial, se consideraba como el factor más importante que impedía el retorno de la prosperidad comercial a la zona.[16] Además, para atraer a los comerciantes del área, se propuso como plataforma del partido solicitar la nacionalización del sistema ferroviario, manejado por extranjeros. Las altas tarifas ferroviarias eran criticadas desde hacía mucho tiempo por dicho sector de la población, y se consideró que la nacionalización era la única solución al problema.

Los demás puntos de la plataforma trataban de cuestiones más amplias que afectaban a todos los elementos de la coalición departamental. Así, formaban parte del documento medidas tales como el control del interés, precios tope para ciertos víveres básicos, medidas relativas a la educación y un aumento forzoso del porcentaje de tierra cultivable que debía ser dedicado al cultivo de productos alimenticios. Al finalizar su trabajo, armados con la nueva plataforma y con los escritos de Haya y de otros apristas que, apresuradamente, les había hecho llegar el comité de Lima, los 78 delegados dejaron Trujillo dispuestos a embarcarse en un nuevo periodo de proselitismo partidario.

Tal como se indica en la plataforma del partido, uno de sus principales objetivos era penetrar en los descomunales centros industriales de las haciendas de la región para ganar la adhesión de los trabajadores azucareros. Eran obvias las ventajas electorales de atraer a este sector, ya que había alrededor de 25.000 trabajadores ubicados en las tres principales haciendas del área. Sin embargo, la tarea iba a resultar difícil en muchos aspectos, porque, en su gran mayoría, dicho sector estaba formado por campesinos de la sierra, ignorantes y analfabetos, que solo en forma parcial se habían aculturado a la sociedad criolla de la costa. A fin de politizar a todo este grupo, se

---

16. Véase capítulo 5.

necesitaba que el PAP desarrollara un esfuerzo hercúleo, ya que las elecciones tendrían lugar en octubre, es decir unos cuantos meses más tarde. Resultaba evidente que la tarea no era completamente realizable, aunque el partido consideró el problema a más largo término, esperando cuando menos poner el proceso en acción y plantar las semillas para un eventual control en ese sector. Por otra parte, el éxito temporal de la huelga de 1921 indicó que era posible un cierto grado de politización entre los trabajadores y, por consiguiente, los esfuerzos del PAP en esa dirección podían dar resultados a corto plazo.

Otro problema lo constituyó la perenne oposición de los hacendados a todo intento de sindicalizar a los trabajadores. Tal vez por esta razón el PAP no se esforzó en embarcarse en un programa de sindicalización, sino que limitó su actividad a establecer una organización partidaria entre sus filas. De este modo pudo evitar la abierta hostilidad de los hacendados contra la sindicalización, que a la larga habría conducido a la intervención armada de las autoridades locales. Además, es evidente que sus dirigentes razonaron que, una vez organizado el partido, la sindicalización constituía un paso muy corto. Tal plan tenía, también, la ventaja de asegurar el control aprista de los sindicatos cuando, finalmente, se organizaran.[17]

El esfuerzo del partido para penetrar entre los trabajadores azucareros fue dirigido por Manuel Arévalo Cáceres.[18] Hijo de un pequeño agricultor de Santiago de Cao, cuyas parcelas fueron absorbidas por Cartavio, Arévalo nació en 1903, y de muy corta edad fue a trabajar como aprendiz de mecánico en la cercana hacienda de la Grace. Estuvo activamente comprometido en el movimiento de sindicalización en el valle durante la huelga de 1921 y, junto con otros organizadores, fue arrestado y encarcelado cuando Leguía reprimió el movimiento. En la siguiente década, Arévalo trabajó por corto

17. Entrevista con Luis Cáceres Aguilar, exdiputado aprista por La Libertad, en Lima, el 10 de junio de 1967. Cáceres ayudó a organizar para el partido la hacienda Cartavio en 1931 y trabajó estrechamente con su primo, Manuel Arévalo Cáceres, el más importante dirigente del PAP, que organizó el partido entre los trabajadores azucareros de la región.

18. Estos y otros datos sobre la organización del PAP en las haciendas azucareras fueron obtenidos en conversaciones con Luis Cáceres Aguilar.

tiempo en la Northern Perú Mining Company, minas de cobre de Quiruvilca, y en la Peruvian Corporation, que operaba el ferrocarril entre Salaverry y Trujillo; ambos empleos los perdió a causa de sus intentos por sindicalizar a los trabajadores. La caída de Leguía, en 1930, lo encontró trabajando en un taller de reparación de autos en Trujillo y siempre ocupado en actividades sindicales, como ser secretario general del Sindicato de Choferes de esa localidad.

El año siguiente, Arévalo, como aprista reconocido, realizó un proceso considerable al organizar el partido en varias haciendas de la región. En estos esfuerzos fue ayudado por Agustín, el hermano de Haya de la Torre, y por el Dr. Carlos C. Godoy, ambos muy respetados por los trabajadores azucareros por su ayuda al movimiento laboral en la huelga de 1921. Godoy, un abogado local, había defendido a muchos de los huelguistas arrestados durante la huelga, mientras que Agustín, que entonces actuaba como negociador principal de Leguía en dicho paro, por lo general había tratado favorablemente las demandas de los trabajadores.[19]

Al igual que en 1921, el movimiento fue organizado e hizo los mayores progresos entre los empleados y obreros calificados, más politizados que sus colegas braceros. Las organizaciones apristas crecieron rápidamente en Cartavio, Laredo y Chiclín y, como era previsible, encontraron más dificultad en Casa Grande, donde los funcionarios de la compañía contaban con una policía especial para expulsar a los "agitadores y perturbadores". A pesar de tales tácticas, el partido fue capaz de establecer, clandestinamente, varias células en dicha hacienda.

El partido también tuvo éxito en los pueblos y pequeñas ciudades que salpicaban la región. Los líderes apristas de Trujillo hacían regularmente campaña en pueblos como Chicama, Ascope, Paiján y Santiago de Cao.[20] Ellos mismos hablaban en las reuniones y manifestaciones del partido, ocupándose de los viejos problemas sociales y económicos de la región, y constantemente resaltaban que el PAP era el defensor del pequeño agricultor, del comerciante y del peón contra

19. Véase capítulo 3.

20. Véase *APRA* del 18 de marzo de 1931 y *La Tribuna* del 6 de junio de 1931.

"las abusivas usurpaciones de las imperialistas compañías azucareras". A cada momento atacaban mordazmente a las compañías por centralizar el comercio, apoderarse de tierras, usurpar derechos de agua, sobornar a las autoridades locales, virar las leyes hacia sus propios fines y, en una forma o en otra, explotar a la población de toda la región.[21] Los monopolios azucareros se convirtieron en el blanco de la retórica aprista, símbolo conveniente de opresión, ya que en la región no había persona que no abrigase alguna queja o resentimiento, real o imaginario, contra empresas tales como Casa Grande o Cartavio.

La literatura del partido, tanto local como nacional, contribuyó también al desarrollo de la campaña en el área. Por ejemplo, uno de los primeros documentos apristas publicados por el comité ejecutivo de Lima hizo un llamado directo a la población de la costa norte, en general, al enfocar los mismos problemas. Titulado "Llamamiento a la Nación", en parte, el documento dice:

> Un estudio sereno y consciente de la situación económica del Perú nos lleva a la conclusión inquietante de que nuestro país es, desgraciadamente, una semicolonia. La riqueza del suelo, la tierra, principalmente en la región industrial de la costa ha pasado en gran parte a manos de compañías extranjeras y las propiedades que aún permanecen peruanas están en peligro inminente de continuar transfiriéndose a capitales extraños. Como ejemplo evidente podemos citar el caso del valle de Chicama que pertenece, en casi su totalidad, a la compañía alemana Gildemeister y que por razón de su potencialidad económica incontrolada, ha determinado la ruina de la provincia de Trujillo, aplastando el comercio nacional, y sin que esto redunde en ningún beneficio para el país.[22]

---

21. Entrevista con Cáceres y Cox. Véase también el texto de un discurso pronunciado por América Pérez Treviño, dirigente local del PAP, titulado "Azúcar" (Muñiz y Showing 1932: 65-68).

22. "Llamamiento a la Nación", *APRA*, pp. 4-6. Otro documento que, aparentemente, tuvo una gran distribución por parte del partido fue un estudio detallado de los problemas sociales y económicos del área, del trujillano Alcides Spelucín (1930). Spelucín atribuía estos problemas íntegramente a la política de Casa Grande.

El documento del PAP continúa y ataca a las compañías extranjeras como Casa Grande por prácticas discriminatorias en los salarios, por pagar sueldos miserables y por evadir el pago de impuestos.

En toda la costa norte, le agregó fuego a la campaña el retorno de Haya, que ya entonces había sido proclamado candidato presidencial. Escogiendo cuidadosamente el puerto de llegada para así conseguir el mayor impacto, Haya de la Torre desembarcó a fines de junio en el puerto norteño de Talara, ubicado en el núcleo de la zona petrolera.[23] Al pisar tierra, besó ceremoniosamente el suelo peruano y declaró a la multitud allí reunida que Talara —dominada, como estaba, por la International Petroleum Company— era como otra "zona del canal imperialista que debía ser reivindicada por la nacionalización.[24]

Durante las seis semanas siguientes, realizó una vigorosa campaña en toda la costa norte. Prácticamente, visitó todas las ciudades y pueblos importantes, desde Piura hasta Lima, inaugurando un nuevo estilo en la política peruana. Por primera vez en la historia de la nación, un importante candidato a la presidencia hacía una campaña sistemática en provincias, llevándole directamente al pueblo su persona y sus ideas. En el departamento de Lambayeque, que presentaba muchos de los mismos problemas sociales y económicos que la región de Trujillo, Haya visitó Chiclayo, Pimentel, Ferreñafe, Lambayeque, Eten, Motupe y Monsefú, pueblos que nunca habían visto un candidato presidencial. Al dirigirse a multitudes apresuradamente reunidas, hablaba generalmente de la necesidad de renovar el Perú, de abolir los abusos del imperialismo extranjero, de proteger los intereses del pequeño agricultor, comerciante, campesino y bracero, y, finalmente, de instituir un programa de justicia social en toda la nación. Además, era cuidadoso al discutir los problemas locales; por ejemplo, prometía en lugares como Chongoyape resolver los problemas de los pequeños agricultores y de las comunidades de indígenas.[25]

---

23. *La Tribuna,* 13 de julio de 1931.

24. Enríquez 1951: 75.

25. Véase *La Tribuna* y *El Norte* de los meses de julio y agosto de 1931. Estos dos diarios siguieron muy de cerca las actividades de Haya en toda su campaña. En casi

El mismo procedimiento se repitió en La Libertad, excepto que de allí también viajó a la sierra. Llegó a Trujillo el día 28 y pasó los días siguientes haciendo campaña en el valle de Chicama, en el que visitó Paiján, Ascope, Chocope, Santiago de Cao, así como las haciendas Cartavio y Roma. Como los funcionarios de Casa Grande no le permitieron hablar allí, se detuvo en el vecino pueblo de Chicama, donde fue escuchado por la mayoría de los varios miles de trabajadores de Casa Grande. En toda la región, hizo hincapié en el tema principal de que las compañías azucareras de propiedad extranjera estaban destruyendo la vida económica y social del área.

Haya, a la vez que apelaba a las descontentas masas de la costa norte, en otras regiones, astutamente, ampliaba su plataforma política, buscando incluso ganar la adhesión de los antiguos defensores del expresidente Leguía. Privados de su jefe y de su propio aparato político, muchos leguiístas pasaron a engrosar las filas del recién formado PAP. Algunos vieron en este partido, orientado hacia la clase media, el vehículo adecuado que les permitiría continuar su lucha contra los odiados civilistas, e incluso recuperar el poder. Otros, radicalizados por los profundos efectos de la depresión, no encontraron la ideología aprista tan extraña ni incompatible como la consideraron años atrás.

Políticamente sensible a las posibilidades de atraer a su causa este grupo numéricamente importante, Haya buscó en repetidas oportunidades que los antiguos leguiístas no se sintieran ajenos dentro del PAP. Una forma de lograrlo, sin exponerse muy abiertamente a la crítica de sus oponentes, quienes ya lo acusaban de ser "blando con el leguiísmo", fue la de expresar su interés por la salud y bienestar del depuesto presidente. Haya hizo esto en numerosas ocasiones antes de la muerte de Leguía, demostrando así a 105 partidarios de este último que como aliados políticos serían verdaderamente bienvenidos.

Más aun, parece que el líder aprista, a medida que continuaba su campaña en lugares no radicalizados, sutilmente atenuó algunas de

---

todo su viaje estuvo acompañado por su hermano Agustín; por el Ing. Alfredo Saco, que era el especialista agrario del partido; por Manuel Seoane, confidente cercano y uno de los dirigentes máximos ;por Manuel Arévalo, el organizador de los sindicatos; y por Juan José Lora, poeta chiclayano.

sus declaraciones y posiciones extremas en un esfuerzo calculado para atraer al PAP no solo a los antiguos leguiístas sino, también, para ampliar su base política entre moderados e incluso conservadores. Así, el analista político de la embajada americana en Lima percibió el tono que Haya usaba cuando no hablaba en la costa norte, e informó que "el partido ha modificado en algo su radical denuncia original contra los extranjeros y el capital", aunque inmediatamente después añadió que "hay lo suficiente como para que sea causa de consternación si el Partido alguna vez llegara a controlar el Congreso".[26]

En ciertos aspectos, la estrategia de Haya, cuando no tenía como objetivo la costa norte, era algo que necesariamente debía hacer. Siempre había considerado que la creciente clase media representaba el mejor respaldo para alcanzar el poder político. Sin embargo, mientras Leguía fue presidente y contó con el apoyo de este sector, Haya se vio obligado a buscar apoyo entre los descontentos. Esto lo logró diestramente al aventurarse en una posición izquierdista, movimiento que le produjo grandes dividendos en el norte, donde la política de Leguía no había hecho sino empeorar el estatus de los sectores medios. Desaparecido Leguía de la escena política, Haya necesitaba ampliar el respaldo de su base norteña, por lo que podía arriesgarse a retroceder un tanto de su anterior posición radical y ocupar una posición centrista en el cuadro político, anteriormente ocupada por Leguía. Este giro hacia la moderación estaba plagado de peligros, dado que arriesgaba la adhesión de sus primeros partidarios. Pero, en general, Haya salió adelante en su plan, de manera que, ante la proximidad de las elecciones, el embajador norteamericano pudo informar certeramente a Washington: "no parece caber duda que los antiguos leguiístas están arriesgando sus fortunas apostando a Haya de la Torre".[27]

---

26. H. P. Starrett, Embajada Norteamericana, Lima, al Secretario de Estado, 10 de junio 1931, 5 pp.; General Records of the Department of State Relating to the Internal Affairs of Peru, 1910-1937. Decimal File, n.º 823.00/709, NA, RG 59.

27. Fred Deering, Embajada Norteamericana, Lima, al Secretario de Estado, 16 de septiembre, 1931, 7 pp.; State Department Decimal File, n.º 823.00/747, NA, RG 59.

Mientras Haya ampliaba su llamado político a los elementos más moderados del electorado peruano, su principal oponente, el teniente-coronel Sánchez Cerro, estaba igualmente muy ocupado en su campaña electoral, principalmente en el sur. Hijo de un modesto escribano, quien a través de un buen matrimonio había entrado en la distinguida familia de Rosa Cerro, Sánchez Cerro había tenido una carrera política bastante tempestuosa desde el mismo momento de su graduación, en 1910, en la Escuela Militar de Chorrillos. En 1914, estuvo comprometido en la conspiración para derrocar el gobierno de Guillermo Billinghurst. El nuevo presidente, José Pardo, prontamente lo premió con un ascenso a capitán, nombrándolo agregado militar en la embajada peruana en Washington. En 1918, al retornar al Perú, nuevamente se mezcló en la actividad política, participando en un abortado plan contra Leguía. Destacado en Europa, como parte de una misión militar peruana, el joven oficial retornó al Perú en 1929, y durante un año planeó diestramente la caída del una vez poderoso Leguía. Sin embargo, incapaz de permanecer a flote en el turbulento panorama político de 1930, Sánchez Cerro se vio forzado a un exilio temporal. El resuelto teniente-coronel, aparentemente contra los deseos de algunos de los miembros de la Junta, retornó al Perú a principios de julio del año siguiente para postular a la presidencia. A su llegada al Callao fue recibido con entusiasmo por miembros del recientemente organizado partido Unión Revolucionaria. Sólidamente respaldado en lo financiero por el conservador partido Civilista, que veía en él su última oportunidad para recuperar el poder,[28] Sánchez Cerro, al igual que Haya, inmediatamente viajó a las provincias en campaña electoral.

En las semanas que siguieron, Sánchez Cerro, capitalizando su modesto origen mestizo y la reputación de haber sido quien "ajusticiara" al impopular Leguía, consiguió un considerable apoyo en las provincias del sur. Sin embargo, su programa para enfrentar la crisis política y económica que sufría el Perú dejaba mucho que desear. Era

---

28. G. G. Acherson, Jr., Embajada Norteamericana, Lima, al Secretario de Estado, 28 de abril de 1932; State Department Decimal File, n.º 823.00/876 Y 877, NA, RG 59.

una refundición de viejos y vacíos clichés políticos, daba importancia a la descentralización, a presupuestos balanceados, a una política de moneda firme, de inversiones extranjeras y a proyectos de colonización de la selva. El conservador Sánchez Cerro no dejó de lado ninguna de las conocidas exhortaciones demagógicas, pero admitía las necesidades de cambio impuestas por las nuevas situaciones y, así, prometió distribuir tierras y reivindicar a las oprimidas masas indígenas, recalcando, sin embargo, que estos eran proyectos a largo plazo.[29]

En marcado contraste con el programa conservador y sin imaginación de la Unión Revolucionaria, dictado por unos cuantos civilistas consejeros de Sánchez Cerro, se erguía la plataforma del PAP. Forjado por los representantes apristas de todas las regiones, el programa del partido,[30] así como el brillante discurso pronunciado por Haya en Lima,[31] presentaba un extenso y detallado análisis de los problemas económicos y sociales del país. Lo más importante es que la plataforma era bastante sensible a los cambios ocurridos en la costa norte en las últimas décadas. En realidad, en una forma u otra, dicho programa incluía los puntos principales aprobados en el Congreso de Trujillo.[32]

Sin embargo, fue en la Plaza de Acho de Lima, en la tarde del domingo 23 de agosto, que ante una desbordante multitud Haya pronunció su célebre discurso que es clásico por ser el que mejor ha expresado la visión aprista del Perú.[33] Utilizando ideas que ya había desarrollado en *El antiimperialismo y el APRA,* expuso brillantemente lo que en un mundo rápidamente cambiante resultaba ser el dilema

29. Miró Quesada 1947: 147-179.

30. Luis Enríquez, quien después rompió con el partido, afirma que, durante este periodo, el PAP era ampliamente democrático, que las bases desempeñaban un papel importante en el proceso de la adopción de decisiones (Enríquez 1951: 94).

31. Un excelente análisis de este discurso en Bourricaud 1967: 141-156.

32. Comparar el documento de Trujillo con *Programa mínimo o plan de acción inmediata del PAP.*

33. Véase el texto completo del discurso en Haya 1961: IV, 17-67. François Bourricaud hace un interesante análisis del mismo (1967: 141-156).

crucial de las sociedades tradicionales. En particular, ¿cómo podría el Perú reconciliar su orden económico "primitivo" con el acelerado proceso de modernización? Para Haya, la fuerza impulsora de este cambio era el mecanismo del imperialismo económico a través del capital y empresas transnacionales. Según Haya, las empresas extranjeras con capitales ilimitados, tecnología moderna y eficientes sistemas de organización amenazaban seriamente la tradicional estructura económica del país y, de paso, a aquellos grupos sociales, como las clases medias, vinculados al antiguo sistema. Eran dichas clases —"el pequeño agricultor, el minero y el comerciante" — que constituían la esencia del país, las más amenazadas por la absorbente fuerza del imperialismo extranjero. "Debemos —declaró Haya— liberar al pequeño propietario de tierras y al minero que es forzado a vender su propiedad a la gran empresa". Consideraba que el Perú había transitado ya lo suficiente por esta peligrosa senda, especialmente en los sectores agrícola y minero, clara alusión a las serias dislocaciones sociales ocasionadas en la costa norte por la industria azucarera bajo dominio extranjero, y en la sierra central y norte por las explotaciones mineras norteamericanas. Para oponerse a este proceso de "desnacionalización" económica, y como reto al dominio político de la oligarquía y sus aliados, Haya propuso la formación de su ahora famosa alianza política tripartita que debían constituir la clase media, el proletariado emergente y los explotados campesinos, a todos los cuales consideraba víctimas del proceso imperialista.

Pese a que Haya reconocía los serios peligros inherentes a la modernización económica que, en su opinión, era causante tanto de la "dependencia" como del "desequilibrio" económico en favor del sector extranjero y a expensas del nacional, al mismo tiempo consideraba que, para su supervivencia, el Perú necesitaba adoptar muchas de las técnicas y sistemas practicados por el capitalismo moderno. La solución era construir lo que entonces llamó el "estado aprista", y en otras ocasiones "el estado antiimperialista", basado en los principios de reconciliar lo viejo con lo nuevo, protegerse y guardarse de los peligros de la "absorción" nacional pero, a la vez, aceptar las innovaciones traídas por el capitalismo extranjero. De esta manera, dicho capital sería bien recibido en el Perú, como una fuerza para los cambios constructivos y la modernización, pero el Estado tendría los mecanismos de control para evitar que se produjeran los indeseables efectos secundarios de la absorción, tan dañinos para el cuerpo político nacional. "No somos" —declaró — "enemigos del capital extranjero; sin embargo, consideramos absolutamente necesario que el Estado lo controle para que su función en la economía nacional sea de cooperación y no de absorción".

Movido por las exigencias de la política electoral, pragmáticamente, Haya moderó sus anteriores llamados a la "revolución" y a la construcción de una sociedad socialista. Por una parte, insistió en las garantías para las acosadas comunidades indígenas y los pequeños agricultores, en general, y, por otra, se limitó a proponer la creación de un Banco de Crédito Agrícola, destinado a propiciar su programa de reforma agraria. Tal institución proveería no solo fondos para préstamos a los pequeños agricultores en peligro de perder sus tierras, sino que también serviría de foco orgánico para la creación de cooperativas agrícolas, un elemento clave en el programa agrario de Haya. Además, pidió se convocara a un Congreso de Economía Nacional cuyo objetivo sería formular una política económica para toda la nación. En él deberían participar representantes de todos los sectores de la economía: empresarios extranjeros, hacendados, pequeños agricultores, campesinos, profesionales, técnicos, hombres de negocios y comerciantes. En principio, tal Congreso debería hacer el diagnóstico de la estructura económica del país, recogiendo por primera vez datos estadísticos sobre todos los aspectos de "nuestra realidad económica". Una vez que el Congreso hubiese formulado un esquema preciso de la economía nacional, entonces, según su orientación tecnocrática, se podría, de modo racional y científico, trazar un plan específico, a largo plazo, para el desarrollo y la reforma.[34]

---

34. Haya enfatizó enérgicamente la necesidad de que el gobierno contara con técnicos, es decir con personal especializado, capaz de lidiar con los problemas del Perú a escala más científica y racional de lo que hasta entonces se había hecho. Si bien estaba influido por los caudales de la muy competente burocracia inglesa, el plan de Haya resultaba un valioso atractivo para la clase media, que sería la más beneficiada con una burocracia de este tipo.

Realmente, lo que Haya ambicionaba era organizar todo el aparato político alrededor de los principios corporativistas, expresados en el Congreso mismo, con participación y representación política popular, de acuerdo con la ocupación —lo que llamó "democracia funcional" —, pero aseguró que tal reforma implicaría la descentralización y regionalización de la economía peruana, con lo que aludía evidentemente a la hostilidad de las provincias ante el poder central de Lima, a la vez que garantizaría la posición del pequeño comerciante, artesano y hombre de negocios, amenazados por el fantasma de la gran empresa. Al mismo tiempo, en su discurso trató de explicar a las fuerzas armadas cómo la acerba crítica que sus propuestas recibían de la derecha amenazaban la integridad misma y los intereses vitales de esta importante institución nacional.[35] Y, finalmente, en una plétora de otras propuestas pidió se reconocieran mayores derechos a los trabajadores, mejores oportunidades educativas, la reivindicación de las masas indígenas, "moralización" general en la administración pública y el abandono del patrón del oro. En suma, el discurso de Haya cristalizó su concepción del futuro de la sociedad peruana y, en forma moderada, reafirmó su determinación de encaminar al Perú en un curso nuevo, dinámico y reformista.

Aunque representativo de un gran sector de la población del país, el programa aprista, así como las tácticas de la campaña de Haya, en muchos aspectos probaron ser demasiado radicales para la realidad política de la nación. Sus alusiones relativas a la necesidad de una completa renovación de las instituciones nacionales y sus repetidos ataques a las clases altas, aunque en general eran retóricos, asustaron enormemente a las poderosas fuerzas conservadoras que dominaban el país, políticamente y económicamente. La Iglesia, grupos de militares y la oligarquía costeña homologaron al APRA con el asalto de

---

35. En una ocasión, Haya había criticado duramente la politización del ejército peruano y su tendencia a mantener el *statu quo* y la oligarquía. Esto dio lugar a que sus enemigos de la derecha lo interpretaran como un indicio de que, si llegaba a la presidencia, intentaría frenar el poder y la autoridad tradicionales de la institución militar. En realidad, lo que Haya insinuó en su discurso era tan solo "marginar" el rol político del ejército y orientar su misión a lo que hoy se denominaría "programas de acción cívica".

hordas populares, resueltas a destruir toda la trama de la vida nacional.[36] El resultado fue que estas fuerzas pusieron el peso de su apoyo político y financiero en la candidatura de Sánchez Cerro y desencadenaron un violento ataque contra el partido desde el púlpito y la prensa nacional. Poco después, ambos bandos se encontraban empeñados en una campaña de violentas invectivas, que se hizo gradualmente más intensa conforme se aproximaba el día de las elecciones.[37]

No obstante la atmósfera tensa que ese día prevaleció en todo el país, la votación aparentemente se produjo sin incidentes. Alrededor de 300.000 electores depositaron sus votos a favor de cuatro candidatos presidenciales y de una multitud de candidatos a representantes. El cómputo final arrojó 150.000 votos para Sánchez Cerro; 106.000 para Haya; José María de la Jara, el candidato de Acción Republicana, y Arturo Osores, el candidato de cola, obtuvieron 22.000 y 19.000, respectivamente.[38] A pesar de que los apristas alegaron fraude, parece que estas elecciones se cuentan entre las más honestas que ha tenido el Perú.

Un examen del perfil del voto aprista en esta elección revela el decidido carácter regional de la atracción del partido. Haya recibió aproximadamente el 44% de su votación total en los cinco departamentos norteños. El restante 56% se distribuyó así: 30% lo obtuvo en el populoso departamento de Lima (incluyendo el Callao), mientras que los 16 departamentos restantes contribuyeron solo con el 26%. Un análisis más detallado de las cifras revela que más de la mitad de ese 44% norteño provino de los departamentos de La Libertad y Lambayeque, donde se concentra la industria azucarera de la nación.[39] Por último, en la provincia de Trujillo, que comprende

36. Bourricaud 1967: 166.

37. También debe señalarse que el constante empeoramiento de la situación económica contribuyó, indudablemente, a encender las pasiones políticas en los últimos momentos de la campaña.

38. Miró Quesada 1947: 174.

39. Estos porcentajes se han calculado sobre los totales electorales departamentales que fueron publicados en *El Comercio* del 5 de noviembre de 1931. Entonces, *El Comercio*, que era fuertemente antiaprista, dio a Sánchez Cerro aproximadamente 150.000 votos y a Haya solo 97.000. Las cifras gubernamentales finales,

los valles de Chicama y Santa Catalina, la votación del APRA fue abrumadora, pues la proporción entre Haya y Sánchez Cerro fue casi de nueve a uno.

En muchos aspectos, los resultados obtenidos por Haya y el APRA son impresionantes. Cuando Haya llegó a Talara, pocos meses antes de la elección, prácticamente era un desconocido en un país en el que las comunicaciones, en gran parte, se encontraban muy atrasadas. Ocho largos años de exilio habían opacado en la memoria pública sus triunfantes días de estudiante, cuando prácticamente maniató al gobierno de Leguía. Además, aunque opuesto al régimen, desde el exilio no podía esperar alcanzar la fama o popularidad de su oponente que era quien había derrocado al impopular dictador. En realidad, el más humilde pastor probablemente había oído hablar del "macho", del comandante mestizo que se había traído abajo al una vez poderoso Leguía. En tales circunstancias, acumular el 35% de los votos fue no poca hazaña.

Del mismo modo, el APRA, que era el primer partido de masas, la primera alianza institucional en la historia del país, en muy poco tiempo logró asentarse como el poder más importante de la política peruana. Aunque Haya perdió la elección, el partido consiguió que se eligieran 23 representantes suyos en el nuevo Congreso Constituyente. Tanto el éxito de Haya como el del partido se basaron en la hábil manera como supieron manejar el antiguo descontento de la costa norte. Midieron cuidadosamente su llamado a los varios sectores medios y bajos de la población costeña, cuyas vidas habían sido bruscamente desorganizadas por la modernización de la industria azucarera. El APRA tuvo éxito al forjar una coalición viable de los descontentos. Esta coalición, que llegó a ser un baluarte del partido, permaneció intacta durante varias décadas pero ya en los finales del siglo XX dio signos de debilitamiento.

---

publicadas poco después, dieron a Haya 9.000 votos más, mientras que el total de Sánchez Cerro permaneció invariable. Como el APRA pretendió que se había cometido fraude en el departamento de Cajamarca, es posible que estos 9.000 votos adicionales elevaran en algo el porcentaje de Haya en el norte.

La elección de Sánchez Cerro a la presidencia constituyó un golpe amargo para las legiones apristas de Trujillo y sus alrededores. Durante meses, el partido había estado prometiendo llegar a las raíces de los profundamente arraigados problemas económicos y sociales que desde hacía mucho asolaban la región. En realidad, un vasto sector de la población había llegado a creer, con razón o sin ella, que Haya y el partido representaban la última esperanza para que dichos problemas pudieran resolverse. Así, al producirse la derrota, para muchos, la violencia pareció ofrecer la única alternativa ante un *statu quo* que paulatinamente se hacía cada vez más intolerable.

Poco después de la elección, los dirigentes del partido, conscientes del creciente clima de rabia y frustración que experimentaba la población de toda la región, se movieron rápidamente para canalizar tal sentimiento hacia la esfera de la acción política. Los dirigentes del PAP exhortaron a una huelga general a comienzos de diciembre para protestar por el modo pretendidamente fraudulento como el Jurado Nacional de Elecciones había supervisado el escrutinio electoral.

En el valle de Chicama, esta acción política coincidió con una ardiente disputa entre los regantes locales y los dirigentes de Casa Grande sobre la vieja cuestión de los derechos de aguas. El resultado final fue un sangriento enfrentamiento entre los pequeños agricultores y la policía rural de Paiján, Chocope y Ascope, que dejó un saldo de muertos y heridos. La polarización que prevalecía en la escena política determinó que el gobierno acusara al APRA de "inflamar" y "agitar" a las masas. Por su parte, el partido respondió vituperando lo que consideró imperdonables actos de represión por parte de Sánchez Cerro. Enfrentamientos como estos, aquí y en otros lugares, no hicieron sino incrementar la militancia partidaria, lo que explicaría la iniciación, a escala nacional, de una política de oposición al nuevo gobierno en cualquier asunto. Esta táctica fue particularmente evidente cuando los representantes del APRA, violando el protocolo de rigor, rehusaron asistir el 8 de diciembre a la juramentación de Sánchez Cerro como Presidente Constitucional.

En tales circunstancias, y en vista de los numerosos rumores, aparentemente bien fundados, de que el PAP conspiraba con oficiales militares simpatizantes, el nuevo ministro de Gobierno, Luis A.

Flores, comenzó a perseguir duramente las actividades apristas. La víspera de Año Nuevo, la policía intentó capturar a Haya y allanó la sede del partido en Trujillo, hiriendo a varios que festejaban en la fiesta y arrestando a numerosos dirigentes del PAP, entre ellos a Antenor Orrego. Pocos días después, el gobierno presentó al Congreso un proyecto de ley de emergencia para suspender las garantías individuales y virtualmente declarar la ley marcial a fin de detener la creciente intransigencia. Valiéndose de recursos parlamentarios no legales, la coalición del gobierno tuvo poca dificultad en el Congreso en conseguir los votos necesarios para aprobar la nueva ley, y a mediados de febrero se dio comienzo a una amplia persecución del partido, con el apresamiento y deportación de los 23 parlamentarios apristas.[40] Cuando, pocas semanas después, un joven aprista atentó contra la vida del presidente a la salida de misa, en Miraflores, el gobierno dobló sus esfuerzos para liquidar al partido aprista. Por último, las autoridades capturaron al fugitivo Haya de la Torre, quien, barbudo, decidió hablar en alemán con sus captores a fin de despistarlos. Creyendo erróneamente que su prisión daría fin al movimiento, el gobierno organizó una corte marcial y acumuló cargos contra el líder aprista, entre ellos el de "actividades comunistas".[41]

Desde hacía un tiempo, los líderes del partido, en Trujillo y otros lugares, habían estado trazando planes para un levantamiento civil-militar destinado a impedir que Sánchez Cerro asumiera la presidencia el 8 de diciembre.[42] El plan consistía en una serie de revueltas coordinadas destinadas a tomar el control de centros clave militares y

---

40. Entre los representantes apristas exiliados se encontraban Alcides Spelucín, Carlos M. Cox, Carlos C. Godoy, Américo Pérez Treviño y Manuel Arévalo. Desde la sesión inaugural del Congreso, los representantes apristas recién elegidos trataron de bloquear todos los intentos del gobierno por paliar la crisis económica (véase Congreso Constituyente de 1931. *Diario de los Debates del Congreso Constituyente de 1931*, vol. I).

41. Un sumario de estos sucesos se encuentra en Sánchez 1955: 279-302.

42. La siguiente narración de la revolución de Trujillo ha sido entresacada de varias fuentes: Alegría 1934: 18-22; J. A. Haya 1934: 5-19, 8-13; León Echagüe 1934; Mercado 1966; Thorndike 1969; y entrevista a Carmela Spelucín de Orrego y Luis Cáceres Aguilar.

urbanos en todo el norte, que paralizarían el país y obligarían al presidente electo a dimitir. En el complot estaban comprometidos varios oficiales del ejército, entre ellos el comandante Julio Silva Cáceda, amigo cercano a Haya y comandante militar de la región de Trujillo, y, posteriormente, el teniente coronel Gustavo Jiménez, exmiembro de la Junta de Samanez Ocampo y antisanchecerrista declarado.

En Trujillo —el norte sería el foco principal de la revuelta—, los planes para el movimiento comenzaron al conocerse el resultado de las elecciones. Sus organizadores fueron el mismo Haya, hasta su apresamiento; su hermano Agustín; Luis Cáceres Aguilar; el dentista Óscar Baldwin; el "negro" Alfredo Tello, maestro de veintitrés años e hijo de un agricultor local; Manuel "Búfalo" Barreto, temperamental y carismático organizador sindical, y Remigio Esquivel, presidente del recientemente organizado sindicato de la hacienda Laredo. A comienzos del nuevo año, en las principales haciendas de la región se contaba con células casi militares, en su mayor parte dirigidas por veteranos del ejército, quienes, por lo menos, exhibían un mínimo de experiencias tácticas y de manejo de armas. La revuelta debía empezar con un ataque a la guarnición militar O'Donovan por un grupo de 150 rebeldes, procedentes de la hacienda Laredo, bajo el comando de Barreto. Simultáneamente, producir ataques coordinados en todo el norte, incluyendo Cajabamba, Chimbote, Chiclayo y Huaraz, mientras que, al mismo tiempo, los militantes apristas debían causar disturbios en las calles de Lima. Para entonces, el comandante Jiménez, exiliado en Arica, debía retomar por barco a Chimbote y asumir el comando militar del movimiento.

Originalmente planeada para principios de diciembre, la revuelta fue postergada, aparentemente por una infiltración en el organismo de seguridad, y vuelta a programar para el 15 de julio. Mientras tanto, el arresto y juicio de Haya, coincidentes con la intensa persecución a los miembros del partido, produjeron una desesperación creciente entre los apristas de toda la región. Los rumores de que Haya era torturado y que sería ejecutado circulaban diariamente en Trujillo y alrededores, contribuyendo a exacerbar las tensiones y el sentimiento general de que inmediatamente debía hacerse algo drástico para aliviar la situación. Con las sucesivas postergaciones de las revueltas, cada vez se hizo más difícil para los dirigentes apristas controlar a los elementos civiles comprometidos en el movimiento. A la postre, aparentemente incapaz de contener a sus partidarios, Manuel Barreto, contraviniendo órdenes del comité ejecutivo del PAP de Trujillo, en la mañana del 7 de julio de 1932 lanzó prematuramente, ocho días antes de lo planeado, el fatal ataque contra el cuartel O'Donovan.[43]

Después de una fiera batalla campal de cinco horas entre la sorprendida guarnición y sus atacantes, cayó el cuartel O'Donovan y los vencedores marcharon triunfalmente sobre Trujillo. En pocas horas, turbas de braceros blandiendo machetes y enarbolando la roja bandera aprista irrumpieron en la ciudad para unirse a los rebeldes, mientras los dirigentes despachaban rápidamente contingentes para ayudar a la captura de los pueblos y haciendas vecinos. Sin embargo, el prematuro ataque tomó de sorpresa a muchas células apristas de la región, causando considerable confusión e impidiendo que el comandante Jiménez zarpara de Tacna rumbo a Chimbote para asumir el comando de los rebeldes.

En Trujillo tomó el comando Agustín Haya de la Torre, quien asumió la Prefectura del departamento y, simbólicamente estableció su cuartel general en el aristocrático Club Central, desde donde se preparó para defender la ciudad. Los rebeldes, apoyados por la llegada de grandes contingentes de trabajadores azucareros de toda la

---

43. Según Thorndike, en Trujillo, las opiniones de la jerarquía del PAP estaban divididas respecto a la estrategia que debía seguir la revolución. Agustín Haya y la mayor parte del comité ejecutivo del partido favorecía una actitud cautelosa, "vamos despacio", con planeamiento cuidadoso y énfasis en el carácter militar del movimiento. Para ellos, la clave de la rebelión era el comandante Gustavo Jiménez, de quien esperaban pudiera atraer al movimiento al cuerpo de oficiales jóvenes. Por su parte, Barreto y Esquivel, que reflejaban la creciente impaciencia de los afiliados sindicales de las haciendas, pedían una acción inmediata, en el supuesto de que contaban con elementos civiles capaces de asumir las responsabilidades del movimiento. Barreto, al igual que muchos de los jerarcas y militantes, temía por la seguridad de Haya y desconfiaba de Jiménez, de quien creía que, finalmente, traicionaría la revuelta. La fecha de la revolución se fijó varias semanas antes, exactamente el 15 de julio, lo que aparentemente satisfizo a Barreto, al mismo tiempo que se mantenía el plan de que Jiménez comandaría el movimiento (Thorndike 1969: 186-187).

región, aumentaron sus filas en más de seiscientos hombres, y con armas capturadas de la guarnición O'Donovan, incluida una docena de cañones Krupp, febrilmente comenzaron a levantar barricadas para enfrentarse a las tropas del gobierno, despachadas desde Lima por vía marítima y por tierra desde Piura. Al terminar el segundo día, se hizo cada vez más patente que las esperadas revueltas habían fracasado en el resto del país y que Trujillo permanecía virtualmente sola frente al abrumador poder del gobierno. Un índice de la fuerte carga emocional de gran parte de los rebeldes es que fueron desoídas todas las sugerencias del comando para retirarse estratégicamente a la sierra y desde allí emprender una acción de guerrillas. De esta manera, la principal fuerza rebelde decidió quedarse y luchar hasta el fin.

A la postre, tal decisión resultó desastrosa para la causa aprista. Las tropas del gobierno, avanzando por el norte y por el sur, rápidamente rodearon la ciudad, al mismo tiempo que, por primera vez en la historia latinoamericana, se preparaba un ataque aéreo para el asalto final. Al cuarto día, la ciudad fue recapturada y el orden restaurado. Algunos de los líderes rebeldes consiguieron escapar, entre ellos Agustín Haya de la Torre, pero otros fueron fácilmente capturados y liquidados. En las semanas que siguieron, fueron ejecutados, por orden militar, motivada, en parte, por venganza, varios miles de civiles a causa de su supuesta participación en la sangrienta revuelta.

Aunque la revolución de Trujillo en gran parte fue esencialmente planeada y organizada por el PAP, como un movimiento de carácter político, asumió muchas de las características de los trastornos sociales que en las últimas décadas habían sido propios de la región. Al igual que durante las violentas huelgas de 1917 y 1921, las filas de los rebeldes, en buena parte, se componían de trabajadores azucareros, que durante algún tiempo habían constituido una seria fuente de inestabilidad para el orden existente. A pesar de que los dirigentes de la revuelta, pertenecientes a la clase media, trataron de poner orden en las filas de los rebeldes, hubo buen número de actos irracionales de terrorismo y violencia cometidos por los furiosos y desesperados sectores bajos. Así, diecisiete oficiales de la guarnición O'Donovan fueron fusilados en sus celdas en las etapas finales de la revuelta y sus cuerpos horrorosamente mutilados. Además, corría el rumor de que los dirigentes del grupo Laredo, que fueron quienes asaltaron la guarnición, tenían señalados para su ejecución a un número de prominentes aristócratas trujillanos y foráneos. Parece que la muerte de varios de esos dirigentes, incluyendo Barreto, caídos en la lucha, y la prohibición impuesta por Agustín Haya de la Torre, impidieron que tales planes se llevaran a cabo.

De esta forma terminó la campaña electoral aprista, con el desastre de una revolución abortada, campaña que había empezado en 1931 con buenos augurios para el pueblo de Trujillo y los valles cercanos. Al ver que sus hijos eran ejecutados en los antiguos muros de Chan Chan, el espíritu colectivo de la población se sumió en la desesperanza. Es posible que vieran en Haya y el APRA, como es propio de la naturaleza humana, la última posibilidad de salvación de tantos males, ignorados por tanto tiempo. Por eso, nunca se olvidó al hombre ni al partido, pese al largo periodo de represión que siguió a la revolución. Indiscutiblemente, la revolución de Trujillo y sus mártires sirvieron de trama para las leyendas del partido y, lo que es más importante, el APRA fue la real defensora de la causa popular, hecho que en la región no sería olvidado en las décadas siguientes.

CAPÍTULO 8

El APRA y la política del azúcar

Los profundos cambios ocurridos en la sociedad de la costa norte, que llevaron al surgimiento del APRA a comienzos de la década de 1930 y que, evidentemente, desencadenaron la sangrienta revolución de Trujillo de 1932, han estado vinculados, en gran parte, al impacto general que en el Perú produjo la Revolución Industrial de fines del siglo XIX y comienzos del XX. El Perú, al igual que otros países latinoamericanos, en este periodo vio convertida parte de su estructura económica en un complejo moderno, industrial, de orientación exportadora, destinado a satisfacer las necesidades de materias primas de Europa y Estados Unidos. Y, si bien no tuvo un Porfirio Díaz para acelerar el ritmo de ese proceso, contó, sin embargo, con un inteligente Partido Civilista, de orientación desarrollista, al frente del aparato político de la nación. Así, al cambiar el siglo, los líderes políticos peruanos, ayudados por capitalistas extranjeros, empujaron activamente a la nación en el camino de la modernización exportadora, tarea que tal vez fue relativamente fácil en vista de la quiebra económica causada por la destructora Guerra del Pacífico.

Alrededor de las dos primeras décadas del siglo XX, un sector importante de la economía peruana se había integrado a la economía mundial. La fuerza motriz de este proceso de cambio económico fue la inversión extranjera, que en forma creciente afluyó al Perú entre 1890 y 1930. En 1925, las inversiones británicas alcanzaron la cifra de 125 millones de dólares, suma pronto superada por el capital norteamericano, que se elevó del modesto nivel de 6 millones de dólares, en 1897, a 63, en 1914, y a 200, en 1930.[1] La creación de enclaves de exportación azucarera, algodonera, cuprífera, petrolera y de otras materias primas, rasgos dominantes del panorama económico del Perú en la década de 1970, fue posible por las inversiones de importantes empresas transnacionales, como W. R. Grace and Company, Cerro de Pasco Mining Company, British Sugar Estates, Gildemeister and Company, y la International Petroleum Company. Según crecía el complejo exportador que proporcionaba capital para reinvertir, se incorporaban otros sectores económicos. En los primeros tiempos de la República Aristocrática, y especialmente en Lima, proliferaron bancos, fábricas y casas comerciales, y la disponibilidad de fondos permitió emprender mejoras urbanas tales como electrificación, servicios de agua, desagüe y transporte.

A la vez que el impacto de este desarrollo económico, estimulado por fuerzas extranjeras, tendía a levantar la economía general de la nación, en su proceso era también causa de serios cambios y trastornos económicos y sociales. Por ejemplo, en el departamento de Ica, productor de algodón, la introducción de los métodos y maquinarias modernos puso en movimiento un proceso de concentración de la tierra que desplazó a muchos pequeños campesinos independientes.[2] Del mismo modo, en las áreas mineras de la sierra central y norte, los monopolios extranjeros enormemente ricos, tanto en capital como en capacidad técnica, absorbieron las empresas de muchos mineros pequeños y medianos.[3] Además, en ambas áreas emergió un nuevo

1. En 1925, el monto total de las inversiones extranjeras en el Perú fue de 298 millones de dólares (Winkler 1929: 904; U. S. Congress, Senate Committee on Foreign Relations 1960: 296).

2. Una visión de este proceso se encuentra en Eugene A. Hammel (1962).

3. Un breve pero sugestivo enfoque de la dislocación económica en las zonas mineras de Cerro de Pasco durante las primeras décadas del siglo se encuentra en North 1970: 191-194. Respecto de las ramificaciones políticas de estas dislocaciones en las áreas mineras, véase Muñiz 1935. James C. Carey describe un temprano y notable ejemplo del impacto dislocador de la inversión norteamericana sobre los empresarios nacionales del sector minero. La Cerro de Pasco Mining Corporation Company se inició entre 1901 y 1902 cuando el viejo J. P. Morgan,

proletariado rural, asalariado, que proporcionó la necesaria mano de obra a estas industrias de exportación.

Sin embargo, en ninguna parte fue más evidente este proceso de dislocación que en la emergente industria azucarera de la costa norte, a comienzos de siglo. A causa de una serie de razones, de las que la menor no fueron los efectos de la Guerra del Pacífico, así como la naturaleza cambiante de la misma industria, el cultivo de la caña de azúcar en áreas como los valles de Chicama y Santa Catalina, que tradicionalmente había estado en manos de pequeños y medianos productores, gradualmente comenzó a concentrarse en grandes unidades modernas.

Hacia 1930, este proceso de modernización y consolidación había alcanzado tales proporciones que solo dos gigantescas compañías azucareras, ambas de propiedad extranjera, dominaban en el valle la estructura de la propiedad.

Estos desarrollos tuvieron un efecto profundo en la tradicional configuración económica y social de la región. Un enorme proletariado rural, en su mayor parte compuesto por indios migrantes de la sierra vecina, se fue concentrando gradualmente en las grandes haciendas del área. En la época de la Primera Guerra Mundial, su número alcanzaba a varios miles, y, en el curso de tres décadas, los dos valles llegaron a ser uno de los centros industriales más importantes de la nación. Una de las consecuencias más profundas de esta explosión demográfica fue el desencadenamiento periódico, que comienza alrededor de 1910, de serios disturbios laborales que atentaron contra el equilibrio social de esa región.

Phoebe Apperson Hearst (madre de William Randolph), D. O. Mills (abuelo de Ogden Mills), James Ben Ali Higgins y algunos otros arriesgaron alrededor de S/. 10.000.000 en las minas de sulfuro cercanas a los centros mineros de Oroya y Cerro de Pasco. Muy pronto, esta empresa entró en conflicto con la Empresa Socavonera de Cerro de Pasco, que en inglés se conocía como la "Cerro de Pasco Tunnel Company". Los asuntos se complicaron por el hecho de que las acciones de la Cerro de Pasco Corporation pertenecían a ciudadanos norteamericanos, mientras que las de la "Cerro de Pasco Tunnel Company" eran, en su casi totalidad, de ciudadanos peruanos (Carey 1964: 21-22).

Fue igualmente importante la general desaparición de los pequeños campesinos independientes. Estos campesinos, integrantes de una clase media rural, tradicionalmente habían cultivado pequeños lotes ubicados en los centros urbanos y sus alrededores. Sin embargo, conforme se desarrolló la industria azucarera, en forma creciente fueron víctimas de la inexorable presión de monopolios que ambicionaban ganar acceso tanto a los derechos de agua como a la tierra de todo el valle, para así expandir sus cultivos de caña. A causa de su abrumador poder económico y político, los pequeños agricultores se vieron totalmente desvalidos para defender sus propiedades. Además de originar una gran escasez de alimentos en el área, este proceso de expansión diezmó esta clase una vez independiente, y obligó a muchos de ellos a buscar trabajo en las haciendas de la zona.

Más aun, el efecto de este proceso de ruptura no se confinó únicamente a la clase media rural. Alcanzó, incluso, a la tradicional aristocracia terrateniente, aflojando y finalmente rompiendo su poder sobre la estructura económica y política de la región, tal como lo ilustra el caso de Malabrigo. Incapaces de competir con las nacientes empresas agroindustriales, los viejos hacendados, al vender todas o casi todas sus tierras, se hundían gradualmente en una existencia más modesta. En sus antes resplandecientes casonas de Trujillo, buscaron desesperadamente reconciliar un añejo y señorial estilo de vida con la dura realidad de una renta disminuida. Para algunos, esto significó buscar refugio en la política local o a veces nacional, o en puestos administrativos de las nuevas empresas, valiéndose de sus relaciones personales. Para otros, el momento significó recurrir a la consabida práctica de casar a sus hijas con los nuevos ricos, algunas veces en Trujillo, pero con más seguridad en Lima. A fines de la Primera Guerra Mundial, esta orgullosa y antaño poderosa clase se encontraba fragmentada, eclipsada económica y políticamente, reducida en todos los aspectos, salvo en lo que tocaba a su alcurnia, al estatus de su clase media.

El tradicional patrón comercial de la región también se vio seriamente afectado por el surgimiento de las gigantescas compañías azucareras. A principios de 1915, Casa Grande comenzó a importar gran cantidad de mercadería gracias a una concesión del gobierno nacional, según la cual los productos importados solo podían ser vendidos a los trabajadores de la hacienda. Sin embargo, muy pronto resultó evidente que el monopolio germano-peruano, vinculado como estaba, en Lima, a intereses comerciales minoristas, pretendía distribuir la mercadería en toda la región. Pasando sobre las persistentes protestas de los comerciantes, tanto grandes como pequeños, de Trujillo y pueblos vecinos, el bazar de Casa Grande, a corto plazo, se apoderó de gran parte del lucrativo comercio minorista del área, que tradicionalmente había constituido prerrogativa de la capital departamental. Como resultado de la ilícita competencia de dicho bazar, en 1929, antes de la arremetida de la depresión mundial, se habían declarado en bancarrota treinta grandes casas comerciales e infinidad de pequeños negocios. Su efecto sobre la vida urbana de la zona fue tan severo que pueblos como Ascope, Chicama y Santiago de Cao prácticamente dejaron de existir como centros comerciales, mientras Trujillo entraba en un largo periodo de depresión.

Sin embargo, debe señalarse que también otros factores contribuyeron a la general decadencia urbana de la región. A medida que las haciendas crecían, ellas mismas tendían a convertirse en centros urbanos y ofrecían a la masa trabajadora allí residente todos los servicios que previamente encontraban en los pueblos vecinos. Entonces, tal vez fue natural que conforme se consolidaban las haciendas tendieran a competir y, eventualmente, a reemplazar a los pueblos tradicionales del área. Además, la desaparición de los pequeños agricultores, que componían buena parte de la población urbana de la región, contribuyó al mayor empobrecimiento de la zona.

En gran medida, estas alteraciones de la sociedad norteña fueron, simplemente, el resultado lógico del impacto del desarrollo económico en una sociedad agraria tradicional. Es evidente que no puede discutirse que el surgimiento y modernización de la industria azucarera, a pesar de su naturaleza cíclica, enriqueció a los valles de Chicama y de Santa Catalina. Las compañías azucareras extranjeras, al dedicar los valles casi completamente al cultivo de la caña, maximizaron el potencial agrícola de la región. Es dudoso que cualquier otro uso de la tierra hubiera proporcionado los mismos beneficios que la caña produjo en ese periodo. Sin embargo, a pesar de la modernización general de su economía agraria, la alteración de la tradicional estructura de la sociedad, que fue su resultado, causó una considerable miseria a la población. Con frecuencia afectada adversamente por este desarrollo, se volvió cada vez más amarga y resentida, por lo que juzgaba una injusta explotación del medio por intereses extranjeros.

Fue dentro de este ambiente general que nació el movimiento aprista. Su fundador y líder principal, Víctor Raúl Haya de la Torre, era él mismo producto del medio trujillano. Nació en una familia en la que la madre pertenecía a una vieja familia trujillana, mientras que el padre era hijo de dos maestros de escuela cajabambinos. De su madre adquirió el gusto por la vida aristocrática de los viejos tiempos (la familia aún vivía en una de las viejas casonas de los de la Torre). Parecería que a Haya le dolía no poder ocupar lo que consideraba su lugar en la sociedad trujillana. En más de una ocasión, cuando de niño visitaba la opulenta casa de los de la Torre, fue humillado por el trato despectivo de su primo Macedonio, quien lo tenía como miembro de la rama pobre de la familia y, en consecuencia, socialmente inferior. Con el correr de los años, y no obstante su buena educación, Haya encontró cerrados todos los caminos a la riqueza y posición que tan desesperadamente buscaba, por el restringido ambiente de Trujillo, dominado por el monocultivo del azúcar que ofrecía un limitado número de cargos importantes. En tales circunstancias, llegó a ser un típico ejemplo del resentido social criollo, deseoso de incorporarse a las filas de la clase alta, frustrado y colérico por su incapacidad para alcanzar su meta.

Es indudable que, en su mocedad, Haya fuera testigo del proceso de cambio económico y social que experimentaron los valles de Chicama y Santa Catalina. Sin embargo, absorto en sus propios sentimientos, no pareció reaccionar visiblemente ante estos. Años después, al darse cuenta que su condición, si bien por diferentes razones era compartida por muchos de sus amigos, se despierta en él un sentimiento político que trascendería su propia situación personal. Las fuentes de descontento derivaban precisamente del clima económico de Trujillo, cuya naturaleza se aclaraba en el pensamiento político de Haya a medida que leía a Marx, Lenin y otros revolucionarios. No obstante que es difícil señalar exactamente la forma en que los cambios sociales y económicos de la región pudieron haber influido e interactuado en el pensamiento posterior de Haya, es obvio que, al menos, existe una relación de causalidad. Ciertamente, el tono antiimperialista de sus ideas, así como su propósito de lograr una coalición de ancha base de las clases oprimidas, parecían encajar perfectamente con el medio socioeconómico de la costa norte.

Esta relación parece mucho más definida en el caso de gran parte de los dirigentes del movimiento, en su mayoría procedentes de familias que habían sufrido serias dificultades por el desquiciamiento económico que azotara el área. El mejor ejemplo lo constituyen los hermanos Spelucín, procedentes de una familia de comerciantes de Ascope, arruinada por la aparición del bazar de Casa Grande. Los tres hermanos fueron decididos militantes apristas y durante muchos años ocuparon posiciones dirigentes dentro del partido.

En otras ocasiones, la dirección tendió a provenir de las filas de los agricultores desposeídos, que sufrieron un proceso de proletarización. Tal fue el caso, por ejemplo, de Manuel Arévalo, cuya familia perdió sus tierras en favor de la hacienda Cartavio. Estas dos familias son ampliamente representativas del empobrecimiento general y de la movilidad descendente que afectó a los tradicionales sectores medios de la región. Amargamente resentidos y sintiéndose víctimas inocentes, se radicalizaron políticamente con la esperanza de cambiar su situación.

Otro grupo de líderes estuvo formado por desilusionados estudiantes universitarios de clase media de la Universidad de Trujillo. Este grupo, que llegó a ser conocido como el "Grupo Norte", se sumergió en la política radical de la Universidad, en gran parte, por su descontento con las declinantes circunstancias sociales y económicas de sus familias y su clase. Sin embargo, su radicalización política, sin ninguna duda, tenía que ver también con las escasas posibilidades profesionales que deberían enfrentar al concluir sus estudios universitarios. Evidentemente, la economía local, incluida la industria azucarera, estaba tan perturbada a mediados de la década de 1920 que difícilmente hubiera podido hacerle sitio a los Hayas, Orregos, Coxs y Spelucines, y a un creciente número de otros graduados universitarios no solo calificados sino también de grandes aspiraciones.

Muchos trataron de resolver este problema abandonando Trujillo por las mejores perspectivas que Lima parecía ofrecer, pero allí la competencia era aun más fiera y sus expectativas profesionales, generalmente, se veían frustradas. Incapaces de ocupar dentro de la sociedad peruana el lugar adecuado al que se creían merecedores, en forma creciente culparon de sus frustraciones al sistema existente, comprometiéndose en una política radical y a veces revolucionaria.[4]

El programa del partido que estos líderes propusieron reflejaba en gran parte su propio malestar por lo que había ocurrido en la sociedad de su región. Sin embargo, en su sentido más amplio, el programa también estaba destinado a forjar una coalición de los descontentos del área, los comerciantes empobrecidos, los empleados, los agricultores desposeídos y la nueva masa de trabajadores azucareros. Así, mientras se culpaba a los monopolios extranjeros de casi todos los males de la sociedad, en los documentos del partido se plasmaban las medidas específicas para remediar las calamidades que aquejaban a los diferentes elementos de la coalición. Indicativo del éxito del programa fue el hecho de que en su primera elección nacional el partido obtuviera aproximadamente nueve de cada diez votos de los emitidos en la región.

En dicha elección, y evidentemente en las décadas que siguieron, el voto aprista estuvo mayormente confinado en áreas como la costa norte, donde las fuerzas del cambio económico habían alterado, y continuaban alterando, la trama tradicional de la sociedad. Aun en la sierra norte, aparte de los centros mineros donde podía esperarse hallar fuerza partidaria, el APRA logró gran impacto, especialmente en las zonas agrícolas más tradicionales. Según parece, este éxito estuvo relacionado con las operaciones de las compañías azucareras costeñas que, poco después de empezada la década de 1920, comenzaron a comprar haciendas en la sierra cercana para asegurarse tanto la producción de alimentos como la mano de obra para sus haciendas. Dicha producción constituía, en la costa, un problema cada vez mayor porque la constante expansión de la caña de azúcar y de otros productos de exportación, ocurrida durante la guerra, había reducido

4. Véase el fenómeno de alienación de los estudiantes y el liderazgo revolucionario en Coleman 1965.

notablemente la tierra cultivable destinada a productos alimenticios. Al expandir sus operaciones hacia la sierra, las compañías azucareras vieron la posibilidad de asegurar no solo una fuente barata de alimentos para la mano de obra de sus haciendas, sino también la de atacar comercialmente los lucrativos mercados urbanos, cuyos precios de los abarrotes se habían ido a las nubes.

Al introducir modernos métodos agrícolas en las haciendas de viejo cuño de la sierra, las compañías azucareras pusieron en marcha una vez más un proceso de cambio que alteró el estilo de vida del campesinado nativo de esa región. Por ejemplo, los partidarios que por mucho tiempo habían trabajado sus pequeños lotes conforme a las relaciones tradicionales de hombre-tierra, aparentemente fueron desarraigados de los mejores terrenos que dichos monopolios necesitaban para pastos adicionales o para nuevas cosechas. Ya sea que fueran arrojados de las haciendas o reubicados en tierras menos deseables, estos campesinos vieron alterado su mundo tradicional.[5] Es indudable que la propaganda aprista, que llegó hasta las sierras de Cajamarca y de La Libertad, hizo buen uso de esos acontecimientos para lograr allí apoyo popular para el partido.[6]

Verdaderamente, la preocupación del APRA por estas áreas remotas se vio considerablemente facilitada por el constante flujo de trabajadores migrantes entre las haciendas costeñas y los pueblos serranos. El retorno periódico del bracero a su comunidad nativa, parcialmente aculturado y politizado, en un momento en que los medios de comunicación estaban pobremente desarrollados, le ofreció al partido el medio ideal para transmitir y extender sus ideas hasta regiones apartadas.[7]

---

5. Véase una excelente descripción de este proceso, relacionado con el caso de la hacienda Laredo, cerca de Trujillo, en Solomon Miller (1967: 147-175).

6. La penetración aprista en esta área se vio ayudada por el constante flujo migratorio de la costa hacia la sierra y viceversa, que acentuó los contactos entre la población más politizada de la costa con la de la sierra. Los trabajadores de las haciendas que regresaban a visitar a sus familiares indudablemente jugaron un papel importante en la propagación de las ideas apristas en el interior del país.

7. Evidentemente la costa sur, con la excepción de Ica, no era comparable en términos de modernización agrícola con la parte norte.

Sin embargo, el atractivo popular del APRA en las regiones agrícolas de la sierra generalmente ha sido la excepción y no la regla. En esas áreas arcaicas, económicamente estáticas, como la sierra sur, por ejemplo, desde 1931, el partido constantemente ha fallado en obtener una respuesta popular. Allí la hacienda tradicional, no afectada por los cambios ocurridos en la costa norte, ha continuado dominando la vida local como lo hace desde siglos atrás. Modelado como estaba para expresar el amplio descontento popular producido por el rudo desquiciamiento económico ocasionado por la modernización, el APRA simplemente no pudo hacer impacto en áreas que no habían sido tocadas por las mismas fuerzas de cambio.

Si se analizan las más amplias implicaciones de este caso, es decir la relación entre el proceso distorsionador y modernizante de la industria azucarera y la radical respuesta política aprista, esta parece encajar en un patrón sociopolítico, casi siempre similar al que se encuentra en otras partes de América Latina. Tal vez el paralelo más notable sea el del sur de México, durante el último periodo de Díaz, donde una industria azucarera expansiva y modernizadora se volcó sobre los ejidos tradicionales, desplazando y proletarizando a un gran número de campesinos indígenas que por siglos habían trabajado sus tierras comunales. Tal como lo han señalado McNeely y Womack, el descontento producido por este fenómeno atizó directamente el movimiento campesino de 1910, que encontró a su vocero y líder en la figura de Emiliano Zapata.[8]

Sin embargo, debe señalarse que la revuelta de Morelos fue, en buena parte, un fenómeno rural que en su mayoría solo comprometió a campesinos desarraigados. En el Perú, el movimiento aprista fue considerablemente más amplio, porque consiguió el apoyo no solo de los pequeños agricultores desplazados sino también el de los trabajadores azucareros (totalmente ausentes a comienzos de las actividades de Zapata),[9] y particularmente de la clase comerciante urbana, adversamente afectada por las dislocaciones del comercio.

8. McNeely 1966: 153-169, Womack 1968: 42-54.

9. Ibíd., p. 87. Solo después, los braceros azucareros ingresaron al movimiento (Womack 1968: 122).

Además, la industria azucarera de Morelos estaba en manos de empresarios mexicanos y no de corporaciones extranjeras. Este hecho añadió un fuerte carácter xenófobo a la inflamabilidad política del cinturón azucarero de la costa norte peruana.

En el mismo estilo, Cuba ofrece una analogía similar a comienzos del siglo XX. El clásico estudio de Guerra y Sánchez sobre los efectos de la industria azucarera en la sociedad agraria cubana es también sugestivo para el caso peruano.[10] Allí, sin embargo, el surgimiento de un sistema central y la subsecuente concentración del azúcar parecen haber producido una mayor distorsión que en el Perú. Una respuesta política correspondiente puede hallarse en el movimiento reformista de Grau de fines de 1920 y de comienzos de la década de 1930, que obtuvo mucha de su fuerza del amplio descontento rural producido por la modernización azucarera. Además, los efectos de largo alcance de la expansiva industria azucarera cubana no pueden separarse de la emergencia política de Castro en 1959.[11]

Otros ejemplos de este mismo fenómeno parecen haber ocurrido en Argentina, así como en otras partes del Caribe y posiblemente también en Brasil.[12] Todo tiende a reforzar la idea de que el surgimiento del APRA en la costa norte peruana no constituye un caso aislado dentro del marco general de lo que podría titularse "la política del azúcar en América Latina".

---

10. Guerra 1964.
11. Ruiz 1968.
12. Repercusiones de la modernización del azúcar en la provincia de Tucumán, Argentina en Di Tella 1965. En Puerto Rico, en 1938, el Partido Popular Democrático obtuvo la mayor parte de su apoyo inicial del emergente proletariado azucarero de la costa sur de la isla (Mintz 1953: 250). Para el noroeste del Brasil, centro productor de azúcar desde los primeros tiempos coloniales, se podría esperar el mismo patrón recurrente. Sin embargo, aunque Harry William Hutchinson, en su estudio, sugiere algunas de las más amplias implicaciones sociales y económicas de la introducción del sistema de usina, no hace ningún intento de correlacionar estos cambios con el desarrollo político del área. En forma interesante, Hutchinson describe brevemente el fenómeno de la decadencia urbana como resultante de la introducción del sistema de la fábrica, proceso muy similar en líneas generales al que ocurrió en la región de Trujillo (Hutchinson 1957: 43-44).

En todo lugar donde a comienzos del siglo XX la industria azucarera ingresó en una etapa de modernización y corporación, la alteración resultante en la sociedad tradicional parece haber desencadenado un amplio descontento local. Este descontento fue tan profundo en algunas áreas que ha estimulado directamente el surgimiento de una variedad de movimientos políticos de protesta, algunos reformistas y otros de cariz revolucionario.

El caso aprista parece dar crédito también a la teoría más general de los efectos políticos de la modernización, presentada por el sociólogo argentino Torcuato di Tella.[13] Di Tella teoriza que el impacto del moderno desarrollo económico sobre una sociedad tradicional —al trastornar el orden socioeconómico existente— tiende a radicalizar a un elemento sustancial de la población. Sostiene que esto es particularmente cierto cuando el estímulo para dicho desarrollo proviene de fuentes extranjeras, en la forma de grandes cantidades de capital y de una amplia organización corporativa.

Además de encajar en el patrón general continental respecto de los efectos políticos de la modernización del azúcar, el movimiento aprista es revelador en lo tocante a la dinámica política de las clases medias latinoamericanas. La interpretación aceptada de la política de la clase media de América Latina en el siglo XX, que en gran parte proviene de los modelos urbanos argentino, chileno y mexicano, ha sostenido que este grupo representaba a un sector naciente o emergente de la política latinoamericana y que, en contraste con la oligarquía tradicional, es progresista, moderno y políticamente resuelto a lograr sus objetivos.[14]

El movimiento aprista de la costa norte podría añadir otra dimensión a esta tesis, porque este movimiento más bien parece que obtuvo amplio apoyo de las clases medias tradicionales desplazadas, de los pequeños agricultores independientes y de los comerciantes y artesanos cuya posición económica y social sufría deterioro a causa de la rápida modernización. Este grupo tradicional —del que en forma significante procede la mayoría de los dirigentes apristas— en gran

13. Di Tella 1965.

14. Johnson 1958.

parte era conservador y a veces retrógrado, ya que buscaba y esperaba con nostalgia volver atrás o, por lo menos, oponerse a la ola del cambio. Sus miembros respondieron al requerimiento aprista de reformas que protegieran al pequeño propietario y restauraran la vieja balanza competitiva entre la clase comerciante y las "intrusas" compañías azucareras. Furiosos por lo que les había ocurrido, paradójicamente apoyaron los fuertes ataques de Haya al sistema capitalista e incluso se entregaron, por sustitución, a las glorias del socialismo y del colectivismo.[15] Posiblemente, esta reacción tuvo un profundo arraigo en la necesidad vital de recuperar el control de los acontecimientos y de su destino, antes que en la comprensión de las consecuencias del programa aprista.

Naturalmente, tal plática radical también estuvo destinada a atraer a las emergentes clases trabajadoras, sin cuyo apoyo la pequeña burguesía no podía esperar alcanzar el poder político. Y no dejó de tener sus efectos. En gran parte, gracias a la consumada habilidad política de Haya, quien brillantemente expresaba los deseos de ambos grupos, en el norte se forjó una fuerte alianza entre las clases media y obrera.[16] Aunque dominada, como estaba, por dirigentes de la clase media tradicional, la alianza del APRA nunca se aventuró muy lejos por el camino de una verdadera política revolucionaria. En realidad, cuando los tiempos cambiaron y las condiciones parecieron mejorar en la costa norte, el APRA se volvió cada vez más conservador, como reflejo del predominio del grupo medio dentro de la alianza.

Esta tendencia derechista[17] se ha reflejado tanto en el programa del partido como en los escritos de Haya y, también, en el hecho de que muchos de sus primeros líderes abandonaran el partido,

---

15. Todo esto es reminiscencia del "Progressive Movement" de los Estados Unidos, durante las primeras décadas del siglo XX, que exhibió una fuerte corriente de conservadurismo innato como protesta contra la dirección de la sociedad norteamericana.

16. A causa de los antagonismos inherentes dentro de la coalición, Haya tuvo que trazar una línea muy fina entre grupos de intereses a veces opuestos, tarea que casi siempre realizó brillantemente.

17. Este hecho ha llevado a un observador a comentar sobre el viejo y el nuevo APRA (Pike 1964: 3-45).

disgustados por lo que consideraban la "traición" de Haya a sus anteriores ideales revolucionarios.[18] Desde 1940, Haya había suavizado su posición con respecto al capitalismo y al rol de la inversión extranjera en la economía peruana. Desde su posición decididamente militante, antiimperialista y casi socialista de la década de 1920 y de comienzos de la de 1930, el jefe máximo del aprismo se había vuelto cada vez más tolerante respecto al sistema capitalista y al capital extranjero. Excepto dentro del usual contexto político latinoamericano, ya no atacaba vocingleramente al imperialismo económico de los Estados Unidos.[19]

De esta manera, en las décadas siguientes, la estrategia política del partido sufrió una alteración gradual. Después de la revolución de Trujillo, los líderes apristas empezaron a acercarse cautelosamente a la élite gobernante del país. Pero la desconfianza y el miedo mutuos determinaron que esta política tomara más de quince años en realizarse, e incluso así resultó bastante frágil. Si bien en la década de 1930 se inició un periodo de cooperación con el régimen del general Oscar R. Benavides, no fue sino en 1945 cuando ambas partes lograron un mejor entendimiento que, por primera vez, le dio al APRA una participación considerable en el gobierno de José Luis Bustamante y Rivero. Tres años después, un golpe militar truncó este acuerdo pero, posteriormente, en la década de 1950 el partido forjó el llamado "pacto de convivencia" con el régimen de Manuel Prado. Hacia la década de 1970, el APRA había logrado una posición relativamente fuerte en el marco político del país, aunque sus logros significaron comprometer peligrosamente muchas de sus primeras posiciones reformistas.

Es posible que la naturaleza eminentemente conservadora de los tradicionales sectores medios de la costa norte, que dominaban la coalición, ofrezca una explicación del vuelco a la derecha de los

---

18. Enríquez 1951 y Guardia 1945.

19. Si se comparan los primeros escritos de Haya, como *El antiimperialismo y el APRA,* que incidentalmente el partido no ha creído conveniente reeditar, y la colección de sus artículos, *Pensamiento político,* se cuenta con amplia evidencia sobre la reciente moderación del líder aprista.

últimos años del APRA. Otra razón podría darla la cambiante posición del electorado aprista de la clase trabajadora en el norte. Durante las décadas de 1930 y 1940, el movimiento aprista, aunque forzado por el gobierno a pasar a la clandestinidad en numerosas ocasiones, tuvo rotundo éxito en su penetración en las haciendas azucareras del norte, donde la masa de braceros serranos era un blanco ideal de reclutamiento partidario. Aunque era un proyecto a largo plazo, el trabajo de concientización y organización de este grupo en sindicatos apristas empezó a mostrar marcado progreso hacia 1945, cuando el partido logró organizar la Federación de Trabajadores Azucareros (FTA) y elegir como presidente constitucional a José Luis Bustamante y Rivero, quien se comprometió, al menos parcialmente, a la realización del programa aprista.

A medida que, a través de sus sindicatos, el aprismo se infiltraba en las haciendas y en todo el norte, el partido ejercía presión sobre las compañías azucareras, que desde tiempo atrás habían resistido intransigentemente las demandas laborales. A partir de 1945, el APRA logró controlar un número significativo de sindicatos azucareros, con la consiguiente obtención de beneficios laborales. Es indiscutible que durante este periodo se aprobaron muchos de los planteamientos del programa aprista en favor de los trabajadores, incluyendo la eliminación del odiado sistema de enganche, el establecimiento de un salario mínimo, la instalación de una cooperativa del sindicato y mejoras en las condiciones de vida y trabajo en las haciendas.

En la década de 1960, la masa trabajadora aprista, no solo en las haciendas sino también en los sectores mineros manufactureros, se había convertido claramente en una élite selecta dentro del total de la población trabajadora del país. Este hecho, junto con la situación de mayoría parlamentaria y de poder dentro de la política peruana en general, dio pie, entre otras cosas, a que disminuyera la militancia aprista y a que en el programa político del partido se produjera un vuelco de carácter conservador. Tanto en el campo laboral como en la esfera política, en general, el partido tuvo especial interés en proteger los logros tan duramente alcanzados a lo largo de los años. Sin deseos de arriesgarlos en lo que sería una peligrosa confrontación con la estructura de poder existente, de la que los líderes apristas ya formaban parte, lucharon por conservar y ampliar su posición entre la masa trabajadora. Esta actitud tuvo un efecto alienante en muchos quienes, en la década de 1930, no solo habían defendido los aspectos revolucionarios del APRA; también veían ahora la necesidad de extender las conquistas del partido a otros sectores de la sociedad peruana. Pero para los líderes del partido y para la mayoría de afiliados de las clases obrera y media, iniciados en las cruentas revueltas de la década de 1930, los riesgos que correrían de adoptar una actitud más militante resultarían excesivos.

La tendencia conservadora del APRA en las décadas de 1950 y 1960 con respecto a la reforma agraria fue evidente. Si bien, anteriormente, el partido había atacado duramente a las empresas azucareras, siendo uno de los objetivos de su programa político la nacionalización y "cooperativización" de todas las haciendas costeñas como parte de su proyecto de reforma agraria, en los últimos años no hizo nada por concretarlo. En general, este cambio se debió a dos factores principales: la nacionalización se veía como una amenaza directa a la buena posición económica que los afiliados apristas habían logrado en las haciendas. Se temía que los beneficios y, por consiguiente, los salarios disminuirían con la administración estatal. Por otra parte, su poder monopólico, como principal vocero negociador de los trabajadores azucareros, peligraría ante cualquier programa de nacionalización llevado a cabo por un gobierno no aprista. En resumen, bajo estas circunstancias, la nacionalización afectaría los intereses vitales del partido, y por esta razón los líderes apristas se coludieron con las compañías azucareras para oponerse tenazmente a cualquier proyecto de nacionalización. La Ley de Reforma Agraria aprobada en 1964, durante el régimen de Belaunde, al no afectar a las grandes haciendas industriales de la costa resultó un importante logro de la política aprista.

En cierto sentido, el carácter revolucionario del APRA estaba condicionado a disminuir a medida que surgía una nueva generación, menos afectada por el proceso de modernización que había echado a sus padres y abuelos de la tierra y el comercio. Crecida en un predio adecuado al sistema de las grandes empresas azucareras, la nueva generación se adaptó fácilmente a las condiciones vigentes. La vieja retórica aprista ya no conmovía a la población de la costa norte, integrada al sistema de la gran empresa. Al alterar y modificar el programa del partido, los líderes apristas no hicieron sino adecuarlo al espíritu y situación imperantes.

Esto no quiere decir que todas las viejas tensiones hubieran desaparecido y que los recuerdos del pasado quedaran totalmente olvidados por la masa aprista. Por el contrario, hasta muy recientemente, los líderes apristas juzgaron políticamente conveniente aludir a injusticias pasadas, en especial durante las campañas electorales, oportunidad en que las compañías azucareras eran blancos fáciles. Por otra parte, la notable recepción que el 6 de octubre de 1969 recibiera en Trujillo el presidente Juan Velasco Alvarado —primer presidente en visitar el bastión aprista desde la revolución de 1931— atestigua plenamente que las penurias pasadas persistían en la memoria colectiva del pueblo. La medida de Velasco de nacionalizar y "cooperativizar" las haciendas azucareras, que los viejos líderes apristas no se atrevieron a cumplir por miedo a arriesgar la respetabilidad y el poder político alcanzado por el partido a lo largo de varias décadas, representó la culminación de las aspiraciones regionales largamente mantenidas. Ciertamente, el entusiasmo popular por esta decisión puede interpretarse como un comportamiento simbólico de reconocimiento a la materialización final de metas y aspiraciones generacionales. Irónicamente, Velasco, un militar, aparece en la creencia popular como quien justificó la sangrienta lucha de las generaciones anteriores.

Bibliografía

Manuscritos

Archivo de la Cámara de Comercio, Agricultura e Industria del Departamento de La Libertad. Trujillo.

Sala de Investigaciones de la Biblioteca Nacional del Perú. Lima.

United States, Department of State. General Records of the Department of State Relating to the Internal Affairs of Peru, 1910-1937. Decimal File. National Archives. Record Group 59.

Tesis

ALCANTARA MOSTACERO, Róger

1949 "El yanaconaje en los valles de Chicama y de Santa Catalina". Tesis doctoral, Universidad de Trujillo.

ÁLVAREZ BELTRÁN, Carlos M.

1949 *El problema social y económico del valle de Chicama.* Trujillo: Universidad Nacional de Trujillo.

ATOCHE, Carlos A.

1909 "El problema de una escasez de brazos que se nota en la agricultura de la costa, se resuelve con el elemento nacional, variando el régimen que impera en nuestros campos". Tesis doctoral, Universidad de Trujillo.

Fitchett, Delbert Arthur

1962 "Defects in the Agrarian Structure as Obstacles to Economic Development: A Study of the Northern Coast of Peru". Tesis doctoral, University of California.

Karno, Howard L.

1970 "Augusto B. Leguía: The Oligarchy and the Modernization of Peru, 1870-1930". Tesis doctoral, University of California.

Kus, James S.

1958 "An Historical Geography of Irrigated Agricultura in the Chicama Valley, Peru". Tesis de Maestría, Michigan State University.

Mostajo, Francisco

1913 "Algunas ideas sobre la cuestión obrera: contrato de enganche". Tesis doctoral con mención en Jurisprudencia. Universidad Nacional de San Agustín de Arequipa.

Nicolini, Juan Vicente

1919 "La policía de las aguas en el Perú". Tesis de doctorado, Universidad Nacional Mayor de San Marcos de Lima.

Plank, John

1958 "Peru: A Study in the Problems of Nation Forming". Tesis doctoral, Harvard University.

Ulloa Sotomayor, Alberto

1914 "Lineamientos de una legislación rural". Tesis para optar el grado de bachiller, Facultad de jurisprudencia. Universidad Nacional Mayor de San Marcos de Lima.

1916 "La organización social y legal del trabajo en el Perú". Tesis de doctorado, Universidad Nacional Mayor de San Marcos de Lima.

Libros y artículos

Ache, R.

1916 *Enmendemos rumbos: Artículos publicados en los diarios de Lima con motivo de los últimos movimientos obreros en el Perú.* Lima: Sanmartí y Cía.

Adams, Jorge I.

1906 *Caudal, procedencia y distribución de aguas de los departamentos de La Libertad y Ancachs.* Lima: Imprenta El Lucero.

Alayza y Paz Soldán, Luis, et ál.

1953 *Homenaje a Sánchez Cerro, 1933-1953.* Lima: Huascarán.

Aldrich, Earl M., Jr.

1966 *The Modern Short Story in Peru.* Madison: University of Wisconsin Press.

Alegría, Ciro

1934 "Interpretación de la revolución de Trujillo". En *Acción Aprista* (Trujillo), 28 de julio, pp. 18-22.

Alexander, Robert J.

1949 "The Latin American Aprista Parties". En *Political Quarterly* 20: 236-247.

Alvarado Z., Elías

1933 *Episodios de la revolución aprista de Trujillo.* Lima: El Sol.

Álvarez Beltrán, Carlos M.

1949 *El problema social-económico en el valle de Chicama.* Trujillo: Universidad de Trujillo.

Apter, David

1965 *The Politics of Modernization.* Chicago: University of Chicago Press.

Arguedas, José María

1941 *Yawar fiesta.* Lima: CIP.

Armas M., Juan L. E.
1935 *Guía de Trujillo.* Trujillo: Olaya.

Aspíllaga, Ántero, et ál.
1902 *La crisis del azúcar: Informe de la comisión oficial.* Lima: Imprenta de Torres Aguirre.

Aspíllaga Anderson, Ismael
1926 *La industria azucarera peruana.* Lima: Rosay.

Astiz, Carlos
1969 *Pressure Groups and Power Elites in Peruvian Politics.* Ithaca: Cornell University Press.

Ayarza, Víctor E.
1921 *Reseña histórica del Senado del Perú.* Lima: Imprenta de Torres Aguirre.

Backmann, Carlos J.
1921 *Departamento de Lambayeque.* Lima: Imprenta de Torres Aguirre.

Basadre, Jorge
1931 *Perú: Problema y posibilidad.* Lima: Rosay.

1948 *Chile, Perú y Bolivia independientes.* Buenos Aires: Salvat Editores.

1964 *Historia de la república del Perú.* 5.ª ed., 10 vols. Lima: Peruamérica.

Bermúdez, Óscar
1963 *Historia del salitre desde sus orígenes hasta la guerra del Pacífico.* Santiago de Chile: Universidad de Chile.

Black, Cyril E.
1966 *The Dynamics of Modernization: A Study in Comparative History.* Nueva York: Harper and Row.

Bourricaud, François
1967 *Poder y sociedad en el Perú contemporáneo.* Buenos Aires: Sur.

Burgess, Eugene Willard y Frederich H. Harbison

1954 *Casa Grace in Peru.* Washington, D. C.: National Planning Association.

Camino Calderon, Carlos

1941 *Tradiciones de Trujillo.* Trujillo: Moderna.

Camprubí Alcazar, Carlos

1957 *Historia de los bancos en el Perú: 1860-1879.* Lima: s. e.

Cárdenas Alegría, G.

1917 *La protección a la agricultura es la salvación nacional.* Trujillo: El Progreso.

Carey, James

1964 *Peru and the United States, 1900-1962.* Notre Dame: University of Notre Dame Press.

Casa Grace

1935 *Fortune* 12, diciembre, pp. 95-101, pp. 157-164.

Castañeda Rangel, Alfonso

1940 "La industria azucarera en el departamento de La Libertad". En *Revista de la Facultad de Ciencias Económicas* (San Marcos), n.º 20, abril, pp. 104-158.

Castro Pozo, Hildebrando

1924 *Nuestra comunidad indígena.* Lima: El Lucero.

1936 *Del ayllu al cooperativismo socialista.* Lima: s. e.

Centurión Herrera, Enrique

1924 *El Perú y las colonias extranjeras: La realidad actual y el extranjero en el Perú a través de cien años, 1821- 1921.* Bergamo: s. e.

1939 *El Perú en el mundo.* Bruselas: Etablissements généraux d'imprimerie.

Centurión Vallejo, Héctor

1953 "Esclavitud y manumisión de negros en Trujillo". En *Revista Universitaria* (Trujillo), n.º 3-4, pp. 31-69.

1962 *La independencia de Trujillo: Apuntes para la historia de Trujillo, 1820-1821*. Trujillo: Universidad de Trujillo.

Chang-Rodríguez, Eugenio

1957 *La literatura política de González Prada, Mariátegui y Haya de la Torre*. México: Studium.

Chaplin, David

1967 *The Peruvian Industrial Labor Force*. Princeton: Princeton University Press.

Chavarría, Jesús

1968 "A Communication on University Reform". En *Latin American Research Review* 3, n.º 3, 192-195.

1972 "La desaparición del Perú colonial (1870-1919)". En *Aportes* (París), n.º 23, enero, pp. 120-153.

Chávez Romero, Otilio y Germán Muñoz Pugllsevich

1934 *Crónicas de la revolución de Trujillo*. Lima: s. e.

Chevaller, François

1966 "L'espansion de la grande propriété dans le Haut-Perou au XXe siecle". En *Annales: Economies, Societés, Civilisations* 21: 815-831.

1970 "Official Indigenismo in Peru in 1920: Origins, Significance, and Socioeconomic Scope". En *Race and Class in Latín America*, edición de Magnus Mörner. Nueva York: Columbia University Press.

CIDA-Cómité Interamericano de Desarrollo Agrícola

1966 *Tenencia de la tierra y desarrollo socio-económico del sector agrícola: Perú*. Washington, D. C.: Pan American Union.

Cisneros, Carlos B. y Rómulo E. García

1899 *Departamento de La Libertad*. Lima: San Pedro.

Coleman, James (ed.)

1965 *Education and Political Development*. Princeton: Princeton University Press.

Collin-Delavaud, Claude

1964 "Consecuencias de la modernización de la agricultura en las haciendas de la costa norte del Perú". En *Revista del Museo Nacional,* t. XXXIII: 259-281.

Congreso Constituyente de 1931

1932 *Diario de los debates del Congreso Constituyente de 1931*, 4 vols. Lima: Empresa Editora "La Nacional".

Congreso Ordinario de 1917

1917 *Diario de los debates de la H. Cámara de Senadores.* Lima: El Comercio.

Cornejo Koster, Enrique

1927 "Crónica del movimiento estudiantil peruano, 1919 1926". *La Reforma Universitaria,* editada por Gabriel del Mazo. Buenos Aires: Ferrari-B. Mitre.

Cossío del Pomar, Felipe

1946 *Haya de la Torre: El indoamericano.* 2.ª ed. Lima: Nuevo Día.

1961 *Víctor Raúl: Biografía de Haya de la Torre.* México: Cultura.

Costa Villavicencio, Lázaro

1956 *Monografía del departamento de La Libertad.* Trujillo: s. e.

Cotler, Julio

1971 "Crisis política y populismo militar". En *Perú: Hoy,* editado por José Matos Mar, pp. 87-174. México: Siglo Veintiuno.

Cox, Carlos Manuel

1933 *En torno al imperialismo.* Lima: Atahualpa.

Cúneo Vidal, Rómulo

1912 *La huelga de Chicama: Informe aprobada por la Sociedad Pro Indígena sobre los sucesos de Chicama y las medidas que deben ponerles reparo.* Lima: s. e. También en *La Prensa* (Lima), 10 de octubre.

Curletti, Lauro A.

1921 *El problema industrial en el valle de Chicama: Informe del Ministerio de Fomento.* Lima: Imprenta del Estado.

Dávalos y Lisson, Pedro

1919-1926 *La primera centuria.* 4 vols. Lima: Librería e Imprenta Gil.

Davies, Thomas M.

1971 "The Indigenismo of the Peruvian Aprista Party: A Reinterpretation". En *Hispanic American Historial Review* 51(4): 626-645.

De la Torre, Gustavo

1888 "Relación por el Sub-prefecto de Trujillo", *Colección de manuscritos de la Sala de Investigaciones de la Biblioteca Nacional del Perú,* Lima, 23 de mayo, p. 5.

1898 *Memoria del prefecto del departamento de La Libertad,* Trujillo, pp. 13-14.

Delmar, Serafín

1934 *El año trágico.* Lima: Atahualpa.

Denegri, Marco Aurelio

1911 *La crisis del enganche.* Lima: Sanmartí y Cía.

Díaz Ahumada, Joaquín

1962 (?) *Historia de las luchas sindicales en el valle de Chicama.* Trujillo: Bolivariana.

Dunn, Robert W.

1926 *American Foreign Investments.* Nueva York: Viking Press.

Dunn, William Edward

1925 *Peru: A Commercial and Industrial Handbook.* Washington, D. C.: U. S. Bureau of Foreign and Domestic Commerce.

"El azúcar peruana"

1950 "El azúcar peruana". En *Informaciones Comerciales* (Lima), 2 partes, n.º 8-9, agosto-septiembre, pp. 11-16, 8-17.

El Perú centenario

1922 *El Perú centenario.* Buenos Aires: s. e.

Eisenstadt, S. N.

1966 *Modernization: Protest and Change.* Englewood Cliffs, N. J.: Prentice-Hall.

Empresa Agrícola Chicama Ltda.

1946 *Estatutos de la Empresa Agrícola Chicama Ltda., 1919.* Lima: Librería e Imprenta Gil.

Enock, C. Reginald.

1912 *Peru.* Londres: Fisher Urwin.

Enríquez, Luis Eduardo

1951 *Haya de la Torre: La estafa política más grande de América.* Lima: Pacífico.

Espejo Asturriaga, Juan

1889 *Exposición que los productores de azúcar hacen al Congreso con motivo del proyectado impuesto de exportación.* Lima: Masías y Cía.

1893 *Exposición documentada, respecto a la usurpación de "El Cañal" por el Señor Fortunato Barúa, que hacen los hermanos, Ríos Pinillos.* Trujillo: La Razón.

1917 *Exposición de la Cámara de Comercio, Agricultura e Industria del departamento de La Libertad a los señores representantes a Congreso de las labores hechas en defensa de los derechos nacionales y en particular de los de Trujillo, Salaverry y otros pueblos, seriamente amenazados con las concesiones otorgadas a los señores Gildemeister y Cía., para construir un muelle y un ferrocarril en Malabrigo.* Trujillo: Olaya.

1965 *César Vallejo: Itinerario del hombre, 1892-1923.* Lima: Mejía Baca.

Favre, Henri, et. ál.

1967 *La hacienda en el Perú.* Lima: Instituto de Estudios Peruanos.

Ferreyros, Alfredo

1902 "Generalidades sobre el cultivo e industria de la caña de azúcar en el valle de Chicama". En *Boletín del Ministerio de Fomento* 5, n.º 11, noviembre, pp. 55-71.

Fitchett, Delbert Arthur

1966 "Agricultural Land Tenure Arrangements on the Northern Coast of Peru". En *Inter-American Econamic Affairs* 20: 65-86.

FORD, Thomas R.

1955 *Man and Land in Peru.* Gainesville: University of Florida Press.

GALL, Norman

1971 "Peru: The Master is Dead". En *Dissent,* junio, pp. 281- 320.

GARBIN, Raúl, et ál.

1944 *Diccionario biográfico del Perú.* Lima: Escuelas Americanas.

GARLAND, Alejandro

1895 *La industria azucarera en el Perú.* Lima: Imprenta del Estado.

1905 *Reseña industrial del Perú.* Lima: La Industria.

1906 *Las vías de comunicación en el Perú.* Lima: s. e.

1907 *El Perú en 1906.* Lima: La Industria.

GILLIN, John

1945 *Moche: A Peruvian Coastal Community.* Washington, D. C.: Smithsonian Institution.

GONZÁLEZ PRADA, Manuel

1908 *Horas de lucha.* Lima: Tipografía El Progreso Literario.

GUARDIA MAYORGA, César

1945 *Reconstruyendo el aprismo.* Arequipa: Acosta.

GUERRA Y SÁNCHEZ, Ramiro

1964 *Sugar and Society in the Caribbean: An Economic History of Cuban Agriculture.* New Haven: Yale University Press.

GUILLEN, Alberto

1928 "Haya de la Torre ha dicho verdad". En *Repertorio Americano* 17, n.º 10, 8 de septiembre, 151.

GUTIÉRREZ VARGAS, Nilo

1944 *Cuentos de Trujillo.* Lima: Rumbos.

HALSEY, Frederic M.

1918 *Investments in Latin America and the British West Indies.* Washington, D. C.: Department of Commerce, Government Printing Office.

HAMMEL, Eugene A.

1962 *Wealth, Authority, and Prestige in the Ica Valley, Peru.* Albuquerque: University of New Mexico Press.

HAYA, Raúl E.

1929 "Trujillo industrial de 1870 a 1929". En *La Industria.* Trujillo, 6 de enero.

HAYA DE LA TORRE, José Agustín

1934 "Apuntes para la historia de la revolución de Trujillo". En *Acción Aprista* (Trujillo), 2 partes, 7 y 28 de junio.

HAYA DE LA TORRE, Víctor Raúl

1926 "What is the Apra?". En *The Labour Monthly* 8, diciembre; pp. 756-759.

1927a *Por la emancipación de la América Latina: Artículos, mensajes, discursos 1923-1927.* Buenos Aires: Gleizer.

1927b "Mis recuerdos de González Prada". En *Repertorio Americano* 15, n.º 6, 13 agosto, pp. 84-85.

1928 "Autobiografía". En *Repertorio Americana* (San José, Costa Rica) 17, n.º 4, 28 de julio, pp. 50-52.

1931 *Teoría y táctica del aprismo.* Lima: La Cultura Peruana.

1933a *Política aprista.* Lima: Atahualpa.

1933b *Construyendo el aprismo: Artículos y cartas desde el exilio,* 1924-1931. Buenos Aires: Claridad.

1935 *¿A dónde va Indoamérica?* Santiago de Chile: Ercil1a.

1936 *El antiimperialismo y el APRA.* Santiago de Chile: Ercilla.

1948 *Espacio-tiempo histórico.* Lima: La Tribuna.

1961 *Pensamiento político.* 5 vols. Lima: Pueblo.

Heysen, Luis E.
1931 [?] *El comandante del Oropesa.* Cusco: Editorial H. G. R. sc.

Hidalgo, Alberto, et ál.
1934 *Cantos de la Revolución.* Lima: Atahualpa.

Hilliker, Grant
1971 *The Politics of Reform in Peru: The Aprista and other Mass Parties of Latin America.* Baltimore: John Hopkins Press.

Hopkins, Jack W.
1967 *The Government Executive of Modern Peru.* Gainesville: University of Florida Press.

Huntington, Samuel P.
1968 *Political Order in Changing Societies.* New Haven: Yale University Press.

Hutchinson, Harry William
1957 *Village and Plantation Life in Northeastern Brazil.* Seatle: University of Washington Press.

Hutchinson, Thomas J.
1873 *Two Years in Peru with Exploration of its Antiquities.* 2 vols. Londres: Sampson, Low, Morsten, Low, and Searle.

Irie, Toraje
1951 "History of Japanese Migration to Peru". En *Hispanic American Historical Review* 31: 437-452.

Johnson, John J.
1958 *Political Change in Latin America: The Emergence of tbe Middle Sectors.* Standford: Standford University Press.

Kantor, Harry
1953 *The Ideology and Program of the Peruvian Aprista Movement.* Berkeley: University of California Press.

KLINGE, Gerardo

1924 *La industria azucarera en el Perú.* Lima: Torres Aguirre.

1945 "La agricultura en el Perú". En: *Perú en cifras, 1944-1945*, editado por Dario Sainte Marie S. Lima: Scheuch.

KUBLER, George

1915 "La gran industria azucarera en el Perú". *La Industria.* Trujillo, 7 de agosto.

1952 *The Indian Caste of Peru, 1795-1940.* Washington D. C.: Smithsonian Institution.

LARCO HERRERA, Carlos

1927 *Hacienda Chiclín: Transferencia indebida de una acción social.* Lima: Garcilaso.

LARCO HERRERA, Rafael

1923a *Aprovechamiento de las aguas del subsuelo en la costa del Perú.* Lima: Southwell.

1923b *Veintisiete años de labor en Chiclín: Reminiscencias y apuntes.* Lima: M. Moral.

1930 *La obra social de Chiclín.* Lima: La Crónica y Variedades.

1947 *Memorias.* Lima: s. e.

LAVALLE, Hernando de

1919 *La gran guerra y el organismo económico nacional.* Lima: Librería e Imprenta Gil.

LAVALLE Y GARCÍA, José Antonio de

1916 *Las necesidades de guano de la agricultura nacional.* Lima: Librería e Imprenta Gil.

LEON ECHAGUE, Félix

1934 *Lo que oí y lo que sé de la revolución de Trujillo.* México D. F.: Horóscopo.

LEVIN, Jonathan V.
1960 *The Export Economies: Their Pattern of Development in Historical Perspective.* Cambridge: Harvard University Press.

MACLEAN Y ESTENÓS, Roberto
1959 *Sociología del Perú.* Lima: Librería e Imprenta Gil.

MCNEELY, John H.
1966 "Origins of the Zapata Revolt in Morelos". En *Hispanic American Historical Review* 46, 153-169.

MARIÁTEGUI, José Carlos
1965 *7 ensayos de interpretación de la realidad peruana.* 10.a ed. Lima: Minerva.

1971 *Seven Interpretive Essays on Peruvian Reality.* Traducción de Marjory Urquidi. Austin: University of Texas Press.

MARIE, Víctor
1905 "La agricultura y la economía rural-valle de Chicama: Memoria presentada al Ministerio de Fomento". En *Boletín Agrícola* (Arequipa), n.º 10-11, pp. 276-286.

MARTIN, Percy F.
1913 *Peru of the Twentieth Century.* Londres: Eduard Arnold.

MARTINET, J. B. H.
1878 *L'agriculture au Pérou: Résumé du mémoire présenté au congres international de L'agriculture.* París: Au Siege de la Société.

MARTÍNEZ DE LA TORRE, Ricardo
1947 *Apuntes para una interpretación marxista de historia social del Perú.* 4 vols. Lima: Peruana.

MATHEW, W. M.
1968 "The Imperialism of Froe Trade: Peru, 1820-1870". En *The Economic History Review* 21, n.º3, diciembre, pp. 562-579.

Mayer de Zulen, Dora

1921 *El indígena peruano a los cien años de república libre e independiente.* Lima: Imprenta Peruana de E. Z. Casanova.

Mayer de Zulen, Dora et ál

1914 *Conferencias pronunciadas en el centro unión hijos de Cajacay-julio.* Lima: El Inca.

Mazo, Gabriel del (ed.)

1927 *La reforma universitaria: Documentos relativos a la propagación del movimiento en América Latina, 1918-1927.* Buenos Aires: Ferrari-B. Mitre.

Mella, Julio Antonio

1903 "Memoria presentada al supremo gobierno por el juez privativo de aguas de la provincia de Trujillo Dr. D. Enrique Guimaraes-1903". En *Boletín del Ministerio de Fomento* (Lima) 1, n.º 2: 89-107.

1905 *Memoria presentada al supremo gobierno por el juez privativo de aguas de la provincia de Trujillo Dr. D. Enrique de Guimaraes-1904.* Trujillo: Haya, Verjel y Cía.

1906 *Memoria presentada al supremo gobierno por el juez privativo de aguas de la provincia de Trujillo Dr. D. Enrique de Guimaraes correspondiente al año 1905.* Trujillo: Haya, Verjel y Cía.

1917a "Memorial que en defensa de las clases trabajadoras presentarán al Parlamento Nacional las Sociedades Obreras de Trujillo". En *El Derecho Obrero,* 23 de septiembre.

1917b "Memorial que presenta el sindicato de la "Empresa del Muelle y Ferrocarril del valle de Chicama" a la representación nacional". Lima.

1930 "La lucha revolucionaria contra el imperialismo: ¿Qué es el Arpa?". En *Amauta,* Lima 4, n.º 31-32: 41-49, 24-37.

Mercado, Róger

1966 *La revolución de Trujillo.* Lima: Fondo de Cultura Popular.

Merel, Juan de Dios

1936 *Principios del aprismo.* Santiago de Chile: Ulam.

Mesones P., Manuel A.

1929 "El uso del agua, en relación con su valor Jurídico- social". En *Anales del Primer Congreso de Irrigación y Colonización del Norte,* I, 743-756. Lima: Imprenta de Torres Aguirre.

Miller, Solomon

1967 "Hacienda to Plantation in Northern Peru: The Process of Proletarianization of a Tenant Farmer Society". En *Contemporary Change in Traditional Societies: Mexican and Peruvian Communities,* editado por Julian Steward. Urbana: University of Illinois Press.

Ministerio de Hacienda

1876 *Censo general de la república del Perú.* 7 vols. Lima: Imprenta del Estado.

1878 *Resumen del censo general de habitantes del Perú, 1876.* Lima: Imprenta del Estado.

1917 *Memoria del director del crédito público-anexo.* Lima: Imprenta del Estado.

Ministerio de Hacienda y Comercio. Dirección Nacional de Estadística

1900-1925 *Memorias.* 25 vols. Lima: Imprenta del Estado.

1933 *Extracto estadístico y censo electoral de la República.* Lima: Imprenta del Estado.

1941 *Extracto estadístico del Perú, 1940.* Lima: Imprenta del Estado.

1944-1945 *Censo nacional de población, 1940,* 9 vols. Lima: Imprenta del Estado.

Mintz, Sidney

1953 "The Cultura History of a Puerto Rican Sugar Cane Plantation, 1876-1949". En *Hispanic American Historical Review* 33: 224-251.

1956 "Cañamelar: The Subculture of a Rural Sugar Plantation Proletariat". En *The People of Puerto Rico,* edición de Julian Steward et ál., pp. 314-417. Urbana: University of Illinois Press.

1966 "The Industrialization of Sugar Production and Its Relationship to Social and Economic Change". En *Background to Revolution: The Development of Modern Cuba,* editado por Robert Freeman Smith. Nueva York: Knopf.

Miró Quesada Laos, Carlos
1947 *Sánchez Cerro y su tiempo.* Buenos Aires: El Ateneo.

Monguió, Luis
1954a *César Vallejo: Vida y obra.* Lima: Perú Nuevo.

1954b *La poesía postmodernista peruana.* Berkeley: University of California Press.

Moore, Barrington, Jr.
1966 *Social Origins of Dictatorship and Democracy: Lord and Peasant in the Making of the Modern World.* Boston: Beacon Press.

Moreno, Federico
1900 *Las irrigaciones de la costa.* Lima: Imprenta del Estado.

Moreyra Paz Soldán, Carlos
1967 *Bibliografía regional peruana.* Lima: Internacional.

Moreyra Paz Soldán, Carlos y Carlos Derteano
1962 "Evolución de la agricultura nacional en el siglo XX". En *Visión del Perú en el siglo XX,* editado por José Pareja Paz Soldán, I, 147-180. Lima: Studium.

Muñiz, Pedro Ernesto
1935 *Penetración imperialista: Minería y aprismo.* Santiago de Chile: Ercilla.

Muñiz, Pedro Ernesto y Carlos Showing
1932 *Lo que es el aprismo.* Bogotá: Cromos.

Naylor, Bernard
1969 *Accounts- of 19th-Century South América: An Annotated Checklist of Works by British and U. S. Observers.* Londres: University of London.

North, Liisa
1970 "Orígenes y crecimiento del Partido Aprista y el cambio socioeconómico en el Perú". En *Desarrollo Económico* 38, n.º 10, pp. 163-214.

Núñez, Estuardo

1969 *Viajeros alemanes al Perú: Cuatro relaciones desconocidas de P. Wolfgang Bayer, Friedrich Gerstaecker, Karl Scherzer, Hugo Zoller.* Lima: Fondo Editorial da la Universidad Nacional Mayor de San Marcos.

Orrego, Antenor

1922 "Prólogo". En *Trilce,* de César Vallejo. Lima: Talleres Tipográficos de la Penitenciaría.

1926 "Prólogo". En *El libro de la nave dorada: Poemas,* de Alcides Spelucín. Trujillo: El Norte.

1928 "Panorama intelectual de Trujillo". *La Sierra.* Lima, n.º 13-14, pp. 26-28.

1957 *Pueblo continente.* Buenos Aires: Continente.

Osma, Felipe de

1912 *Informe que sobre las huelgas del norte presenta al gobierno su comisionado don Felipe de Osma.* Lima: Casa Nacional de Moneda.

Pacheco, Julio Víctor

1922a "Historia de la industria azucarera y su evolución". *La Industria.* Trujillo, 10 de abril.

1922b "Historia nacional: Fragmentos de la obra inédita; historia de los valles de Chicama, Chimú y Virú". *La Industria,* Trujillo, 2 partes, 18 y 25 de marzo.

Pan American Union

1950 *The Peruvian Economy: A Study of Its Characteristics, Stage* of *Development and Main Problems.* Washington, D. C.: Pan American Union.

1959 *Plantation Systems of the* New *World.* Washington, D. C.: OAS.

Parker, William Delmont

1919 *Peruvians of Today.* Lima: Hispanic Society of America.

Parra del Riego, Juan

1916 "La bohemia de Trujillo". En *Balnearios,* Lima, 7, n.º 281, 22 de octubre.

Partido Aprista Peruano

1931a *Llamamiento a la nación.* Lima: Minerva.

1931b *Programa mínimo* o *plan de acción inmediata* del *Partido Aprista Peruano.* Lima: PAP.

1933 *El proceso de Haya de la Torre: Documentos para la historia del ajusticiamiento de un pueblo.* Guayaquil.

Pasapera, Manuel S.

1902 *La ley de aguas con sus antecedentes: Expurgada de errores tipográficos y con algunos comentarios.* Lima: San Pedro.

Patrón, Enrique

1901 *Leyes, decretos, resoluciones, reglamentos y circulares vigentes en el ramo de justicia: Legislación de aguas.* Lima: Imprenta de Torres Aguirre.

Payne, James L.

1965 *Labor and Politics in Peru.* New Haven: Yale University Press.

Paz Soldán, Juan Pedro

1917 *Diccionario biográfico de peruanos contemporáneos.* Lima: Librería e Imprenta Gil.

Paz Soldán, Mariano Felipe

1877 *Diccionario Geográfico Estadístico del Perú.* Lima: Imprenta del Estado.

Piel, Jean

1967 "A propos d'un soulevement rural péruvien au début du vingtieme siecle: Tocroyoc (1921)". En *Revue d'Histoire Moderne et Contemporaine* 14, octubre-diciembre, pp. 375-405.

1970 "The Place of the Peasantry in the National Life of Peru in the Nineteenth Century". *Past and Present.* n.º 46, febrero, pp. 108-133.

Pike, Fredrick B.

1964a *The Modern History of Peru.* New York: Praeger.

1964b "The old and the New APRA in Peru". En *Inter-American Economic Affairs* 18, n.º 2: 3-45.

Poblete Troncoso, Moisés
1938 *Condiciones de vida y de trabajo de la población indígena del Perú.* Ginebra: s. e.

Porras Barrenechea, Raúl
1920 "El congreso nacional de estudiantes del Cuzco". En *Mercurio Peruano,* Lima n.º 53, 4, n.º 22: 311-321.

1963 *Fuentes históricas peruanas.* Lima: Instituto Raúl Porras Barrenechea, Escuela de Altos Estudios y de Investigaciones Peruanistas de la Universidad Nacional Mayor de San Marcos.

Primer Congreso Nacional de Estudiantes
1920 *Primer Congreso Nacional de Estudiantes reunido en la sede universitaria del Cuzco del 11 al 20 de marzo de 1920.* Lima: s. e.

Prinsen Geerligs, H. C.
1912 *The World's Cane Sugar Industry: Past and Present.* Manchester: Norman Roger.

Puga, Pelayo
1903 *Un proyecto de ley electoral: La falta de brazos para la agricultura de la costa del Perú.* Lima: Moreno.

Raimondi, Antonio
1874-1913 *El Perú.* 5 vols. Lima: Imprenta del Estado.

1942-1944 *Notas de viajes para su obra "El Perú",* 4 vols. Lima: Imprenta de Torres Aguirre.

Ravines, Eudocio
1951 *The Yenan Way.* Nueva York: Scribner and Sons.

Rebaza Acosta, Alfredo
1933 "La revolución de Trujillo: El ataque sobre el cuartel de O'Donovan". En *La Antorcha.* Lima, 17 de diciembre.

1934 *Historia de la revolución de Trujillo.* Trujillo: s. e.

Rebaza Demóstenes, Santiago

1899 *Conferencia pública: La agricultura en el valle de Chicama.* Trujillo: Comercial.

Renoz, M. Ch.

1897 *Le Pérou: Histoire, description physique et politique, productions, commerce, immigration et colonisation.* Bruselas: P. Weissenbruch.

Rippy, J. Fred

1946 "The Dawn of Manufacturing in Peru". En *The Pacific Historical Review* 15: 147-157.

1953 "British Investments in Paraguay, Bolivia and Peru". En *Inter-American Economic Affairs* 6, n.º 4: 38-48.

Robinson, David A.

1964 *Peru in Four Dimensions.* Lima: American Studies Press.

Rodríguez Dulanto, A. M.

1907 *El primer problema de la agricultura nacional.* Lima: La Industria.

Rodríguez Manffaurt, J. Leoncio

1932 *Actuación del Capitán don J. Leoncio Rodríguez M. durante el movimiento revolucionario de Trujillo.* Trujillo: H. Cuba.

Romero, Emilio

1949 *Historia económica del Perú.* Buenos Aires: Sudamericana.

Romero Paz, Carlos

1915 "Estadística de la industria azucarera 1914". En *Anales de la Dirección de Fomento,* n.º 10-12, octubre-diciembre, pp. 1-38.

Rosenfeld, Arthur R.

1926 [?] *La industria azucarero del Perú.* Lima: La Crónica.

Rotary Club de Trujillo

1931 *Monografía geográfica e histórica del departamento de La Libertad.* Trujillo: La Central.

Rowe, L. S.
1920 *Early Effects of the War upon the Finance, Commerce and Industry of Peru.* Nueva York: Oxford University Press.

Rouillon, Guillermo
1963 *Bibliografía de José Carlos Mariátegui.* Lima: San Marcos.

Ruiz, Ramón Eduardo
1968 *Cuba: The Making of a Revolution.* Amherst: University of Massachusetts Press.

Saco, Alfredo
1946 *Programa agrario del aprismo.* Lima: Popular.

Sáenz, Moisés
1933 *Sobre el indio peruano y su incorporación al medio nacional.* México: s. e.

Salazar, Jesús M.
1910 *El contrato de enganche.* Lima: s. e.

Salomon, Alberto
1920 *Perú: Potentialities of Economic Development.* Londres: F. Southwell.

Samanamud, Pelayo
1912 "El contrato de enganche". En *Revista Universitaria* 2: 62.

Sánchez, Luis Alberto
1934 *Raúl Haya de la Torre o el político.* Santiago de Chile: Ercilla.

1943 "Aprista Bibliography". En *Hispanic American Historical Review* 23: 441-456.

1955 *Haya de la Torre y el Apra.* Santiago de Chile: Pacífico.

1963 *El Perú: Retrato de un país adolescente.* 2.a ed. Lima: Fondo Editorial de la Universidad Nacional de San Marcos.

Sedgwick, Tomás F.
1908 *La industria azucarera en el Perú.* Lima: Imprenta del Estado.

Seoane, Edgardo

1963 *Surcos de Paz.* Lima: La Industria.

Seoane, Manuel

1930 *Al pueblo: Peruanicemos el Perú.* Lima: PAP.

1931 *Nuestros fines.* Lima: Rosay.

1933 *El esfuerzo libertador del comandante Jiménez.* Lima: s. e.

Smith, C. T.

1940 "Aspects of Agriculture and Settlement in Peru". En *The Geographical journal* 76, n.º 4: 397-412.

Smith, Robert Freeman, ed.

1966 *Background to Revolution: Development of Modern Cuba.* Nueva York: Knopf.

Sociedad Agricola Casa Grande

1899 *Estatutos.* Lima: Librería e Imprenta Gil.

Sociedad Nacional Agraria

1902 *Provisión de brazos para la agricultura.* Lima: San José.

1933 *La situación actual del azúcar y los gravámenes que la afectan.* Lima: Librería e Imprenta Gil

Solís, Abelardo

1928 *Ante el problema agrario peruano.* Lima: Impresiones y Encuadernaciones "Perú".

Spelucín, Alcides

1930 "El departamento de La Libertad, fecundo campo de enseñanzas respecto a la acción imperialista de nuestro país". En *APRA.* Lima, 20 de octubre.

Squier, E. George

1877 *Peru: Incidence of Travel and Exploration in the Land of the Incas.* Nueva York, Holt and Co.

Stewart, Watt

1951 *Chinese Bondage in Peru: A History of the Chinese coolie in Peru,* 1849-1874. Durham: Duke University Press.

Stiglich, Germán

1918 *Diccionario geográfico peruano y almanaque de "La Crónica" para 1918.* Lima: M. Moral.

Stuart, Graham H.

1925 *The Governmental System of Peru.* Washington, D. C.: Carnegie Institution.

Sutton, Carlos, et. ál.

1921 *El problema de irrigación en el valle de Chicama.* Lima: Imprenta de Torres Aguirre.

Sivirichi, Atilio

1946 *Derecho indígena peruano: Proyecto de código indígena.* Lima: Kuntur.

Taboada, Daniel V.

1905 *La inmigración en la costa.* Lima: Liberal Unión.

Tauro, Alberto

1966-1967 *Diccionario enciclopédico del Perú.* Lima: Mejía Baca.

Tella, Torcuato S. di

1965 *La teoría del primer impacto del crecimiento económico* Buenos Aires: Imp. de la Universidad.

1968 *The Political Process in Latín America.* En Mimeographed paper. Berkeley: Center of Latin American Studies.

Thorndike, Guillermo

1969 *El año de la barbarie, Perú, 1932.* Lima: Nueva América.

Tizón y Bueno, Ricardo

1899 *Breve estudio geográfico estadístico del departamento de La Libertad.* Lima: Monitor Popular.

Ugarte, César Antonio

1926 *Bosquejo de historia del Perú.* Lima: s. e.

1940 *El problema agrario peruano.* Lima: Sanmartí.

Ugarte, Manuel

1923 *El destino de un continente.* Madrid: Editorial Mundo Latino.

U. S. Congress. Senate Committee on Foreign Relations

1960 *United States-Latin American Relation.* Washington, D. C.: Government Printing House.

Valdizán, Hermilio

1934 *Víctor Larco Herrera: El hombre, la obra.* Santiago de Chile: Nascimiento.

Vallejo, Santiago

1927 "La vida en la hacienda". *La Sierra.* Lima, 2 partes, 1, n.º 2 y 7: 49 y 40.

1952 *Trujillo en estampas y anécdotas.* Lima: Universitas.

Van Alsen, Mark J.

1971 "University Reform before Córdoba. En *Hispanic American Historical Review* 51, n.º 3: 447-462.

Vanderghem, George, et ál.

1902 *Memorias presentadas al Ministerio de Fomento del Perú sobre diversos viajes emprendidos en varias regiones de la república.* Lima: C. Fabbri.

Vasconcelos, José

1925 *La raza cósmica (misión de la raza iberoamericana: notas de viajes a la América de Sur).* París: Agencia Mundial de Librería.

Venturo, Pedro C.

1908 *Estudio de los ríos Chicama y Moche.* Lima: Pedro Berrio.

Vivanco, Guillermo de

1913 *Legislación agrícola del Perú.* Lima: Librería e Imprenta Gil.

Wiesse, María
1929 "El Veneno". En *Amauta*. Lima, n.º 26, pp. 13-16.

Winkler, Max
1929 *Investments of United States Capital in Latin America.* Boston: World Peace Foundation.

Wolf, Eric R. y Sidney Mintz
1957 "Haciendas and Plantations in Middle America and the Antilles". En *Social and Economic Studies* 6, n.º 3: 380-412.

Womack, John
1968 *Zapata and the Mexican Revolution.* Nueva York: Knopf.

Zegarra, Jorge M.
1926 *Las lluvias y avenidas extraordinarias del verano de 1925 y su influencia sobre la agricultura del departamento de La Libertad.* Lima: Imprenta de Torres Aguirre.

Entrevistas y cartas

Cáceres Aguilar, Luis. Lima, 10 de junio de 1967.

Cox, Carlos Manuel. Lima (Miraflores), 11 de mayo y 1 de junio de 1967.

Denegri Luna, Félix. Carta, 9 de junio de 1969.

Gordon, Ronald M. J. Lima (San Isidro), 14 de abril de 1967.

Haya de la Torre, Víctor Raúl. Lima y Villa Mercedes, 20 y 23 de julio de 1971.

Moreyra Paz Soldán, Carlos. Lima (San Isidro), 2 de abril de 1967.

Orbegoso Barúa, Carlos. Lima, 30 de marzo de 1967.

Pavletich, Esteban. Lima, l.º y 10 de octubre de 1966.

Pita Verdi, Leopoldo. Lima, 21 de marzo, 30 de marzo y l de abril de 1967.

Sabogal W., José. Lima, 20 de febrero de 1967.

Spelucín de Orrego, Carmela. Lima (Miraflores), 29 y 31 de mayo de 1967.

Diarios y revistas

Acción Aprista (Trujillo), incompleto, 1934.

Amauta (Lima), 1926-1930.

APRA (Lima), 1930-1933.

Boletín de la Sociedad Nacional de Agricultura (Lima, 1900-1905).

El Agricultor (Lima), incompleto, 1875.

El Agricultor Peruano (Lima), incompleto, 1898-1914.

El Derecho Obrero (Trujillo), julio 14-septiembre 30, 1917, y noviembre 9, 1919-junio 20, 1920.

El Norte (Trujillo), 1923-1927 y 1931.

La Antorcha (Lima), incompleto, 1932-1933.

La Industria (Trujillo), 1900-1933.

La Prensa (Lima), octubre 10, 1917.

La Razón (Trujillo), incompleto, 1891, 1896 y 1912.

La Reforma (Trujillo), 1911-1922.

La Tribuna (Lima), 1931-1933.

Revista de Agricultura (Lima), 1875-1880.

Made in United States
North Haven, CT
10 November 2026

22091526R00141